ヨーロッパ統合のゆくえ

民族・地域・国家

宮島 喬／羽場久浘子＝編

人文書院

目　次

II　ヨーロッパ統合の深化と課題

III　中・東欧における進路の模索

ヨーロッパ統合のゆくえ

民族・地域・国家

フィンランド
スウェーデン
ヘルシンキ
サンクト・ペテルブルグ
タリン
ストックホルム
エストニア
ラトヴィア
モスクワ
リーガ
バルト海
ロシア
リトアニア
コペンハーゲン
カリニングラード
ヴィルニュス
ミンスク
ベラルーシ
ポーランド
ベルリン
ワルシャワ
キエフ
プラハ
ウクライナ
チェコ
スロヴァキア
ウィーン
ブラチスラヴァ
モルドヴァ
ブダペシュト
オデッサ
オーストリア
ハンガリー
ルーマニア
キシネウ
リュブリャナ
ザグレブ
クロアチア
加盟候補国境界ライン
ベオグラード
ブカレスト
ボスニア・ヘルツェゴヴィナ
アドリア海
サラエヴォ
黒海
セルビア
ブルガリア
ソフィア
モンテネグロ
スコピエ
ティラナ
マケドニア
イスタンブール
アルバニア
アンカラ
ギリシア
イズミル
トルコ
アテネ
シチリア島
キプロス
ニコシア
シリア
マルタ

0
500km
レイキャビク
アイスランド
ノルウェー
オスロ
北アイルランド
スコットランド
北海
デンマーク
大西洋
ダブリン
イギリス
アイルランド
ウェールズ
イングランド
オランダ
ロンドン
アムステルダム
1957年のEC創設国（6）
その後のEC，EU加盟国（＋9）
EU第１陣加盟候補国（6）
（★印はNATO第１陣加盟国）
EU第２陣加盟候補国（6）
（▲印はNATO加盟候補予定国（9））
† NATOとの特別パートナーシップ
ブリュッセル
ベルギー
ドイツ
パリ
ルクセンブルク
フランス
ベルン
スイス
スロヴェニア
ポルトガル
スペイン
マドリード
リスボン
イタリア
コルシカ島
ローマ
サルディーニャ島
地中海
パレルモ
ラバト
アルジェ
チュニス
モロッコ
アルジェリア
チュニジア

序・ヨーロッパの拡大において問われているもの

宮島　喬
羽場　久泥子

一　統合の運動の到達点――半世紀を経て

「クオ・ヴァディス、ヨーロッパ？」、ドイツのフィッシャー外相は、二〇〇〇年五月一二日、ベルリンのフンボルト大学での講演でこのように問い、欧州連合（EU）の統合の完成、EUの東方・南東への拡大を二つの重要な課題として掲げた。かれは、両課題の実現にむけ、EUと国家間の「主権の分割」を基礎とし、「サブシディアリティ：補完性の原則」にもとづく「ヨーロッパ連邦」（かつてロベール・シューマンが唱えた）の実現の重要性を強調した。

思い起こすのは、ベルリンの壁崩壊の興奮の余韻のいまだ残るなか、作家の故辻邦生が「甦るローマ帝国の影」と題する短文を寄せ（AERA、九〇年二月一〇日）、社会主義というマスクが落ちて東欧の素顔が露になるにつれ、ローマ帝国の版図に対応した「ヨーロッパ」と、そうでない東の世界の違いがあらためて見えてくる、と書いたことである。その後に勃発したユーゴ、ボスニア等の紛争をみるにつけ、西で進む統合にたいし、東の対立・分裂という対照をいやでも感じさせられたものだが、しかし辻の言葉に疑問もなくはない。たしかにライン河とドナウ河の彼方のゲルマーニアの大きな部分はそうだったかもしれないが、パンノニアもイリリクムもダキアもローマ帝国領に属したではないか。それが幾変転を経、今日、東欧、バルカンと呼ばれる、分裂ヨーロッパの象徴のように言われる地域になった。確かなことは、これらハンガリーでもクロアティアでもルーマニアでも「われわれはヨーロッパ人」と語り、EUへの思い、期待を抱く知識人や政治家は少なくないことである。ある中欧の国の外交官は「ヨーロッパに戻るのだ」とも語る。

そして世紀末の九九年九月、この期待を意識して、欧州委員会委員長ロマーノ・プロディは欧州議会で「東欧革命により、ローマ帝国以来初めての、そしてたぶん最後の統一欧州の可能性が見えてきた」と演説した。

しかし現実には、過去半世紀間、ヨーロッパの統合は世界の注目を浴びながら西側だけで進み、しかもその既制定法・規則（acquis communautaires）は今では膨大な規模となっている。

一九六〇年代の最大のテーマは関税なき均質市場の形成、共通農業政策の策定であったとすれば、七〇年代にはECの第一次拡大とそれが必然化する地域間格差問題への取り組みが重要性を増した。それは新古典主義の市場的ヨーロッパへの見直しでもあった。八〇年代には南ヨーロッパの三国が相継いで加盟し、構造基金による地域格差の是正がいっそう大きな課題となり、同時にそれが域内の「人の移動の自由」システムの完成のための条件としても強く意識されるようになった。

「アルフェ報告」に始まるマイノリティ、その人権、文化に関する欧州議会の発言と働きかけも、ECのもう一つの性格をなすようになる。「民族のヨーロッパ」という言い方は従来はなんとなくスローガン的でしかない言説と響いたが、営々たるアイデンティティ追求運動の積み重ねによって、スコットランド、ウェールズ、カタルーニャ、バスク、アルザスなど、自律的「地域」が確かに現れてきた。このことはそれ以外の地域にも影響をおよぼしつつあるし、それもまたヨーロッパ統合の「深化」とみられるべきである。

「単一欧州議定書」（一九八六年調印）からマーストリヒト条約（九二年調印）にかけては、内部市場統合の完成、政治協力、共同体の制度構造の改革という三つの主要テーマが取り組まれ、これに加え「地域のヨーロッパ」とでも呼ぶべき再編課題も導入された。こうして、マーストリヒト条約の中には補完性の原則、地域委員会の創設、ヨーロッパ市民権、通貨統合の実現、といった柱が明示される。いわゆる市場統合を越える動きが始まっているわけで、いまだ補完性の観念の曖昧さ、「国家連合かヨーロッパ連邦か」の体制論議など、不分明さは残しているが、単一通貨への移行のような政治経済統合の重要な一歩さえ踏み出されている。

フィッシャー独外相演説もいうように、今EUの課題は、「拡大」というそれに集約されるものではなく、統合の質的「深化」を図ることがそれに劣らず重要であり、この点をまず押えておきたい。もっとも、この二つが果たして両立するのか、後述するように懐疑的な見方も少なくない。

二　中・東欧の変動の一〇年――ヨーロッパ拡大の前提

だが、少なくとも重要なことは、右のような統合の運動の到達点、その既制定法・規則を前提にして、東の国々の参加の手続きが進められつつあることである。前欧州委員会委員のファンデンブルックは、「加盟の基準を緩めるつもりはない。EUに加盟するには八万頁に及ぶ法令を導入してもらう」と、いささか高姿勢に語っているが（朝日新聞、九九年一一月六日）、あらためて問うに、中・東欧の国々にとってEU加盟とはいったい何なのか。その思いや要求にも耳を傾けなければならない。

一九八九年の「冷戦体制」の終焉と東欧の社会主義体制の崩壊は、ヨーロッパの再編への大きな状況変化を生みだす。冷戦の終焉は、資本主義・社会主義体制双方の経済的行き詰まり、および軍事力拡大による大国の疲弊の結末として認識された。東欧の社会主義体制の崩壊は、西欧の統合の進展、間接的には東アジアの「奇跡の経済成長」等によって促され、政治・経済状況の大転換を引き起こし、ヨーロッパ全体の統合の夢をかき立てることとなる。二極体制とヨーロッパ分断の終焉により、戦後四〇余年間希求された「ヨーロッパは一つ」「ヨーロッパへの回帰」、西欧との文化的・社会的・政治的統合という東欧の夢がにわかに現実味をおびてきた。

しかし他方で崩壊は、「ヨーロッパの東半分」からのソ連軍の撤退開始による旧ソ連軍占領地域の軍事的空白という不安定要因を生み出す。旧東欧諸国の体制転換後の課題は、(1)市場化・民主化の実行、(2)ヨーロッパ諸組織への参与、(3)ソ連軍撤退後空白となった「真空地帯」の安定化であった。これらを実現するものとして、EUおよびNATOの拡大とそれへの加盟が、ヨーロッパ東半分の国々で急速に日程にのぼる。特に、一九九〇年のドイツ統一による旧東独（DDR）にあたる東部ドイツのEC編入、九一年夏のソ連邦のクーデターとその後のソ連邦解体、さらにユーゴスラヴィアの民族紛争の「泥沼化」は、中・東欧にむしろヨーロッパ組織への加盟要求をいっそう強めさせる結果となった。一九九三年一一月のマーストリヒト条約発効と西欧の経済・政治統合の本格化も、統合への要求を刺激せずにはいなかった。

ただし現実に市場化・民営化への転換のなかで九〇年代の前半には多くの国が、経済・政治・社会状況の悪化に悩むこととなる。大量失業、賃金の下降、貧富の格差の拡大などの状況のなかで中・東欧の各国で旧社会主義政党の改革派が復権した。そんななかでも欧州統合への流れは止まらず、新しい社会主義政党の政権の下で、EU加盟要求と、そのための国内経済再建の状況が進む。ただその典型は、たとえば「ボクロシュ・パッケージ」と呼ばれるハンガリーのボクロシュ大蔵大臣の財政再建であり、そこでは大幅な福祉削減と財政再建が打ち出され、体制転換後の経済建て直しに貢献はしたが、他方で広範な大衆（社会的弱者層）の幻滅を生んだのだった。

やや遅れて西ヨーロッパの社会民主主義潮流も、九一年末のソ連邦の終焉と欧州全体の経済停滞のなかで九〇年代半ばには勢力を盛り返し始める。イタリアの「オリーブの木」、ギデンス、ブレアの「第三の道」、シュレーダーの「新しい中道」、フランス左派のレギュラシオン学派や「第三の左翼：国家、市場から、コミュニティへ」という考え方は斬新で現状打開の魅力を感じさせ、「社会を基盤としたEU、Social European Union」理念を体現する。だが現状では、政権に就いたこれらの社民勢力も、フランスなど一部を除き、現実の社会政策・社会保障において新保守主義や他政党との差を示すことができていない。グローバル化のなか、「第三の道」が社会的弱者への解決策を提示できなければ、彼らは幻滅し、抗議の票を別の道（その一つは極右、民族主義ポピュリズム）へ投じることもありうる。

一九九五年一月、オーストリアなどEFTA諸国がEUに加盟し、九五年三月、シェンゲン条約が発効すると、「シェンゲンの壁」が新たに東西を隔て始め、中・東欧諸国内部では期待と同時に不満も表明され始める。「ヨーロッパの中に入る」ための競争激化により、中・東欧各国は競って加盟申請を行い、九七年七月には欧州委員会より「アジェンダ二〇〇〇」による中・東欧一二カ国に関する加盟基準と達成の評価表が提示された。それに従って九八年三月には、第一陣六カ国、二〇〇〇年二月には第二陣六カ国が決定し、具体的加盟交渉が開始された（第一陣はハンガリー、ポーランド、チェコ、スロヴェニア、エストニア、キプロス、第二陣はルーマニア、ブルガリア、ラトヴィア、リトアニア、スロヴァキア、マルタ。現在はトルコを加えて一二プラス一）。

後述のニースでのEU首脳会議を踏まえ、第一グループ（第一陣六カ国すべてとは限らない）は、二〇〇四年にはEUへ加盟する予定である。各国政府・企業は、第一グループへ入るための条件整備と国内利害対立の調整になお苦悩している。

三　何のための変化か――EU内の確執

東の国々を迎えるホスト側の内部も、単純ではない。イギリスやデンマークなど、EUの重要政策で「オプト・アウト」（選択的不参加）している国々は、統合の「深化」と「拡大」の議論にはやや距離を取りながら、自国と現EUとの関わりをどう構築するか、どう制度的調和化を受け入れるかに関心している。たとえばイギリスでは、地域制度からはては度量衡（メートル法に抗してきた、かのヤード・ポンド法！）にいたるまで、従来維持してきた独自制度が改革を迫られ、変化の波が及んでいる。これらもまた、大きなテーマであることにちがいない。

しかし、大勢として、「東欧革命」を歓迎し、東の国々の民主化と安定を願うという点で異論のある国はなく、いずれ統合ヨーロッパが東の国々を包含するようになることに反対する国はない。が、そこから先、意見は一つではなくなる。

ドイツは突出しているとしても、EU内の先進国は、市場化、民営化を進める東欧の国の経済に多かれ少なかれ資本参加（当該国にとっては「外資受け入れ」）しており、それだけ拡大に積極的とみられるが、南欧の国々などはどうか。むしろ不安があるようだ。現在EU構造基金（地域開発基金、社会基金、農業指導保証基金からなる）の約三分の二を配分されているアイルランド、ギリシア、スペイン、ポルトガルの四国はこの点で、いずれは加盟を果たすであろう中欧諸国という新しい〝ライバル〟に遭遇する。じっさい、前者と同じ基準で後者にも同基金を配分しようとすれば、現在の二倍近くの構造基金予算が必要になる。もちろんこれを負担するのは現ＥＵ内先進諸国をおいてほかにないが、もし負担の増加が困難とすれば、上記四国にも影響が出るのは必至である。

ポーランドやハンガリーなど農業が比較重要性をもつ国がＥＵに加盟してくることも、折から、狂牛病、そして口蹄疫の問題の処理もあって基金を傾けかねないほどの状態にあるＥＵに、難問を提起するとする見方がある。中欧諸国に農業補助金を振り向ける余裕など今のＥＵにはないのではないか、という声が西の農業団体にはある。

また、東からの人の流入の増加やそれに伴う社会問題の発生を懸念するネガティヴな空気もなくはない。東部ドイツ、ハイダー自由党を台頭させたオーストリアなどに、それを窺うことができる。中欧諸国のＥＵ加盟のあかつきには、労働者の自由移動に関し、スペイン、ポルトガルの加盟後の七年間のように、留保期間が設定されるものと思われる、現に「最長七年」という案がＥＵ内で固まっている。

しかし、目先の利益、可能性のみを考えるな、という遠大な議論もある。フランスの著名な知識人で、元欧州復興開発銀行総裁ジャック・アタリは論じる。東欧にとっては二〇二〇年までにロシア、トルコを含めての三五〜四〇カ国への拡大でなければ意味がない。「ロシアの安定こそが二一世紀の平和の核心で、そのためには欧州に取り込むほかない」からだ、と（朝日新聞、九九年一一月二日）。この結論をアタリと共有できる者は少数だろうが、ロシアはともかくとして、いずれはその一員となるであろう南東ヨーロッパの国々への協力は大きな課題でなければならない。

先のフィッシャー演説のようなヨーロッパ拡大・連邦化論にたいしては、自国の雇用や福祉を守り、農民たちを生き延びさせる手段をしっかりもたなくてよいのか、という国家主権擁護論もあって、フランスのジョスパン政権もこの要請との間に苦しんでいる。フランスの前内相シュヴェーヌマンが独外相との論争のなかで取った立場の一つも、後者のヨーロッパ連邦論に立つ拡大論に抗して国民国家擁護を思わせるものがあった（ル・モンド、二〇〇〇年六月二一日）。そしてそこには、かつて東方に対し自分の裏庭のように振る舞い、これを支配したドイツが、今また中欧諸国を自己の勢力圏に組み入れ、新ヨーロッパのバランスを狂わせないか、とする懸念も入り交じっている。

さらに今一つの論点は人権、マイノリティ保護といった領域にある。旧DDRの東部ドイツが西と合体してただちに同地方で生じた問題、すなわちネオナチの跋扈、ザクセン州のホイヤースヴェルダ事件のような途上国出身難民への襲撃（九一年九月）を思い起こす者は、東の国々のマイノリティ施策に厳しい目をむける。中欧諸国もEUからの視線を意識し、欧州評議会の人権保護条約や種々の勧告への準拠に努めてはいるが、社会主義というタテマエの重しがとれ、自民族中心の論理をストレートに押し出す民族主義的ポピュリズムがかなりの規模でみられる。

ただしこれはEUの国々にも決して無縁の問題ではなく、ロマへの差別や、移民、難民へのゼノフォビア（外国人嫌悪）は、多くのEU諸国が克服できないでいる問題なのである。くわえて英、仏、独などでは、移民の問題も、厳密にいえば「移民」というべきではない第二世代の問題にシフトしてきていて、今や「社会的排除者」という裾野の広い社会問題に合体しつつある、という分析もある。今、東の国々の人権状況にとやかく言う前に、まず自分たちの足元をみよ、という意見もある。

プロディ委員長が明言し、現に交渉が精力的にもたれているように、EUの東への拡大は動かせない既定事実である。だが、その時を迎えようとするEU諸国が一枚岩でも、順風満帆状態にあるわけでもなく、このように自ら解決すべきさまざまな課題を抱えていることを知っておきたい。

四　統合の拡大とその問題点――中・東欧の求めるもの、齟齬と課題

東方へのヨーロッパ統合・拡大は、二〇〇三年の交渉完了、二〇〇四年の加盟に向け、秒読み段階にあるが、他方、拡大が具体化しつつあるなかで、中・東欧と西欧との齟齬、統合と国家利益の間の齟齬、さらに国内各層間の齟齬が現れはじめている。

いくつかの問題点を提示しておきたい。

その第一は、加盟基準の達成と加盟国の決定に関する問題である。加盟第一陣にあげられている政府は自国の可能な限り早期の加盟を要求し、加盟条件達成に努めている。第一陣にどの国の加盟が受け入れられるかは明白でなく、各国は「ヨーロッパ」に入るためにEUの提示する加盟条件の達成と勧告に従わざるをえない状況である。他方で、EU統合の共同利益と、各国の国益ないし国内諸階層の利害との確執が多くの場で顕在化している。具体的には、ポーランドの農業生産物と現EU内農業生産物との対抗をはじめ、ドイツなど西欧大国の外国資本の流入と自国産業の育成、労働力の移動に対する西欧の警戒と東欧の失業・低賃金の問題、グローバル化の中での各国間の経済格差・地域格差、などである。

第二は、経済効率化と社会保障のバランスの問題である。すなわち社会保障削減と「財政健全化」

の名の下に国民に犠牲を転嫁することの問題である。これは西の福祉国家以上に、旧社会主義国、つまり国家が社会保障のほとんどをパターナリズムによって面倒をみていた旧東欧の国々の社会的弱者に、強い犠牲と苦痛をしいている。急速な経済改革による失業者層（未熟練・高齢労働者）の固定化と長期化、大量の「貧困線」以下の人々（マイノリティ、女性、老人、子供）、同一国家内における西部国境地域の豊かさと東側の貧困という地域格差が、社会保障における社会的公正と社会的弱者の問題の解決を要求している。

第三は、中・東欧の民族問題の変転と、右翼ナショナリズムの存在である。八九年の体制転換以降、ユーゴ紛争の「泥沼化」、チェコスロヴァキアの分裂など予想外の展開が見られ、「西の統合、東の分裂」（梶田孝道）と評されたような状況が確かに存在した。象徴的なのは、東欧・ソ連の「連邦国家」の分裂・解体（これには分裂各国の早期の独立承認など西欧諸国の後押しがあった）と、各国における「国民」国家形成の志向である。これがヨーロッパ東半分の分裂と、各国における民族マイノリティの「国民化」を促した。冷戦体制崩壊とグローバル化による国境の低下と、西への経済的遠心力が、かえって各国政府に、求心力をもつ国民国家形成を急がせ、転換当初は少数民族に対する「国民化」への圧力を強めさせたのである（ユーゴの「民族浄化」も基本的にこの延長線上にあった）。

各国の民族マイノリティはこうした状況をEU・国際機関に提訴し、後者はこれに対し各国政府に「人権擁護勧告」を行った。EUの勧告は加盟を望む国々にとっては基準達成の圧力となり、選挙での「民主政府」の実現を促す。ルーマニア、スロヴァキアなどの新政府は、政権樹立後、EU加盟を目指して、閣僚にマイノリティの政党指導者を配置したり、少数民族地域にマイノリティの公務員を採用し教育・行政改革を行うなど、ある種の少数民族優遇政策《アファーマティヴ・アクション》をとるにいたった。

しかし、これは、「異質者が自分たちより優遇されている」とする国民の多数者（支配民族）の不満を醸成し、一部の地域に極端なナショナリズムを成長させた。こうした不満のくすぶりはロシアの保守ナショナリズム、ドイツのネオナチの潜在的成長とも通じる。またロマなど、経済・社会構造の格差・貧困と結びついた差別の高まりも存在する。それでも、客観的状況からみて、民族マイノリティの自治の保障、それによる共生の実現などは、後退の許されない課題である。

さらに、中欧の第一陣と目される諸国では、EU加盟が現実のものとして近づくにつれ、国民の間に不満と懸念を抱く層が広がっている。政府・既成政党の多くがEU加盟を大前提とし、民衆の利益を守り不満に耳を傾けることが二の次とされがちなことも、国内の不満の成長に拍車をかけ、既成政党への幻滅を広げかねない。第二陣の各国についても、加盟の時期が不確定で、中欧との格差、加盟基準の達成のための経済・政治・社会的努力が庶民にしわ寄せされ、極右ナショナリズムへの不満層の票の流れが見られる。

第四は、ロシアに変わるドイツの影響力の拡大である。すでに、九〇年代中頃から中・東欧に対するドイツの経済的影響力は飛躍的に高まっている。八九年の体制転換と市場化の開始以降、大量のドイツ資本、大中小のドイツ企業が中欧に参入した。拡大の牽引車たるドイツの経済・政治的影響力は通貨統合のなかで増大しつつある。ドイツにとって東方拡大は歴史的に大きな国家利害とされ、フランスとの友好を維持しつついかに「EU全体の利益」として拡大を行うか。それが課題とされている。

他方でロシアの中・東欧への政治・経済的影響力は、ユーゴのミロシェヴィッチ体制が崩壊した現在、ほとんど喪失したといえる。EU首脳は新ユーゴのEU加盟の可能性に言及し、ウクライナ、ベラルーシ、さらに中央アジアさえ、EU加盟ないし関係の強化を望んでいる。こうしたなか、ロシアは安全保障上の脅威と孤立化を否めず、プチン政権は「新軍事ドクトリン」による「強いロシア」の復権を模索している。EUおよびNATOの拡大、さらにEU軍創設の試みは、今後どういう意味をもってくるだろうか。

ヨーロッパ全体の安定と発展にとって、ドイツとロシアの狭間にあり歴史的紛争地帯だった「もう一つのヨーロッパ」が、自律と安定を保つことは、不可欠の要件である。そのためにも、この地域の協力体制は欠かせない。中欧イニシアチヴなど様々の地域協力機構、「ユーロリージョン」の動きが無視できないゆえんである。

五　「来たる一〇年」を展望して

二一世紀の最初の一〇年間に、以上の問題がすべて顕在化する。ここ一〇年の深化と拡大のあり方が二一世紀の欧州の命運を決めるといっても過言ではない。

その重要性を意識しつつ二〇〇一年二月二日、南フランス、ニースに集った一五カ国首脳は、EUの拡大にそなえた「ニース条約」に調印した。

これによって、まず二〇〇四年の初めという中・東欧諸国の「第一陣」の加盟のアジェンダが間違いないものとなった。ただし、その国名は依然として示されていない。

次に、EUの決定方式という久しく論議された問題についても、多数決で決められる範囲を広げ、各国の人口比により持ち票数を決めるという方式が確認された。そして「先行統合」、すなわち好条件にある意欲的な国々が（加盟国の三分の一の合意を条件に）EUの政策を先取りして実施することも認められたのである。ほどなく加盟国が二〇を越えると予想される事態にそなえての改革であるといわれるが、それだけではなく、環境政策、社会政策、人権政策（男女平等、マイノリティ保護）などの推進にも影響を与えることだろう。

ただ、中欧諸国も加わって、一時的にも格差が広がるであろう拡大EUのなかで、この意思決定システムがどのような機能を果たすのか、懸念もなくはない。アイルランドなど周辺的な小国の国民からは早くもニース条約への批判の声が発せられている。他方、中欧諸国にしてみれば、西ヨーロッパが数十年から一世紀以上かけて実現した過程を、社会主義システムの崩壊後十余年で達成することは至難であり、これまでも無理を重ねてきている。EUとして、このことへの配慮が不可欠である。新たな意思決定システムを、格差の是認、拡大の方向にではなく、全体の変化の誘導へ、統合の深化への手段として活用することが課題でなければならない。

I

EUの拡大とヨーロッパの再編成

ニース欧州理事会、条約改正で合意。2000年12月
(© European Communities, 1995-2001)

ヨーロッパ統合の組織的変遷と次期拡大

若林　広

はじめに

一九八九年に始まる東欧ソ連社会主義の崩壊は、中・東欧諸国の西方への回帰につながり、それらの国々の欧州連合（ＥＵ）への加盟申請を促した。現在、中・東欧の一〇カ国がＥＵへの加盟交渉を進めているが[1]、これらの国々が加盟すると、スイス、ノルウェー、アイスランド等の一部の特殊な事情を抱える例外的な国々、および旧ユーゴを中心としたバルカン地域とウクライナ、ベラルーシ、ロシアといった旧ソ連地域を除いて、いわゆるキリスト教ヨーロッパ世界のほぼ全域がＥＵの版図と重なるようになる。二一世紀のヨーロッパ政治は、つまりはそのまま欧州（ヨーロッパ）連合の政治と言い換えられるようになるのである。このように二一世紀ヨーロッパ政治において重要な役割を果たさなければならないＥＵも、しかしその内的政治過程は五〇年前のそれから大きな変容を遂げてきたとは言いがたい。よって、現在のＥＵの意思決定機構が果たして二一世紀のヨーロッパ政治を主導する政策遂行能力を持ち合わせているのかとの疑問が寄せられつつある。加盟国数が最大二八に達する拡大を前にして、政策遂行能力の向上を目指したEUの機構改革は必須、かつ急務であり、よって二〇〇〇年の一年をかけて機構改革のための条約改定作業が政府間会議（IGC: Intergovernmental Conference）という形で、ほぼ定例会議の形で開催され、その結果合意されたのがニース条約（二〇〇一年二月二六日調印。二〇〇二年末批准完了を目標）である。

本稿では、次期拡大を前にしたEUのこのような機構改革の現状を、ヨーロッパ統合の組織的変遷過程の中に位置づける形で明らかにする。まず第一節においてEUの組織的変遷をたどり、その特徴に注目する。第二節ではEUの次期拡大が、ヨーロッパ統合の制度自体にいかなる形の挑戦を突き付け、それに対してEUがこれまでいかに対応し、また今後対応しようとしているのかを明らかにする。最後に第三節では政府間会議における交渉合意点を分析し、かつその評価を試みる。

一　ヨーロッパ統合の組織的変遷の特徴

ヨーロッパ統合を体現する欧州共同体／欧州連合を一つの組織の変遷・発展として、捉えた場合、その多様な側面に焦点を当てることができよう。まずヨーロッパ統合を一つの制度として、権限の拡大を通じて発展を遂げたと捉えることができる。また、一方で内部機構や政策決定過程の高度化・複雑化(2)を通じて発展したと捉えることもできる。しかしヨーロッパ統合のこれまでの歴史的展開に省察を加えると、この両者には大きな差異があることに気がつく。つまりヨーロッパ統合は、前者の権限の拡大に関しては飛躍的な発展を遂げてきたのに対して、後者、その中でも特に内部機構の高度化に関しては何らの発展を遂げていないといってよいのである。(3)

①権限の拡大と内部化

欧州石炭鉄鋼共同体の発足により、当初は石炭・鉄鋼業という非常に限られた分野の統合から出発したヨーロッパ統合も、その後の欧州経済共同体の発足により、その権限は主要経済分野へと拡大し、その後も経済に限らない種々の権限の取り込みが進行した。現在のEUは、エネルギー、文化、消費者保護、観光等の幅広い分野をその権限に含めている。このような展開を象徴するのが、一九九三年発効のマーストリヒト条約により、それまで存在していた欧州三共同体（European Communities，欧州石炭鉄鋼共同体・欧州経済共同体・欧州原子力共同体）がEUの傘下に入った時、それまでの非経済分野の権能の取り込みを主に担っていた「欧州経済共同体（EEC）」が、その実態を考慮して「欧州共同体（European Community）」に呼称変更されたことに現れている。

ではこのような権限の拡大は、条約中に新たな規定を書き込む「条約の修正」の形で行われてきたかというと、実際はそうではない。欧州三共同体設立条約は、その発効以来、一九八七年の単一欧州議定書の発効までは、一九六七年の三共同体諸機関併合条約、一九七〇年及び一九七五年の予算二条約、イギリス・アイルランド・デンマーク（一九七三年）、ギリシア（一九八一年）、スペイン・ポルトガル（一九八六年）の各加盟条約による条約の部分的・技術的修正以外、その権限・機構に関する根本的修正は行われてこなかった。(4)では、地域開発、環境、消費者保護、教育、文化等を例とする新分野の施行はいかなる形で推し進められてきたのかというと、それは欧州共同体設立条約第三〇八条（旧EEC条約二三五条）が定める「閣僚理事会の全会一致による共同決定行為」の多用という形で進められてきたのである。欧州経済共同体枠内での新分野の取り込みは、このような形で条約の変更なくして可能となっていたのである。[5]単一欧州議定書以来の一連の条約改正では、これらの政策は新規定として条約に盛り込まれ、条約上の正統性が与えられた。これはいわば、理事会レベルの合意で開始された新政策が、条約改正時に条約中に組み込まれるという、「政策の条約への内部化」のメカニズムにより権限の拡大が進んだということができよう。このような内部化の例には、後述のように第三〇八条により開始されたわけではない欧州政治協力やシェンゲン協定等、欧州経済共同体枠外で開始された政策が、欧州連合の中で共通外交安全保障政策、司法内務協力へと発展したケースも含めることができる。

②内的機構・政策決定過程の改編

欧州共同体／連合の権限が内部化により大きく拡大した一方で、欧州共同体／連合の内的機構や政策決定過程には、これまで大きな発展は見られていない。その理由として、権限の拡大と機構・政策決定過程の改革には運用の法的基盤において大きな相違があることが挙げられる。権限の拡大は、前述のように理事会の共同決定行為として事実上開始され、後の条約改正時に正式に条約上に規定することも可能であったが、内的機構や政策決定過程を改定して、それを正統性をもつ形で運用するには、まず現行の条約の改正が必須であり、そのような改正には高度かつ長期にわたる政治的議論・交渉が必要とされ、安易に手をつけられる問題ではなかった。

しかし一九七五年の欧州理事会（European Council）の設立のように[6]、内部化という形で、内的機構・政策決定過程の改定が進んだ例も、数少ないながらある。当初は、全くの慣行に基づいて出発した欧州理事会も、単一欧州議定書中ではその存在が明文化され、さらにマーストリヒト条約ではEUの共通規定中に明記され、連合全体の展開に政治的指針を与える存在と定義された。しかしこのような欧州理事会の内部化も、実はそれが政策決定機関としては追加的なものであったから可能であった点には留意する必要があろう。

機構変革が、内部化のメカニズムを利用して進行した他の代表例が、現在EUの三本柱の第二の柱と呼ばれる共通外交安全保障政策の成立経緯である。経済統合として出発した欧州共同体では、当初、政治的統合・協力に踏み込むことは特にフランス・ドゴール派によりタブー視されてきた。しかし、一九七〇年代初頭、共通対外通商政策が始動するにつれ、その遂行には、構成国間の一般対外政策の最小限の協調化も必要であるとの認識が強まり、よって欧州共同体の枠外の協力として「欧州政治協力（EPC）」が開始された。「欧州政治協力」は単一欧州議定書の合意によりEPC事務局の設置という形で制度化が進み、EUの設立とともに、「欧州政治協力」はその第二の柱である共通外交安全保障政策のなかに発展的に解消・吸収されたのである。

内部化のメカニズムを利用した機構変革のもう一つの典型例が、EUの第三の柱である司法内務協力の成立経緯である。単一欧州議定書の発効後、各国は市場統合に向けた数々の調整を行ってきたが、モノ・ヒト・資本・サービスの自由移動が完成するには、最終的には国境措置の撤廃が必須と言えた。

しかし単に経済的な自由移動以上の影響力をもつ同措置の導入にはイギリス等の国々は積極的ではなかった。よって欧州共同体の枠外で国境措置の撤廃を目指したシェンゲン協定が結ばれたわけであるが、シェンゲン協定は結局、マーストリヒト条約の中で第三の柱に位置づけられ、さらにアムステルダム条約により、その規定の一部が第一の柱に移行した。

このように内部化による制度変革例はいくつか見受けられるものの、ここで留意すべきなのが、ヨーロッパ統合の歴史的中核部分であるEUの第一の柱、欧州共同体の制度構造については、これまで大きな手直しがなされてないことである。その第一の理由として、第二、第三の柱に比べて政策決定過程等において統合レベルの高い第一の柱における機構改革・政策決定過程の改編は、大きな政治的インパクトを生じる可能性が高く、よって制度的バランスの保持がより難しいことが考えられる。この点に関して、唯一の例外が欧州議会の連合の政策決定過程への関与拡大のケースが挙げられる。欧州議会が「協力手続き」、「共同決定手続き」の導入という形で、理事会に対して政策決定への関与を強化できた背景には、ヨーロッパ統合における「民主主義の欠如」問題との関連で、(7) 制度的バランスが崩れることにだれも反対できなかったことが想起できる。

第一の柱において、内的機構・政策決定過程の改革が進まなかったもう一つの大きな理由に、拡大における「アキ・コミュノテール(acquis communautaire)」の存在が挙げられる。(8) 拡大による構成国の増大は、制度の内的改革を求める機運が最も高まる時と考えられるが、拡大の「アキ・コミュノテール」の原則はそのような改革を許すものではなかった。多少なりとも異質な国々が加盟することは、新規加盟国のみならず、受け入れる統合組織や現構成国にも違和感を引き起こすものであるが、これまでの一連の拡大過程においては、「アキ・コミュノテール」原則の下、それらの調整責任はすべて新規加盟国側に課されており、現加盟国側、およびヨーロッパ統合制度そのものは何らの調整を行う義務を負ってなかった。この原則の結果、拡大に際して委員会、閣僚理事会、議会等、共同体諸機関の構成員数の変更といった技術的な調整[9]、および一部の新政策の創設[10]を除いて、現制度そのものには一切手がつけられなかったのである。確かに、各拡大時に内部調整の可能性を残すと、それを理由に種々の政治的対立を再燃させるとして受け入れ側に一切の調整義務はないとする考えはある程度は理解できるが、その結果、欧州共同体がこれまで何回かの内部調整の機会を逃してきたのも事実である[11]。

二　EUの次期拡大のヨーロッパ統合制度への挑戦

中・東欧諸国のEUへの加盟は、これまでの拡大にない大きな意味合いをもつと考えられる。その影響はこれまでのようにアキ・コミュノテールの原則の下、調整責任を単に新加盟国に押し付ければすむものとは到底考えられない。次期拡大で、根本的な問題点として指摘されるのが、構成国数の倍加という量的拡大と、社会・経済システムや文化的異質性、またこれまでの拡大が経験したことのない新・現構成国間の大幅な経済的格差といった多様性の拡大、の二点である。

①多様性の拡大とそれへの対応

「多様性の拡大」の問題には、中・東欧諸国の加盟がもたらす空間的・地理的な経済・社会的異質性の増大という、いわば「水平的多様性」の問題と共に、一九六〇―七〇年代より現構成国内で進行する地方分権化の動きが引き起こす、政治的・行政上の「垂直的多様性」の増大の問題も存在する。[12] この第二の垂直的多様性の問題に対しては、EUはこれまでいくつかの方策をとってきている。ドイツ・ベルギー等の構成国における地方分権化の流れのなかで、地方・地域といった国家下位行為体が教育・文化・観光等の分野において実質的な政策権限を付与されているのに、EUの当該理事会には実質的に権限をもたない国家代表のみが出席を許されているといった矛盾を受けて、マーストリヒト条約は理事会に地方・地域代表も出席できる道を開いた。このようにヨーロッパ統合が、従来の単に統合体と構成国の関係のみで語られるものではなく、地方・地域との関係も明らかにする必要性を認識した結果、同条約の批准過程で明らかになった域内民のヨーロッパ統合に対する不安・不満の解消対策をも兼ねる形で「補完性の原則（principle of subsidiarity）」が脚光を浴びるようになった。今後それは、ヨーロッパ統合における重要な基本原則の一つになると思われる。[13]

他方、水平的多様性の問題も、中・東欧諸国加盟問題以前にも、現構成国間の統合に対する態度の差異という形で現実に現れていた。具体的には、統合過程で国家主権の維持を重要視するイギリス・デンマーク等と、超国家的ないしは連邦主義的立場に立つベネルックス・ドイツ等の立場の相違が、シェンゲン協定・通貨統合の成立経緯の中に現れていたのである。このような統合積極派と消極派が形成する統合の中心・周辺構造は、中・東欧諸国の加盟により、これまでのように単に統合に対する態度の相違のみならず、実質的な中心・周辺構造として現れてくるものと思われる。このような構造の容認は、それが統合そのものを危うくするものとして、長い間否定され続けてきたが、実際に通貨統合におけるオプト・アウト等を容認せざるを得なくなったとき、そのルール作りも目指す明文化が進行していく。その結果、一九九七年六月合意のアムステルダム条約中には「より緊密な協力（closer cooperation）」という、一部の国が先行して統合を進めることができる形態が正式に認められるようになった。[14]

②量的拡大とそれへの対応

欧州連合構成国数の増大に伴う機構改革の必要性は、前回の政府間会議（一九九六年三月―一九九七年六月）においても提起されていた。[15] しかし、アムステルダム条約は欧州議会議員総数の上限（＝七〇〇名）の設定、委員長職の強化、特定多数決分野の拡大等については合意に成功したものの、委員会の構成、理事会の投票数といった機構改革の主要点についてはは合意することができなかった。よって条約付属の第一一議定書は、「閣僚理事会の投票数の見直しを条件に委員数を各国一名にすることを検討する（第一条）」、「構成国数が二〇を超える一年前までに機構改革作業に着手する（第二条）」という形で、これらの問題を先送りしていた。加盟交渉は、当初、ハンガリー、ポーランド、チェコ、スロヴェニア、エストニア、キプロスの六カ国のみと行われていたが、二〇〇〇年春以降、残りの六カ国とも交渉が開始されたことにより、連合の構成国が比較的早期に二〇を超える可能性が強まってきた結果、一九九九年六月三・四日開催のケルン欧州理事会は、機構改革に関する政府間会議を二〇〇〇年の早期に開催することを決定する。ケルン欧州理事会が提示した政府間会議の議題は前回政府間会議の積み残し懸案である、⑴委員会の規模・構成、⑵理事会の投票数の見直し、⑶特定多数決の拡大、および⑷前三項に関連するその他の必要事項とされていた。ケルン欧州理事会はさらに、欧州連合基本権憲章（Charter of Fundamental Rights of the European Union）や共通欧州安全保障防衛政策（Common European Security and Defence Policy）の起草も提唱していた。ケルン合意をうけた機構改革のための政府間会議は二〇〇〇年二月一五日に開始される。[16]

三　機構改革交渉の合意点と評価

①機構改革の主要合意点

機構改革に関する合意を目指すニース欧州理事会は二〇〇〇年一二月七日から九日の予定で開催されたが、一一日まで延長され史上最長の会議となった。フランス・ドイツ間、大国対小国等の対立により、会議が決裂するとの危惧も一時ささやかれたが、ギリギリの交渉の結果、一定の合意がなされた。合意された事項は、一部、事前に目されていたものとは異なるものの、大方は事前に提示されていた選択肢か、または妥協の産物と言えるその中間をいくものであった。以下、主要論点の交渉中の選択肢と合意点を、各項目別に二〇〇〇年六月一九・二〇日開催のフェイラ欧州理事会に提出された議長国報告[17]と、インターネット上に欧州委員会が準備した資料（http://www.europa.eu.int/comm/igc2000/geninfo/fact-sheets/fact-sheet 1～16）に基づいて説明する。

ニース条約調印、2001年 2 月26日（©European Communities, 1995-2001）

(a)委員会の規模と構成

現在、欧州委員会委員は、独、仏、英、伊、西の五大国が各二名、他国が各一名を選出している。もし人口比に応じた委員数を新加盟国にも配分すると、委員総数は最終的に計三五名となる。これは一国の閣僚数と比べても過剰といえ、よって委員定数を削減する必要性があり、その選択肢は以下の二つであった。

ⓘ委員定数を、例えば現行の二〇名に固定し、構成国数以下に制限する。

ⓘⓘ大小を問わず委員数は各国一名とする。

第二の選択肢に対しては、欧州委員は国家を代表するものではない、また二八名に上る委員数は、依然として多すぎるとの反対意見が出されていた。他方、多数派の意見では、やはり委員を各国一名選出するのは、委員会の正統性の観点からも必要であり、委員会の作業手続きを改善すれば効率化も達成できるとしている。また今後の統合の発展により、欧州

表1　特定多数決採決条件と必要人口との乖離（カッコ内の数字は%）

	EC-6	EU-15	EU-28
特定多数決可決必要票数/全票数	12/17(70.59)	62/87(71.26)	102/144(70.83)
特定多数決可決に必要な最低人口	67.70%	58.16%	51.45%
特定多数決否決必要票数/全票数	6/17(35.29)	26/87(29.89)	43/144(29.86)
特定多数決否決に必要な最低人口	34.83%	12.38%	11.88%

（出典）European Commission, *Adapting the Institutions to make a Success of Enlargement* (Commission opinion), COM (2000) 34 26 January 2000, p. 29. 及び Conference of the Representatives of the Governments of the Member States of the European Union, *Presidency Note IGC 2000: Weightings of Votes in the Council*, CONFER 4728/00 24 March 2000, Annex 1 & 2.

委員会の作業量の増大も予想され、二八名程度の委員数は必ずしも多すぎないとの意見もあった。

ニース合意では、二〇〇五年発足の委員会は各国一名の委員により構成され、連合構成国が二七になった時点以降、委員定数は二七以下に削減される。委員定数及び選出の順序は、二七ヵ国による理事会にて全会一致により決定するとされ、当面はⓘ、最終的にはⓘの方向性の採用が合意された。

(b) 理事会加重投票数の見直し

理事会が特定多数決にて決定を行う際の各国の加重投票数は、従来中小国を優遇する形で配分されていた。これまでの四回にのぼる拡大における新加盟国がイギリス・スペインを除き中小国であった結果、表1のように、特定多数決における可決条件が常に七〇%強で推移したのに対し、可決のための必要最低人口は、中小国を中心に可決した場合、EC発足時の六七・七〇%から現在は五八・一六%に低下し、構成国が二八の時は更に五一・四五%にまで低下すると考えられている。このような状況に対する対応措置の第一が、より人口比に従った加重投票数の見直しであり、その第二が、現行の表決方法に加えて、新たに各国の人口数に応じた表決方法を導入し

表 2　欧州議会の議席配分方式と理事会の加重投票数

	(A)現行の配分法からの一律削減方式	(B)基礎議席4に人口比に応じた議席の上乗せ方式	(C)ニース合意欧州議会議席数	(D)ニース合意理事会加重投票数
ドイツ	71	92	99	29
トルコ	64	73	-	-
イギリス	62	68	72	29
フランス	62	68	72	29
イタリア	62	66	72	29
スペイン	46	46	50	27
ポーランド	46	46	50	27
ルーマニア	32	28	33	14
オランダ	23	21	25	13
ギリシア	18	15	22	12
チェコ	18	15	20	12
ベルギー	18	15	22	12
ハンガリー	18	15	20	12
ポルトガル	18	15	22	12
スウェーデン	16	14	18	10
ブルガリア	15	13	17	10
オーストリア	15	13	17	10
スロヴァキア	12	10	13	7
デンマーク	12	10	13	7
フィンランド	12	10	13	7
アイルランド	11	8	12	7
リトアニア	11	8	12	7
ラトヴィア	7	7	8	4
スロヴェニア	7	6	7	4
エストニア	6	6	6	4
キプロス	6	4	6	4
ルクセンブルグ	6	4	6	4
マルタ	6	4	5	3
合計	700	700	732	345

（出典）Conference of the Representatives of the Governments of the Member States of the European Union, *Intergovernmental Conference on Institutional Reform* (Presidency Report to the Feira European Council), CONFER 4750/00 14 June 2000, pp. 92 & 93. 及び http://www.europa.eu.int/comm/igc2000/geninfo/fact-sheets/fact-sheet 8 & 12 より作成。

て二表決方法を併用する、二重多数決制（dual majority system）の考え方である。二〇〇〇年一月二六日公表の委員会意見では、この第二の選択肢が推薦されていたが、この問題は、前述の通り、前項の委員会の委員数の変更問題と密接にかかわっていた。

ニース欧州理事会ではドイツの票を他の三大国と同数とするか否かで対立があったが、結局、最終的にドイツが譲歩し、四大国の票数は同数の二九票となった。各国の票数は、大国や、特にスペインといった中規模国を重視する形で、二〇〇五年一月一日以降、表2（D）のように改定される。他方、特定多数決による可決には、従来通りの七〇％強（二五五票）の票の獲得、および過半数の諸国の賛成に加え、一国以上の要求により、賛成国の人口が連合総人口の少なくとも六二％であるとの検証を行うことができる手続きが付け加えられ、最大人口国ドイツに有利な二重多数決制の導入が合意された。

(c)特定多数決適用分野の拡大

EUは、単一欧州議定書の締結以降、特定多数決の適用分野の拡大に常に努力してきたが、今後構成国が二八に上った場合、全会一致での採決はさらに難しくなると考えられる。よって更なる特定多数決の適用分野の拡大は急務の問題と考えられる。議長国としてポルトガル、フランスは、全会一致から特定多数決に移行するのが望ましい条項を約五〇挙げていたが、そのうち三〇近くの移行が合意された。特に司法協力、経済社会的結束等においては特定多数決と同時に共同決定手続きの導入も図られた。しかし税制、社会保障等の分野では依然として全会一致が維持されている。

(d)欧州議会

EUの拡大後、議員定数上限を七〇〇名とすることはすでにアムステルダム条約において合意されていたが、今回の議論では、その七〇〇議席の各構成国への配分方法が問題となった。その第一の方法が現行の配分方法をそのまま踏襲して、七〇〇議席を越える分については各国一律の削減率を適用する考えである（表2（A））。これに対しては、現在既に中小国に有利な形で議席は配分されており、今後ほとんどが中小国である国々の加盟は、大国をさらに不利にするとの反対意見が強かった。よって第二の選択肢は、各国にはまず一律に最低議席数四を配分し、残りの議席については各国の人口数に基づきより厳密に議席配分を行う考えであった（表2（B））。実際の合意では小国の議席を表2（A）の形に維持し、他方、大国の削減率も押さえた結果、最終的な議席配分は表2（C）のようになり、トルコの議席を含めなくても総数は七三二と、目標の七〇〇議席を大きく超えることとなった。

(e) より緊密な協力

「より緊密な協力」は一九九九年一〇月公表の三賢人報告では、機構改革の検討項目の一つとなっていたが、同年一二月開催のヘルシンキ欧州理事会では、それを政府間会議の議題に含めるとの言及はなかった。よって二〇〇〇年前半の一連の政府間会議では「より緊密な協力」に関する議論はなされていなかったが、二〇〇〇年六月一九―二〇日、ポルトガルのフェイラにおける欧州理事会では、「より緊密な協力」規定の改正問題を議題に取り上げることが承認された。この背景には、ヘルシンキ欧州理事会では、拡大の影響を受ける直接的な機構改革に議論を集中しなければ、二〇〇〇年一二月という交渉期限までの合意は無理との考えの下で、「より緊密な協力」が議題から外されたと思われる一方で、ヨーロッパ統合においてこれまで成功裏に終了した交渉が、ドロール・パッケージⅠ、

II合意等、広範な交渉分野を包含して、直接的には交渉の勝者と敗者が分かりにくい形となっていたものがしばしばであり、「より緊密な協力」規定の改定が取り上げられたのも、その一環のように思われる。規定の具体的な改定点としては、

ⅰ「より緊密な協力」が成立するための必要参加国数を、現行の全構成国の二分の一以上から三分の一以上へ引き下げる。

ⅱ「より緊密な協力」形成の合意過程における非参加国の拒否権を廃止する。

ⅲ共通外交安全保障政策においても「より緊密な協力」の形成を可能とさせる。(18)

などが挙げられていたが、最終的な合意においてはⅰは、「より緊密な協力」形成を、より容易にするため必要最低国数が八ヵ国に固定された。またⅱでは、軍事・防衛分野を除いてその適用が可能となった。更にⅲも了承された。ただし、第一の柱の共同決定手続分野における「より緊密な協力」の形成には、欧州議会の承認が必要とされた。

(f)その他

構成国における人権侵害の防止を目的として連合条約第七条の強化が図られたが、他方、本政府間会議と並行して討議されていた欧州基本権憲章への、条約中での言及は今回は見送られた。また欧州司法裁、第一審裁判所に関しては、その取り扱い訴訟の増大に対処するための第一審裁の権限拡大、公務員職に関する訴訟の専門法廷の設置等、広範な改革が合意された。また経済社会評議会、地域委員会の委員数についても欧州議会議員数に準じた改定がなされた。

②政府間会議合意の評価

今回の政府間会議が議題とした前回会議の積み残し案件は、特定多数決分野の拡大等、一部項目に不満を残すものの広範な分野で合意を得て、二一世紀初頭の欧州連合像を確定することに成功したと言えよう。一部の国の抵抗により、全会一致分野はまだ存在するものの、それはほぼ例外的になりつつある。

アジェスタムは、拡大の制度への影響の評価には、制度の効率性及び正統性に注目するべきだと述べている[19]。制度の効率性から今回の合意を考えると、委員会、議会、裁判所等の機動性の確保や、特定多数決分野の拡大によりその目的はある程度達成されたと言えよう。またエスポシトが前回の政府間会議に関して、欧州連合制度構造の将来像の議論には「柔軟性（flexibility）の原則」（具体的には「補完性の原則」や「より緊密な協力」等を指す）の扱いが重要であると述べているように[20]、今回の論議においても「より緊密な協力（先行統合）」の細則が改定され、今後その適用が推進され、統合の運用効率も向上すると思われる。

他方、正統性の確保の観点からは、共同決定手続きの広範な導入は大きな成果と言える。また閣僚理事会票数、議会議席数の改定は、人口比に近づける形での発言権の付与という、数の上からの正統性の確保をねらったものといえる。しかし同時に、スペイン（および加盟後のポーランド）が、閣僚理事会において大国との現行の票差二を維持する形で二七票を確保できたのは、議長国フランスが交渉の最終段階における大国対中小国の対立で、中規模国スペインの支持を必要としていたという要因もあろうが、他方、今後連合の運営を大国と中規模国で行おうとする意志の現れとも考えられる。また欧州基本権憲章の採択延期も市民的権利に関する正統性確保の今後の課題と言える。

おわりに

四半世紀以上にわたり、欧州共同体は一九五七年に起草されたローマ条約にほぼ満足しつつ、それに大きな変更を加えずに統合を進めてきた。しかし一九八四年六月のフォンテーヌブロー欧州理事会はジェームス・ドゥーグ（James Dooge）を委員長とする機構問題委員会を設置し、条約改正についての検討を開始する。[21] 一年後のミラノ欧州理事会では条約改正を目指した政府間会議の開催が決議され、その結果合意されたのが単一欧州議定書である。フォンテーヌブロー欧州理事会の開催から一六年の年月が経ったが、ヨーロッパ統合はそのうちの一四年強を、一連の政府間会議の準備や、実際の開催、またその結果合意された条約の批准等に費やしてきた。[22] これはそれ以前の二五年間と全く対照的な状況といえるが、それはある意味ではヨーロッパ統合の活性化、加速化の時期と一致しているという理由により説明できる。[23] このように考えると、二一世紀において、ますますその政治的重要性を増すと考えられるEUの機構改革が、今回を最後とするとは到底考えにくい。事実、ニースでも二〇〇四年に新たな政府間会議を開催することが合意され、その議題として(1)欧州基本権憲章の扱い、(2)各国議会の役割、(3)連合・国家間の権限領域の明確化、(4)条約の再編・簡素化、が既に挙げられている。今回の機構改革は、個々の政策決定機関の改革には着手しつつも、諸機関間の制度的バランスについては大きな変更を加えたとは言いがたい。また次回の政府間会議の議題（前述の(2)各国議会の役割と(3)連合・国家間の権限領域の明確化）にも挙げられているように、多岐の権限分野をブリュッセルに集め、しかもそれを特定多数決で決めればよいのかとの問題意識も依然存在する。この点については、ドイツのフィッシャー外相が提唱した欧州連邦制や、フランスのシラク大統領が表明した欧州憲法の提案等が、今後、さらに検討されることと思われる。(24)ヨーロッパ統合の最終形態がいかなるものか、またそのための機構改革がいかなる形で推移するのかの議論は、今後のヨーロッパ統合における大きな節目になるとともに、二一世紀国際政治上の最重要課題の一つとなることも確実であるといえよう。

（注）

（1）具体的にはハンガリー、ポーランド、チェコ、スロヴェニア、エストニア、リトアニア、ラトヴィア、ルーマニア、ブルガリア、スロヴァキア。これ以外にキプロス、マルタが現在加盟交渉中であり、更にトルコを加えた計一三カ国が加盟予定国である。

（2）ヨーロッパ統合についていえば、超国家性の増大、政府間主義の低下と言い換えることができよう。

（3）権限の拡大と内部機構・政策決定過程の高度化・複雑化の差異の問題は、筆者が、EUという一つの国際機関のガバナンスの問題をその「政策的ガバナンス」と「制度的ガバナンス」に分けて分析した手法に対比させることができる（Hiromu Wakabayashi, "Governance and Management of Transnational Public Space in the European Union" (Paper prepared for the International Symposium on "Co-constructing Global Philosophy" held on 23-5 Sept. 1999 at Komaba Campus of the University of Tokyo）を参照）。なお、EUの政策拡大・機構変容に関するやや異なる見方として、Adrienne

Héritier, *Policy-Making and Diversity in Europe*, Cambridge: Cambridge University Press 1999 pp. 1-2 も参照の事。

　また Wakabayashi 前掲論文が扱ったヨーロッパ統合における「ガバナンス」概念の有用性については、委員会においても⑴拡大の挑戦、⑵機構からの挑戦、⑶民主性に関する挑戦に対する有効作業概念として注目されており、委員会は二〇〇一年半ばまでに欧州連合のガバナンスに関する白書を作成する予定である。詳しくは Commission of the European Communities, *White Paper on European Governance*《*Enhancing democracy in the European Union*》（Work Programme Commission Staff Working Document), SEC(2000) 1547/7 final 11 Oct. 2000 を参照。

（4）一九六七年の諸機関併合条約も諸機関の「併合」であり、機構の根本的変更ではなかった。

（5）Jean-Victor Louis, *L'ordre juridique communautaire*, Luxembourg: Office des publications officielles des Communautés européennes 1983 pp. 36-7; Alan Butt Philip, "Old Policies and New Competences", in Andrew Duff, John Pinder, & Roy Pryce (eds.), *Maastricht and Beyond*, London & New York: Routledge 1994 p. 124. なお旧二三五条の多用は、一九七二年のパリ首脳会議が契機とされている。Marc Bungenberg, "Dynamische Integration, Art. 308 und die Forderung nach dem Kompetenzkatalog" *Europarecht* Heft 6, 2000 S. 884 ff.を参照。

（6）一九六〇年代末までは、欧州共同体における首脳会議は例外的なものであったが、一九七二年のパリ、一九七三年のコペンハーゲン、一九七四年、再びパリでの首脳会議の成功を経験したフランスのジスカールデスタン大統領が、首脳会議の定例化を提唱したのが欧州理事会の起源である。

（7）民主主義の欠如の問題の詳細とそれに対する対応策における欧州議会の役割については、若林広「ヨーロッパ統合における国家と社会」宮島喬編著『現代ヨーロッパ社会論』人文書院、一九九八年所収を参照。

（8）「アキ・コミュノテール」とは長年のヨーロッパ統合の結果として、欧州共同体・欧州連合レベルで達成された種々の規範・ルール等を指し、具体的には数千ページに上る規則・決定等の関連文書を指す。「アキ・コミュノテール」を詳しく分析したものとして例えばCarlo Curti Gialdino, "Some Reflection on the acquis communautaire", *Common Market Law Review*, vol. 32 no. 5 1995を参照。

（9）それは「外挿（extrapolation）」と呼ばれる、新加盟国に対して、単純に同規模の既加盟国と同等な人数等を割り当てる手法である。

（10）イギリス加盟時の地域経済開発政策やスペイン・ポルトガル加盟時の包括的地中海計画（Integrated Programme for the Mediterranean）の策定がその好例である。

（11）拡大時における「アキ・コミュノテール」を含めた調整過程の分析については、若林広「欧州共同体の南への拡大—その加盟の構造」『日本EC学会年報』第六号、一九八六年を参照。なお拡大により「アキ・コミュノテール」に変更が加わった数少ない例として、共通漁業政策における「沿岸漁場アクセス権」の扱いの変容過程を分析したものとして、若林広「欧州共同体共通漁業政策の形成」『東海大学教養学部紀要』第二七号、一九九六年を参照。

（12）この点の議論についてはHiromu Wakabayashi, "Principles of Subsidiarity and Closer Cooperation: Multi-level and Multi-centric Governance of the European Union" (Paper delivered to the International Symposium on "Local Standards and Global Standards in the Age of Multiculturalization" held on 8 July 1999 in commemoration of the 40th anniversary of the School of Social Relations of Rikkyo University) および若林広「21世紀欧州統合のガバナンス」『行動科学研究』第五二号、二〇〇〇年を参照。

(13)「垂直的多様性」の増大と「補完性の原則」の関連について詳しくは若林広「欧州連合の拡大と機構改革」『東海大学教養学部紀要』第三一号、二〇〇〇年を参照。

(14)「より緊密な協力」の詳細については、Helmut Kortenberg, “Closer Cooperation in the Treaty of Amsterdam”, *Common Market Law Review* vol. 35 1998; Eric Philippart & Geoffrey Edwards, “The Provisions on Closer Cooperation in the Treaty of Amsterdam”, *Journal of Common Market Studies* vol. 37 no. 1 March 1999; Vlad Constantinesco, “Les clauses de coopération renforcée”, *Revue trimestrielle de droit européen* no. 4 oct.-déc. 1997; Hiromu Wakabayashi, *op. cit*. “Principles of ...” 等を参照。

(15)Centre européen de Sciences Po, *La Conférence intergouvernementale: enjeux et documents*, Paris: Presses de Sciences Po 1996.

(16)会議に至るまでの詳しい経過、及び会議の展開については若林広前掲論文「欧州連合の拡大と機構改革」を参照。

(17)Conference of the Representatives of the Governments of the Member States of the European Union, *Intergovernmental Conference on Institutional Reform* (Presidency Report to the Feira European Council), CONFER 4750/00 14 June 2000.

(18)現行では、「より緊密な協力」は第一の柱、及び第三の柱においてのみ形成可能である。

(19)Lisbeth Aggestam, “The European Union at the Crossroads”, in Victoria Curzon Price, Alice Landau, & Richard Whitman (eds.), *The Enlargement of the European Union*, London: Routledge 1999.

(20)Frédéric Esposito, “The IGC: facing the enlargement’s dilemma”, in Victoria Curzon Price, Alice

Landau & Richard Whitman (eds.), *ob. cit.* p. 103参照。その結果、「より緊密な協力」原則が規定され、加えて補完性原則の細則も合意された。

(21)理事会が機構問題に取り組んだ背景には、同年欧州議会が決議した「欧州連合設立条約草案」の存在も大きいと考えられている。

(22)単一欧州議定書は一九八七年七月に発効したが、一九八八年六月には既にハノーバー欧州理事会が通貨統合に関するドロール委員会の設置を決めている。その通貨統合の最終形態・スケジュールについて定めたマーストリヒト条約は一九九三年一一月に発効するが、一九九四年六月のコルフ欧州理事会では、カルロス・ヴェステンドルプ(Carlos Westendorp)を委員長とする政府間会議に関する検討委員の設置が合意される。その政府間会議の結果成立したのが、一九九九年五月発効のアムステルダム条約である。そして今回の政府間会議の招集を決めたケルン欧州理事会は翌六月に開催されている。このように考えると、一六年の間、条約改正に関与しない空白期間はたった一九ヵ月間を数えるだけである(Philippe de Schoutheete, "Guest Editorial: Intergovernmental Conference", *Common Market Law Review* vol. 37, 2000, p. 845 注1を参照)。

(23)超国家主義に立脚する、共同体レベルへの権限の委譲を実体とするヨーロッパ統合の加速化と、政府間主義を基本原則とする政府間会議の頻繁な開催とは、一見矛盾するように見える。しかし、統合の基本的な方向性についてガイドラインを提示する欧州理事会が、種々の外的制限要因の存在により、政府間組織的な意志決定過程を取りつつも、結果として超国家的な決定を下さざるを得ないというハイブリッドな構造をもつ結果として、近年のヨーロッパ統合が進展していることにより、その関連性を説明することは可能と言える。このようなハイブリッドな政策決定の構造について詳しくは、若林広「欧州統合の加速化と国際統合理論」『外交時報』一九九七年三月号を参照。

（24）Jean-Louis Clergerie, "L'avenir fédéral de l'Union européenne", *Revue du droit public*, tome 117 no. 5 sept.-oct. 2000 を参照。また二〇〇一年四月三〇日のドイツ・シュレーダー首相のヨーロッパ統合の連邦国家構想（*Verantwortung für Europa*）に対して、同五月二八日にはフランスのジョスパン首相が国家連合構想（*L'avenir de l'Europe*）を明らかにした。今後は前述「ガバナンス」論をからめたＥＵの将来像の議論が盛んになると思われる。

EU・NATOの拡大と中欧

――「境界線上」の民族――

羽場　久渼子

一　どこまでがヨーロッパか：「境界線上」の民族

二〇〇〇年一二月七―一一日、ニースでEU首脳会議（加盟候補国一二カ国も参加）が開かれ、二〇〇四、五年をめどとする欧州拡大と、それを意識した統合の再編が行われた。そこでは、これまでにないEU大国間の持ち票の修正など、将来の拡大ヨーロッパにおける影響力を巡っての対立が繰り広げられた。前後して一二月五、六日にはNATOの国防相会議が開催され、そこではNATOとは別に、EUの「緊急対応部隊」が、欧州の平和維持活動にむけて二〇〇三年に創設される運びとなった。また、二〇〇二年をめどにNATOのバルカン、バルト諸国などへの拡大が積極化しつつある。

他方で、新聞でも報じられたように、ニースの会場の外では、グローバリズムとエリート優先の統合・拡大に対して、労働組合やNGO、失業者ら五万人規模の抗議デモが行われ、内部に問題を抱えていることが明らかとなった。

二一世紀初頭における欧州の特徴は、(1)経済的には、グローバリズムと地域主義(Globalism and Regionalism)、(2)政治的には、統合かつ多様性を持つヨーロッパ(Integration and Diversity)、(3)民族的には、多民族の共生と、民族・地域紛争のくすぶり(Multinational Coexistence and Ethnic Dispute)、として論じることができよう。これらは、グローバリズムを除けば、近代以前におけるヨーロッパの本来の特徴ともいえる。近年、「多様性への回帰」(Rothschild)、「文明の衝突」(Huntington)、「新しい中世」(田中明彦)などと形容されるように、冷戦の二極構造が崩れて、アメリカの一極指導のグローバリズムの下、きわめて多元化した状況が現れ、それを統合する新しい秩序は生み出されないままに二一世紀に突入している。多様性、地域主義、民族紛争など、グローバリズム・統合の中での「異議申し立て」部分から、新しいものが始まる可能性がある。

こうした中で、ヨーロッパの境界線、すなわち「どこまでがヨーロッパか」という問題が、EU・NATOの拡大と絡んで重要な課題となっている。

近年、欧州では「欧州アイデンティティ」の問い直し作業が盛んであるが、その代表となる書の著者が、東欧出身者ないし東欧研究者であることは興味深い。「ヨーロッパとは何か」を説くポミアンは、「ヨーロッパの歴史は……境界線を巡る分裂と統合の歴史である」と語り、また発売と同時にベストセラーとなり二五万部を突破してさらに売れ続けているノーマン・デイヴィスの大著『ヨーロッパ史』では、欧州起源神話のエウローペがまさに東方のアジア文明フェニキア(現レバノン南部)の王女で、ゼウスによってクレタに連れてこられたことから説き起こし、欧州の多義性、曖昧さ、異種混合性のなかの統一性について論じている。デイヴィスはさらに、「近代ヨーロッパ」理念のステレ

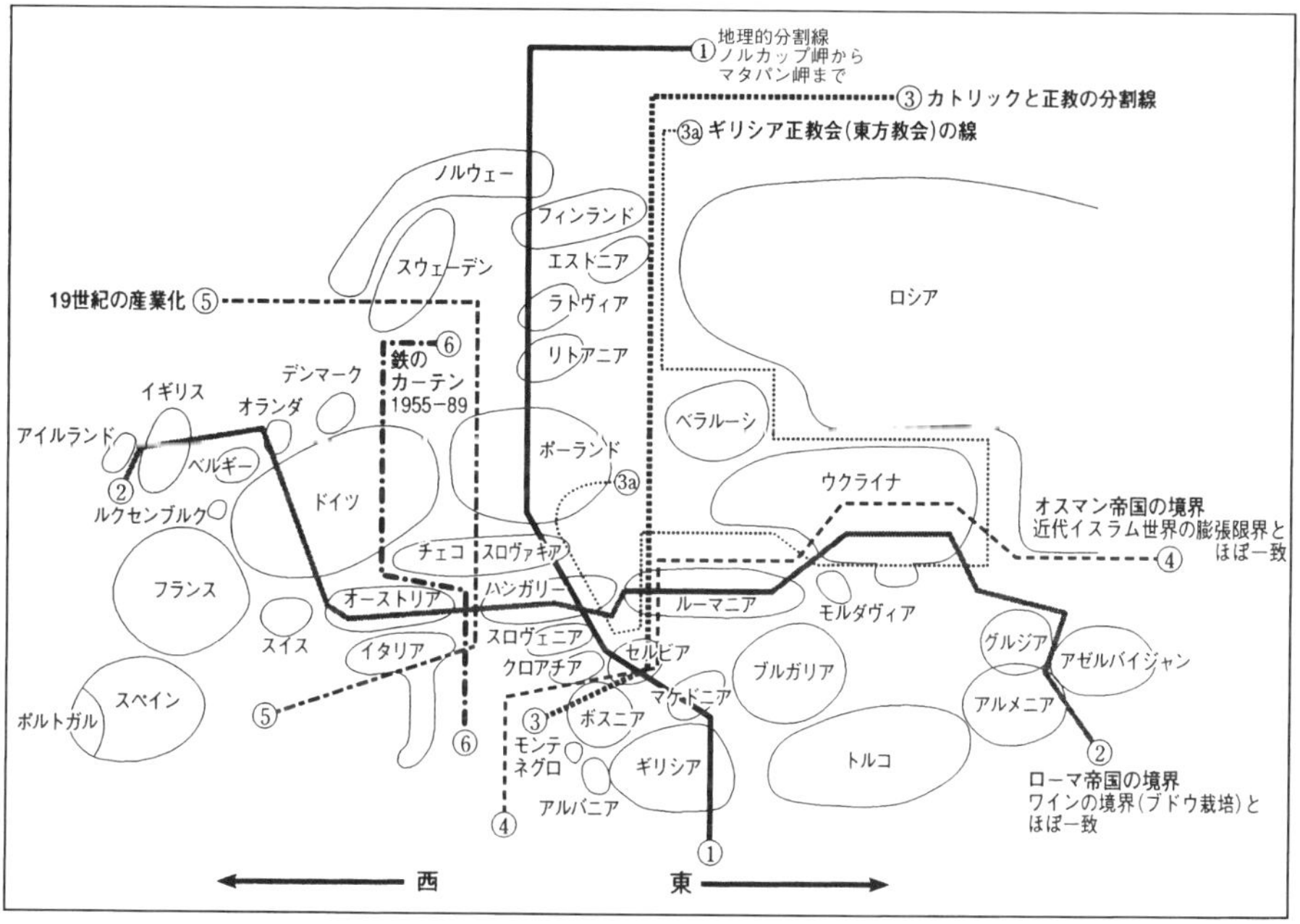

ヨーロッパの東西断層線（ノーマン・デイビス『ヨーロッパ』Ⅰ，共同通信社，59頁）

オタイプの結果、そうしたヨーロッパ本来の多様性・多義性を内包する欧州の「東半分」がいかに切り捨てられ、それが欧州の実態を歪めてきたかを批判している[1]。

二一世紀における「ヨーロッパ」の安定と発展にとって、これら中欧・バルト・バルカン・地中海の諸国の再認識と再評価は不可欠の課題となってきており、ヨーロッパ・アジア・アフリカの狭間に迫る「どこまでがヨーロッパか」という問いはその「境界線上」の人々にとって緊張をはらむ問題である（表参照）。

一九八九年の冷戦の終焉と東欧・ソ連の社会主義体制の崩壊を経て、ヨーロッパの再編は、ここ一二年間は、欧州の統合の深化と拡大、東側における市場化と民主化の制度化と定着（「ヨーロッパ回帰」）という形で進んできた。中欧三国（ポーランド、ハンガリー、チェコ）は、既に一九九九年三月のコソヴォ空爆直前にNATOに加盟し、二〇〇四年のEU加盟を目指して最後の加盟基準達成に尽力している。二一世紀の最初の五年で欧州東側の「半分」（三―六カ国）がEU・NATOに組み込まれ、四億三千五百万の市場が形成される予定である。四億八千万市場になるには次の第二陣候補国の加盟を待たねばならない。このように欧州の統合と拡大は、二一世紀の最初の五―一〇年に大きく進展し、ロシア国境に近づく勢いである（扉裏の地図参照）。

本論文は、一九八九年以降二一世紀に入るまでの一二年間のEU・NATOの東方拡大を中欧側から見たときの諸問題、および「境界線上」の民族に焦点を当てて、分析・検討するものである。[2]

なおここでは、「中欧（Central Europe）」を次のように定義する。

中欧は一般に、ドイツ・ハプスブルク帝国の影響圏にあった歴史的・文化的・政治的領域、これに対して東欧（Eastern Europe）は、ロシア・スラヴ世界を総称するものであった。第二次大戦後の政治的な「東欧」の呼称はこの区別を曖昧にした。一九八〇年代に、東欧の反体制派たちは「ヤルタ」を越える文化的概念として、こぞって「中欧」という言葉を使い始めた。それは、ナウマンやナチス・ドイツの下で使われた“Mittereuropa”の概念ではもちろんなく、自らの歴史と意志に反して政治的に「東」と位置づけられた屈辱に対する、ヨーロッパの中心（Center of Europa）、ヨーロッパの心臓部（Heart of Europe）という文化的・地理的理念への回帰であった。[3] これ自体、ヨーロッパにありながらヨーロッパ理念の外にあると見なされてきた「境界線上」の諸民族による自己主張の

中・東欧の首都を貫くドナウ河とブダペシュト風景

再開と考えることができよう。ここでさらに詳細な検討を行うことは避けるが、一九九〇年の体制転換後、現実に流布して使われている代表的な「中欧」概念としては以下を上げることができよう。

(1)「狭義の中欧」としては、いわゆる「ヴィシェグラード諸国（Visegrád Countries）」と呼ばれる地域（ハンガリー・ポーランド・チェコスロヴァキアの三カ国。チェコスロヴァキアはその後チェコとスロヴァキアに分裂）であり、スロヴァキアを除きNATO、EUへの一番乗りを果たしつつある国々である。

(2)「広義の中欧」としては、一つは「中欧イニシアティヴ（Central European Initiative. 元ペンタゴナーレ）」に加盟する地域で、現在は旧東欧とバルト三国、バルカン、さらにウクライナ、ベラルーシ、民主化後のユーゴを含む一七カ国からなる。もう一つは、EUの中・東欧への援助機関PHAREが定義する「中欧」（一九九八）で、ここにも、スロヴェニアのみならず、バルト三国、セルビア、ボスニア・ヘルツェゴヴィナ、クロアチア、マケドニアなど、一五カ国が含まれている。[4] これらの国々は通常、旧東欧ないし中・東欧（Central and Eastern Europe）と称される国々である。

今や「中欧」は、文化的・地理的概念をも越えて、「ヨーロッパ回帰」を実現する国々の代名詞として使用され始めているといえよう。本稿ではこうした現実の「中欧」概念の拡がりを踏まえつつ、前者を中欧、後者をヨーロッパ拡大に際しての「境界線上の民族」ととらえて、拡大に際しての問題点を論じることとしたい。

二　EU・NATOの拡大一〇年

①中欧のEU・NATO加盟促進要因

社会主義体制崩壊後、旧東欧諸国が雪崩を打って「ヨーロッパは一つ」の動きに移行した背景には、(1)歴史的・文化的な「ヨーロッパ」文明への回帰、(2)経済的・政治的な近代ヨーロッパ・システム（資本主義と民主主義）への回帰と経済グローバリズムへの参入、(3)地政学的な安定としての安全保障の三つを揚げることができよう。

(1)は、既に一〇世紀のキリスト教の受容から中世の歴史に端を発し、第二次世界大戦の終結後も東欧における「独自の道」として存在していたものである。一九八〇年代から旧東欧の反体制派及び知識人の運動の中で「中欧」への回帰要求として急速に広がり、一九八九年の欧州における冷戦体制の終焉とソ連の軍事的圧力の崩壊という物理的なタガが喪失する中で、ハプスブルク文化圏とキリスト教文明というヨーロッパの正統性への回帰として急速に広がっていった。

(2)については、一九八〇年代における社会主義経済の行き詰まり、西欧におけるヨーロッパ統合の進展、旧東欧へのドイツ経済の影響の拡大、さらに東アジア・東南アジア経済の急成長などの諸要因の中で、世界経済・ヨーロッパ経済への参入以外にオールタナティヴはないとする「自由と豊かさ」の追求として、国家経済エリートから一般民衆に至る広範な要求として拡大していった。

さらに(3)は、旧東欧諸国がEU・NATO拡大を望む最大の要因の一つと言えよう。旧東欧は、大国ドイツとロシア・トルコの狭間にあって、歴史的には繰り返しこれらの勢力下に組み込まれてきた地域である。また多くの民族が混住、あるいはモザイク的な複雑な境界線を持つ地域にあって、周辺大国との良好な関係と地域の安定は決定的に重要な歴史的課題であった。ソ連軍の撤退とバルカンの民族紛争の長期化、さらにソ連邦崩壊に伴う旧ソ連領域のアナーキー化は、旧東欧のバッファーゾーン（緩衝地帯）をいかに再編するかという課題を緊急に課すこととなった。

②中欧の加盟に向けての動向（一九九〇―一九九四、五年）

こうした中で、中欧諸国は、社会主義体制を次々と放棄していった一九九〇年、ワルシャワ条約機構軍がソ連から撤退する以前から、積極的にEU・NATO首脳と関係を持ち始めていた。(5) 一九九一年八月のソ連のクーデターに際して、九一年一〇月にはヴィシェグラード中欧諸国が、東のソ連のアナーキー化を懸念し結束して会合を開き、地域の安全を保障するためにNATOへの接近を打ち出した。彼らの地域の不安定化に対する懸念と安全確保の要請は、九一年末のソ連邦の解体、さらにユーゴスラヴィアの解体と民族紛争の泥沼化によってより現実的なものとして強まった。

ただしこの時点ではEU・NATOの側は、体制転換後の東欧を一括して扱うことを原則とし、とくにアメリカは不用意にロシアを刺激しないように努めていた。一九九〇年代前半においては冷戦体制の終焉の中で、旧ソ連・東欧全体が加盟する全欧組織としてのCSCE（全欧安保協力会議、一九九五年一月よりOSCE＝欧州安全保障協力機構）等の協議機関が、ポスト冷戦期にはより重要な役割を果たすと見なされた。さらに一九九一年末にはNACC（北大西洋協力会議）、一九九四年一月にはPfP（平和のためのパートナーシップ）などがやはりソ連東欧全域を包み込む形で設置・締結された。

こうした「緩やかな」組織に旧ソ連・東欧の全地域を組み込むことに対しては、ロシアの不安定化あるいは東の脅威から自地域の安定を望む中欧諸国から強い不満と反発が起こる。とくに中欧のNATO加盟要求に対するロシアの威嚇と反対は、かえってこれらの国々のロシア離れを促進させた。(6)

③EU・NATOの東方拡大への戦略転換（一九九四、五―一九九八年）

しかし世界的な経済グローバル化の進展と統合の加速化、ソ連の民主化・経済改革の遅延と民族主義勢力の伸張、バルカンを巡る民族紛争の泥沼化、さらに中・東欧諸国の加盟に向けての熱い要求が、EU・NATOの首脳の動向を変化させてゆく。

一九九五―六年、EUはグローバル経済の拡大の中で世界の広範な地域との自由貿易協定の拡大を意図して、EFTA、中東欧（ET）、地中海諸国、NAFTA、MERCOSUR、ASEMなどと順次関係を深める計画を開始した。この流れで行くと中欧はＥＦＴＡに次ぎ、地中海諸国に平行する形で、二一世紀の早い時期に漸次自由貿易圏に組み込まれることとなった。[7] 既に一九九四年のエッセン・サミットの後、ＥＵは中欧の加盟を前提とした経済改革要求を打ち出し、中欧の加盟はＥＵにとっても現実的となり始めた。一九九七年七月の欧州委員会による中・東欧の加盟基準を詳細に定めた「アジェンダ二〇〇〇」も東方拡大の具体的開始を示した。

ＮＡＴＯの側の拡大要請も、一九九五、六年頃におこる。ロシアに配慮していた米欧の姿勢に変化の兆しが見られ、一九九五年五月にはＮＡＴＯの中欧への拡大が、公式会議の日程にのぼるようになり、ＮＡＴＯの東方拡大は政治問題となり始めた。中欧諸国の強い要請と他方でロシアの政治経済の改革の遅延の中で、ロシア抜きの安定的ヨーロッパ、とりあえずはより西欧に近いとされる「中欧」諸国への拡大が検討課題となったのである。一九九六年六月にはアメリカは六千万ドルの支援金を中欧三カ国に、ＮＡＴＯ加盟準備金として提供することを議会に批准し、一〇月には各国に渡されることとなった。[8]

また一九九六年一〇月、米のクリントン大統領は、東欧移民の多く住むデトロイトでＮＡＴＯの東方拡大を推進する演説を行った。[9] 既に九六年春にはブリュッセルのＮＡＴＯ核計画委員会（Nuclear Planning Group）において、ＮＡＴＯ拡大に際しても新メンバー国は核配備を行う必要はないことが確認されてロシアの危惧を解こうとしており、ＮＡＴＯ拡大は既に年はじめには規定方針となっていたといえよう。

ＥＵ・ＮＡＴＯの中欧へのスタンスは、旧ソ連・東欧全体との緩やかな協議（ロシアへの配慮）という九〇年代前半の状況から、ヨーロッパの地域的安定とそれに基づく経済発展のための東方拡大という九〇年代後半の総合的政治戦略に変化していくのである。

三　拡大に際しての問題点とコソヴォ空爆

①中欧の加盟への基準達成努力と資金援助

しかしこの時期になると、中欧の加盟要請とNATO・EUの拡大との間に、ズレが生じ始める。即ちアジェンダ二〇〇〇とアキ・コミュノテールによる経済政治・法律・文化面での膨大な厳しい加盟達成基準が、中欧民衆の社会生活を脅かし始めるのである。

ヨーロッパへの参入を実現するために、中欧諸国は、体制転換後の市場化・民主化の制度化をさらに徹底するとともに、EU・NATO加盟に向けて積極的に経済、政治、社会、文化、さらに軍事面での基本的コンディショナリティを整え始めた(10)。

こうした中・東欧諸国の制度改革全般に対する財政予算として、一九九一年以降、EUから中・東欧各国（一三—一五カ国）に対して多大なPHARE(Poland and Hungary Aid for Reorganization of Economics)の援助が配分されてきた。さらに中欧諸国に対しては二〇〇〇—二〇〇六年にかけて前倒しのEUの構造基金（第一陣六カ国に対し四五〇億ユーロ）が与えられることとなっている(11)。ただしEUの援助については、当初期待されていたCAP（農業支援基金）の配分は、中・東欧諸国の加盟による低コストの農産物の流入に対し、西欧の農業を守るものとして支援金が配分される可能性が高く、中欧地域は独自の農業対策の必要に迫られている（たとえばハンガリーの小農業者党で地域開発相であったトルジャーン［二〇〇一年一月辞任］は、中国などへの輸出交渉を行うべくアジアを歴訪した[12]）。

ＮＡＴＯの援助金としては、先に触れた一九九六年のアメリカからの支援金六千万ドル（中欧三カ国）による軍事インフラの整備、武器購入の他に、九九年コソヴォ空爆時以降は後方支援に対する事後の補助金による武器の整備が行われている。

②拡大に際しての問題点

以上から現れてくる中欧側にとっての拡大の問題点として、次の五点が上げられる。

(1)加盟のための政治的・経済的・社会的・軍事的コンディショナリティ達成義務にむけて、予想外に高いコストがかかっていること（当面はそれはＥＵ・ＮＡＴＯの側からの援助金、補助金によって多くをまかなっているが、財政支出も大きく、社会主義体制から市場化・民営化への移行を果たし、さらにＥＵ加盟のため財政健全化を計ろうとする中欧諸国としてはかなり財政的な負担になっている）。

(2)経済・政治・軍事について、制度面・機能面での枠組みは徐々に整いつつあるが、急速な市場化・民営化、およびグローバリズムの拡がりの中で、社会的レベルでの問題は悪化していること（具体的には、貧富の格差、地域間格差の拡がり、失業の固定化や貧困の固定化、そうした中で当初は期待が強かった民主主義・市場化への懐疑が民衆間に広がり、経済的不平等からの不満の増大からデモ、ストが頻発してくる[13]。

(3)国境の解放による、国境を越えた治安の悪化（マフィア、武器、麻薬、移民の流入）、バルカンの民族紛争の結果からくる大量の難民、武器の流入や流出への警戒から、地域安定化と無法化する国境警備の必要性がますます切実化していること。

(4)地域の分断と格差の増大。ソ連・東欧の旧社会主義圏は、経済・政治・社会格差から、「中欧」、バルカン、ロシア、中央アジアに分断されつつある。二〇〇〇年二月以降における第二陣六ヵ国の加盟交渉の開始により、現在中欧とバルカンの間において加盟に向けての差は一見縮まりつつあるが、現実には第一グループが二〇〇五年前後に加盟した後の第二グループの加盟時期の見通しは立っていない。このことはそのまま生活・社会・経済交流圏の分断となる。

(5)さらにNATO・EUの拡大の中でのロシアの事実上の排除と孤立化の問題がある。一九九七年五月におけるNATOとロシアとの「基本条約」締結により、ロシアは中欧のNATO加盟を事実上容認したものの、その後も中欧に対するロシアやベラルーシからの繰り返しの抗議や、ベラルーシなどへの核配備の威嚇、軍事的圧力などが中欧とロシアとの不信関係をあおり、東の国境線に緊張を生んでいる[14]。

(6)固定化されつつある社会的弱者層の不満と不安の増大（外への警戒、内への幻滅）が、各国における潜在的な民族主義を刺激し、ポピュリズム、右翼民族主義勢力が中欧でも成長しつつある[15]。

③中欧のNATO加盟とコソヴォ空爆

こうした中で、一九九九年三月一二日、NATOによるコソヴォ空爆の一二日前に、中欧の三国は、アメリカ・ミズーリ州インディペンデンスでNATO加盟関連文書に署名し、正式なメンバーとなった。ここで米のオルブライト外相は「スターリンが欧州にひいた分断線を着実に消していく」こと、四月の五〇周年の首脳会議で「NATO二一世紀の青写真を描く」ことを謳い、中欧三国の外相はそれぞれ「欧州復帰」「二度と外国侵略の犠牲にならない」「もはや自由の防衛に一人で立ち向かうことはない」と語り、加盟の喜びを表明した。

中欧にとってのNATO加盟のプライオリティは、ハンガリーの外務次官補ヨオー・ルドルフが語ったところによれば、一つは、ユーロ・アトランティック、即ち民主主義、人権、市場経済という西側の価値への結合であり、第二は、地域の安定のために近隣諸国との友好を高め、軍・政治機構として外からの脅威に対する集団安全保障の実現である。ハンガリーにとっては地域の安定と近隣国との友好は特に重要である。なぜならハンガリーの近隣七カ国はすべて非NATOメンバーであるからである（西側国境はEUメンバーであるが中立のオーストリア、南側国境はユーゴスラヴィア＝セルビア、クロアチア、スロヴェニア、北部から東部にかけては、スロヴァキア、ウクライナ、ルーマニア[16]）。

ポーランドも、バルトやベラルーシ、ウクライナなど、旧ソ連諸国と長い国境線を有している点で、ハンガリー以上の緊張感をソ連との間に有している。またドイツの影響力の強い中欧においては、NATO加盟によりアメリカの影響を確保することによってドイツとのバランスをとる役割もある。これらを見ても、NATO加盟国・非加盟国に関わらず地域の安定と結束はこの地域にとって第一義的に必要であることが理解できよう。

一九九九年三月二四日に始まったNATOのコソヴォ空爆は、加盟間もない中欧三国にも大きな影響を及ぼした。特にハンガリーは、南の国境をユーゴスラヴィアと接し、その国境の外側にハンガリー人少数民族が住んでいることから、空港や航空路の開放以外は医療食糧供給など後方活動を主軸に置かざるを得なかった。

NATOのコソヴォへの軍事介入は、欧州のNATO加盟国内部にも介入の是非や方法を巡って幾つかの亀裂を引き起こした。最大の問題はロシアとNATOとの関係のこじれであり、その境界線上にある諸民族の緊張の高まりである。コソヴォ空爆以降、ロシアとNATOとの関係は緊張をはらみ、その後「強いロシア」を待望するロシア民衆の支持の下に二〇〇〇年春にはプチン大統領下の新政権が誕生し、新たな軍事ドクトリンが採用されることになる。さらに空爆後の大量の移民と難民、戦争の脅威と石油タンク爆撃や橋梁の破壊による環境・インフラの破壊、NATO軍侵攻後のアルバニア人によるセルビア人へのテロの継続と地域・民族問題解決の見通しの困難さは、中・東欧各国に大きな負の遺産を与えることになる。

この前後から、EUの拡大見通しに対する懐疑的見解が、東西双方から現れてくることとなる。EUの側からは、中・東欧諸国では「ヨーロッパ化」は達成されつつあるが「民主化」はまだ進んでないとする見解(17)や、比較的順調なハンガリーを除き第一陣の各国はそれぞれ問題を抱えておりEUへの一斉加盟は難しいとする声(Von der Pas)、さらに西欧の保守政党の間から、二〇〇三―六年の拡大に疑問を投げかけ、拡大の経済・政治・社会的コンディショナリティの達成をより厳しく慎重に見守るべきだという声が出始めた。中欧の側からはチェコのカレル大学研究員ホルブが、各国のGDPがギリシア・スペイン並になるとされる二〇〇三年前後に加盟するのではなく、よりドイツ、オーストリアの水準に近づいてから加盟すべきである、なぜなら国境が開かれたとき直接対峙するのはドイツ・オーストリアであるのだから、として早期加盟に批判的である[18]。

ただし、他方で、オーストリアのハイダー自由党が、東への拡大を声高に疑問視する状況に対しては、こうした右からの批判に対抗するためにもむしろ中欧、地中海諸国を早期に欧州の機構内に取り込むことが安定の基本と考える声も依然根強い[19]。

四 「境界線上」の民族

EU・NATO拡大の矛盾は、その拡大ラインの「境界線上」に居住する民族、人々に集中的に現れている。ここでは、「境界線上」の民族に焦点を当て、グローバリズムと地域の統合と拡大の中で民衆生活に現れる問題点について考えてみる。

①「シェンゲンの壁」：カルパチア・ウクライナ

一九九五年三月に発効されたシェンゲン条約は、締結国（現在一二カ国）が旅券なしに国境間を自由に移動できることを定めたEU統合の象徴的存在だが、それは結果的に、参加しない国、とりわけ加盟候補にもなっていない東の国々に対しては、冷戦の壁崩壊後に新たに現れた、「シェンゲンの壁」

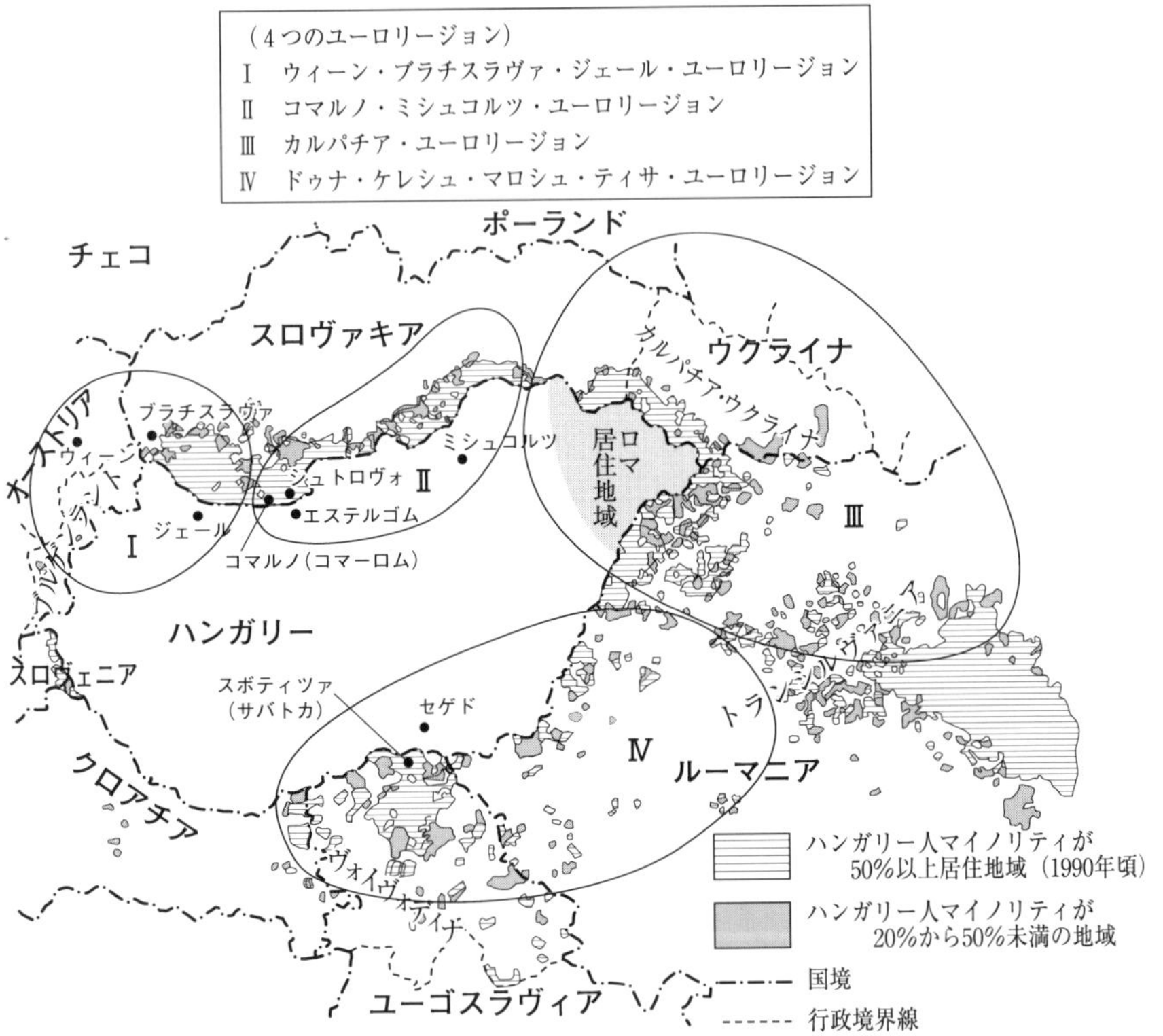

境界線上の民族（カルパチア盆地のハンガリー人少数民族）**とユーロリージョン**
（出典）*Ethnic Geography of the Hungarian Minorities in the Carpathian Basin*, Budapest Bp. 1998. より作成

とでも言うべき物理的障害になりつつある。

ウクライナの西部、カルパチア・ウクライナは、地政学的・戦略的に非常に重要な地域である。この地は現在、ウクライナ、ポーランド、スロヴァキア、ハンガリー、ルーマニアの五カ国と国境を共有しており、地理的にはカルパチア山脈の西側、ハンガリー東部・ルーマニア北部の境界線を流れるティサ河の支流に位置している。ここは、現在八二%がルシーン人、一二・五％がハンガリー人によって占められているが、歴史的には人口の四割がハンガリー人、ユダヤ人、ドイツ人、ルーマニア人、スロヴァキア人、チェコ人よりなる多民族地域であった。[20]現在も一六万人近いハンガリー人が住んでいるが、その特徴は、若者の流出（主にハンガリー）と過疎化に加えて、近年は著しい貧困と西側からの締め出しである。

二〇〇〇年八月に、ハンガリーのパンノンハルマのカトリック修道院で「国境外ハンガリー人少数民族の国際会議」が開かれ、筆者も参加した。そこでの報告によれば、カルパチア・ウクライナの少数民族地域の失業率は、現実には八〇―八五％という高率であり、また勤労者の間でも、教育者、医師、公務員などには何カ月も給与が払われず、それは子供の教育においても大きな問題を引き起こしている。それ故少数民族の若者の多くはチャンスがあれば、外国、特に国境を越えてハンガリーに行き、国外で学ぶ学生の九〇―九五％はカルパチアに戻ってこないといわれる。[21]

加えて、二〇〇〇年の春にポーランドとチェコで、東からの流民による治安の悪化（主にマフィア、麻薬、武器流入に対する治安対策）から、ソ連とウクライナにヴィザが導入された結果、ハンガリー・ルーマニアを除いてウクライナから「西」には行けなくなった。それ故、境界線上の少数民族の間には、隣国が次々にEUに参加することによって、今後国境を越えて西に行くことがこれまでのように簡単でなくなり、ヨーロッパから閉め出される危険性があると、危惧が広まっている。

旧来、少数民族地域では国境の壁が緩やかになれば民族問題は解決に向かうとしてEU加盟を待望していたし、政府もそのように説明していた。しかし近年では、隣国がEUに加盟し自国が加盟できない状況となった際、加盟した国と非加盟国との間に自由に移動できない「壁」が出来ることが明らかとなり、隣国の加盟に躊躇する状況が出てきているのである。これらに対し、周辺七カ国に三〇〇万人近い自民族マイノリティを抱えているハンガリーは、早晩EU加盟と平行して、独自のヴィザ対策を迫られている（例えばハンガリー国境内のみに通用する［オーストリア、ドイツに入れない］労働ヴィザを、民族的にハンガリー人と見なす人々や一定の隣国民に導入するなどの措置を検討中[22]）。

「シェンゲンの壁」は、このように、「内部に対して自由な通行を保障する」が故に、外部からの移民や危険物に対する壁をきわめて厚くする政策を採らざるを得ず、それが加盟見通しの立たない「境界線上」の民族に対して大きな障害となっているのである。

②民族浄化の中の「議会主義」：ユーゴスラヴィアのヴォイヴォディナ

ユーゴスラヴィアのミロシェヴィッチ政権下では、ユーゴ内の多くの民族が対立と紛争を引き起こしてきたが、そんな中で唯一「民族浄化」が行われず、問題をはらみつつも議会を通じて合法的に少数民族が影響力を拡大しようとしてきたのが、ユーゴ西北部のヴォイヴォディナである。NATO空爆と介入後も未だ武力衝突と流血の対立の続くコソヴォとの違いはどこにあるのか、ここから何らかの教訓を読みとれないか考える。

ヴォイヴォディナ地域はユーゴの中でも豊かな穀倉地帯で、ユーゴが旧ソ連の影響下にあった東欧と異なる独自の国家政策を採っていたため、生活水準も八〇年代までは極めて高かった。しかし、戦争のハイパーインフレの中で、賃金は一〇分の一以下に落ちたと言われる。

この地域には、一九九一年の体制転換の時点では五六・八％のセルビア人と一六・九％のハンガリー人（三三万九五〇〇人）が住んでいた。しかしユーゴスラヴィアの国家再編と戦乱の中で三〇万人近いセルビア人が流入し、また多くのハンガリー人が国境を越えてハンガリーに流出したことから構成が変化し、少数民族の比率は一二・九％に激減した。[23]

ティトーの死後ミロシェヴィッチ政権下でのセルビアの「国民国家」政策とユーゴスラヴィアの分裂は、連邦国家ユーゴスラヴィアの多民族共存政策を崩した。しかし、ヴォイヴォディナの少数民族の間には、民族浄化はなかったと言われる（ハンガリーのオルヴァーン首相は、ハンガリーのNATO加盟が民族浄化を防いだと説明した）。

ユーゴのパニッチ政権下で法務大臣を務めたハンガリー人少数民族指導者ヴァーラディ（現中欧大学教授）は、もしユーゴが民主化されれば、（これまで歴史的に多民族共存を実現できていなかった）ルーマニアやスロヴァキアに比べて急速により民主的な多民族共存が実現されるであろうと述べ、その場合、民族問題の解決方向は、南ティロルやベルギーのドイツ人少数民族の例に学ぶことができるとしている。[24]

東欧のハンガリー人少数民族政策について言えば、周辺七カ国（オーストリア、スロヴァキア、スロヴェニア、ルーマニア、ウクライナ、ユーゴスラヴィア、クロアチア）のうち領土的・文化的自治を実現している国家はスロヴェニアのみである。そのほかの六カ国で、民族的・領土的な自治を実行している国はない。例えばルーマニア、スロヴァキアでは、言語的・文化的自治を、集団的権利としてではなく個人的権利として実現しており、スロヴァキアでは、一九九五年にハンガリー人マイノリティの住む国境都市コマルノ（コマーロム）の会合で領土的自治の要求が出されたが、現在でもそれ

エチェーニ地方（ハンガリー南部）の民族衣装

は拒否されている。しかしヴォイヴォディナでは、通常の認識とは異なり、スボティツァ（サバトカ）を初めとして幾つかの都市で、ハンガリー人が自治体の市長および地方・国会の議員を務め、多民族の共生を試みてきた(25)。

以上の成果の上に二〇〇一年一月末、新コシュトニッツァ大統領下のジンジッチ民主政権において、ヴォイヴォディナ・ハンガリー人連合が入閣し、その党首カサ・ヨージェフがユーゴ史上初のハンガリー人副首相に選出され、ユーゴの民主化と少数民族政策、地域の自治に向けて行動を開始していく(26)。

二〇〇〇年秋、NATO軍撤退を遂行するためのコソヴォ問題の解決として、コソヴォの「条件付き独立」がアルバニア人側から提起されユーゴ政府は反対してきたが、この解決は非常に短絡的で、歴史的な東欧の多民族性を考慮しないものであろう。コソヴォのアルバニア人が独立すればマケドニアのアルバニア人、ギリシャのアルバニア人も独立を要求する可能性があり、またルーマニア・トランシルヴァニアのハンガリー人など各地の少数民族も領土的自治や「条件付き独立」を要求して紛争化していく可能性がある。現時点では、国境の変更を可能な限り抑制しつつ、民主的な自治権を与えていくことの方が、安定的な中・東欧の発展にとって重要なことではないだろうか[27]。

③「右翼民族主義」の成長：ルーマニアの大統領選挙

グローバリズムの進展とEUの拡大に伴い、EUの「東端」であるオーストリアにおいて、東からの移民の流入と失業対策を掲げてハイダー政権が誕生し、境界線の外にあるロシアでは、プチン大統領の政権がロシア・ナショナリズムを強化しつつある。その両国の狭間にある「境界線上」のルーマニアでも、極右民族主義者が大統領選挙で急浮上した。

二〇〇〇年一一月二七日のルーマニアの大統領選挙で、極右民族主義政党大ルーマニア党の党首トドルが、第二位に躍り出た[28]（一位は旧共産党で社会党党首のイリエスク三六・七六％、二位がトドルで二八・四六％）。その後第二回目の決選投票では、少数民族政党ハンガリー人民主連合や多くの民主主義政党が次善の策としてイリエスク支持にまわったため、イリエスクが大差で勝利した。

一九九六年におけるルーマニアの遅れた民主化後四年目の選挙において左右の極端主義者が票を大きく伸ばし、民主主義勢力がふるわなかったことは、国内外に波紋を呼び起こした。背景には経済成長の困難さや地域格差の拡大、貧困の恒常化や民主化以降の西側寄り諸政策への懐疑など、複雑な要因が絡んでいる。

一九八九年、中・東欧の多民族国家は社会主義体制の崩壊後、「国民国家」形成に向かい、相次いで言語法・教育法を制定し少数民族の「国民」化政策が採られた。こうした中で少数民族の一部は、低くなった境界線を越えて都市あるいは西に移動し、地域からは知識人・若者などが流出する傾向が現れた(29)。これに対しEUは繰り返し各国における少数民族の「人権擁護勧告」を行った。このことはEU加盟を目指して遅れた民主化を勝ち取ったルーマニアやスロヴァキアの新政権において、上から少数民族政策の改革を行うきっかけとなった。しかしこの政策転換は多数の「国民」にとっては、ある種の少数民族優遇政策《アファーマティヴ・アクション》と映り、地方に住む民衆の不満を呼び起こすこととなった。

グローバル化と、市場経済・民営化の中で、地方は経済発展から取り残され、生活水準も悪化し、国内でも低位に固定化された。他方民主政権下でハンガリー人民主連合が入閣すると、ハンガリー企業・ハンガリー人教育者の本国からの流入、ハンガリー人少数民族の発言権の拡大等に関する不満が、ルーマニア人民衆の間に鬱積していく。しかしフランスやイタリアの要請にも関わらず、ルーマニアは第一陣の加盟候補国からはずされ、EU・NATOへの加盟は短期には望めなくなった。こうした中で、治安の悪化、東からの難民の不安の高まり、さらに民主主義、市場主義への懐疑も強まる中で、旧共産主義勢力と右翼民族主義の双方の芽が成長していった。このことは、早期にEU加盟を達成できないバルカン地域の一つの揺り戻し例を示すといえよう。

④地域・民族格差のひろがり：ロマ（ジプシー）

グローバリゼーションの拡大の中で、同一国内でも東西の地域格差がGDP・失業率において広がり、民族間格差も目立ち始めているが、中でも貧富の格差、地域格差の拡大の波を最も強くかぶっているのがロマである。

ロマはハンガリーだけでも四〇―六〇万人いると言われている[30]。中欧各国のロマ政策は、「人権擁護」の観点から、EU加盟のための必須条件となっており、ロマもそれを意識しつつ、ハンガリー、チェコにおけるロマの情況の問題点をEUに送って政府と対抗している。ロマは、首都以外には地方の国境線周辺に住んでいるケースが多いが、縦の社会階層としては最底辺、横の地域分布としては東のもっとも貧しい地域に集中し、貧困と治安の悪さの代名詞になっている。

ロマの組織化は、ハンガリーではすでに八〇年代から始まり、九〇年以降は国会議員団も存在する。しかし全体から見て、ロマの貧困化は著しく、それは地域格差と重なって問題解決を遅らせている。失業問題もロマと結びついている。近年中欧の失業率は平均して減少しつつあり、ハンガリー一国を見ても、都市の就業率の増加が全体の失業率低下をもたらしているものの、東北部の貧しい地域ではむしろ失業率は固定化あるいは増加している。中でもロマの失業率は二八・八%で、一般の失業率の三倍以上を占めている。他方でEU加盟の条件として、ロマへの教育政策、社会政策、医療政策などが進みつつある[31]。中東欧におけるロマ問題の解決は、EU加盟にむけての一つのメルクマールともいえよう。

⑤「予防外交」としての地域協力(ユーロリージョン):近年の変容

民族・地域紛争を事前に予防する「予防外交」として、EU及び各国政府が積極的に進めているのが、ユーロリージョン、国境間地域協力(CBC)プログラムである。現在中・東欧で多くのユーロリージョンが機能しているが、近年の動向として一九九九―二〇〇〇年にドゥナ・ケレシュ・マロシュ・ティサ・ユーロリージョン、ウィーン・ブラチスラヴァ・ジェールのユーロリージョン、一二月にはコマルノ・ミシュコルツのユーロリージョンが開始され、またルーマニアのセーケイ地方のハルギタ県が、カルパチア・ユーロリージョンに新たに参画した（六六頁の地図参照）。こうした地域協力は、歴史的な民族紛争地域に特に焦点を当て、地方経済の活性化、インフラ整備、多民族文化交流、市民社会形成などの企画の下に、EUの援助機構PHAREの資金援助と、各国自治体、企業団体が基金を出し合い、協力関係を促進している。カルパチア・ユーロリージョンでは、地域の貧困と地域格差の問題を解決しようと周辺数ヵ国の企業や地方自治体から援助が行われている。[32] スロヴァキアとハンガリーの間では、第二次大戦下でつぶされたハンガリーのエステルゴムとスロヴァキアのシュトロヴォとの間の橋が復興されつつある。

国境を巡る協力関係は拡大しつつある。他方でこうした協力関係、西側からの投資と援助にも地域格差が現れており、西側国境周辺では手厚い投資、東側国境に近づくほど地域協力の予算にも事欠く状況が続いている。経済学者ベレンドは、ハンガリー西部の一〇万人の一都市（Sēkesfehérvār）だけで、バルカン全体への投資額より多い外国投資が行われたと指摘している。[33] 中欧諸国の「西側」の発展と変貌、および「東側」の荒廃、治安の悪化、貧しさは対照的であり、加盟後も続く格差を暗示している。

五　ロシアの位置：「境界線」の外で

最後に現在、EU・NATO拡大の「境界線」の外に置かれているロシアの位置を確認しておきたい。一九八九年、冷戦終焉期においてはゴルバチョフは、「欧州共通の家」を提唱し、自国も欧州の一員として、欧州機構に積極的に関わっていくことを期待していた。九〇年代の前半は旧ソ連・東欧は一括して扱われたものの、後半にはいるとEU・NATOは結局ロシアを排除しつつ、その国境線までその影響範囲を拡大していった。ただしロシアはEUに対しては貿易や外資の重要な相手として評価し、その拡大がロシアの安保を脅かすことはないと考えてきた(34)。

しかし一九九九年三月の、中欧三国のNATO加盟、コソヴォ空爆、さらに同年四月のNATO創設五〇周年において、冷戦後の新戦略構想と共に、二〇〇二、三年に向け第二陣加盟予定候補国九カ国プラス一が言及される（バルカン・バルトと、ウクライナの友好国としての特別の重要性）におよんで、ロシアでは様々の層から焦燥感が広がっていき、それはベラルーシの西側国境への核配備、通常兵力増強、近隣国へのNATO加盟牽制と、ロシアとの安全保障協定締結の呼びかけなど、中欧、バルカン、旧ソ連構成国への数々の緊張や威嚇につながっていく（扉裏の地図参照）。

こうした中で、ロシアにとって欧米との提携は第一義的ではあるものの、一九九九年以降は新たな選択肢が模索され始め、これが「境界線」上の緊張を高めている。ロシアにとって考えられる選択肢は以下のものである。

(1)米・西欧との関係の継続(市場化・民主化)による、経済発展。
(2)アジアへの接近。中国との軍事協力[35]、北朝鮮への援助。
(3)CISの同盟を強化、とくに中央アジアを取り込む。
(4)国家連合の強化。ただし現在はロシア・ベラルーシのみ。
(5)国内の有力勢力を統合し、強力なポピュリズム政権として外部に対抗する。これは、民衆の「強い政府」待望とも一致する。[36]

二〇〇〇年春にプチンが大統領に選出されると、四月には「新軍事ドクトリン」を出し、一方でロシアに軍事的脅威がある場合には核の先制使用も辞さない、という姿勢で欧米を牽制するとともに、他方でロシアはEU・NATOに加盟することもあり得るとして、欧米の新しい対ロシア分断線(cordon sanitaire)としての「境界線」の恒常化を警戒している。[37]

おわりに――二一世紀の展望

以上、EU・NATOの拡大と中欧の現状を見てきた。拡大は決してバラ色ではなく、内部のみならず、拡大の「境界線上」の民族・領域に多くの問題を抱えている。それらは、拡大後も早急には解決できない新たな課題として浮上してきている。

二〇世紀の終わりに、ヨーロッパ委員会は『ヨーロッパ二〇一〇年』という論文で、五つの未来シナリオを出し将来のヨーロッパを展望している。

(1)は、グローバリズムと市場の勝利、(2)は、地域社会の活性化、(3)は、地域統合と社会保障双方をにらんだ「第三の道」、(4)は、統合の失敗の中で浮上する各地の急進主義、(5)は、地域紛争の頻発と大国の軍事主導が露わになるヨーロッパである。[38] いずれも現状を踏まえた実現可能性の強い将来像であり、実際にもそれらが複合的、あるいは地域的に噴出する可能性がある。

ヨーロッパの東方拡大が、中・東欧の現状や要請を考慮することなく、グローバリズムの下での西欧の経済戦略として、西欧基準の達成要求と西の既得権（農業など）の保護、異質者（移民）の排除としてのみ進めば、ヨーロッパの東の「境界線」の内と外で、今後緊張と対立が暴発する恐れがある。ヨーロッパの再編は「多様性の容認と異質の取り込み」という歴史的ヨーロッパの伝統に従って緩やかに行われることが望ましい。グローバリゼーションと統合の拡がりの中で、当事者間による地域の安定化と社会的弱者対策が、この地域の諸問題を長期的に解決していく最も重要な政策ではないだろうか。

（注）

（1）Krzysztof Pomian, *L'Europe et ses nations*, Paris, 1990（松村剛訳『ヨーロッパとは何か』平凡社、一九九三年）、Norman Davies, *Europe: A History*, Oxford University Press, 1996, Introduction（別宮貞徳訳『ヨーロッパ』I-IV、共同通信社、二〇〇〇年、I古代、エウローペの伝説、序論）. Norman Davies, "Western stereo-types of Eastern Europe", Division and Integration of "Another Europe", Towards the co-existence of nations, Spring Seminar, SSEES, University of London, April, 1995.

(2)EU・NATOの拡大と中欧の民族地域協力の実態や政治状況について、筆者はこれまで一連の研究と国際学会報告を行ってきた。Kumiko Haba, "Globalism and Regionalism in East Central Europe: Nationality Problem and Regional Cooperation under the EU and NATO Enlargement", *International Congress of Historical Sciences*, Oslo, Norway, August 6-13 2000 (CD. ROM)、羽場久浘子「EU・NATOの拡大と中欧の民族・地域協力」『経済志林』二〇〇〇年三月。「東欧の変革一〇年と中欧社会：民主化の功罪」『神奈川大学評論』特集「デモクラシー」二〇〇〇年三月三五号。「欧州回帰を目指すハンガリー」『世界』特集「欧州変動」一九九九年一二月。『拡大するヨーロッパ　中欧の模索』岩波書店、一九九八年。『統合ヨーロッパの民族問題』講談社現代新書、一九九四年など。

(3)「中欧」の概念については、『東欧を知る事典』「中欧」「東欧」二八一―二八二頁、六〇二―六〇四頁。羽場、一九九四年前掲書一五三―一五六頁。同、一九九八年前掲書一二―一四頁。バルカンと中欧との対比についてはジョルジュ・カステラン、萩原直訳『バルカン世界』解説、三一九―三二〇頁などを参照。

(4)*PHARE: An Interim evaluation*, Published by European Commission, 1998.

(5)*A NATO-tag Magyarország/Hungary: A Member of NATO/*, Budapest, 1999, ibid. p. 106-108.

(6)羽場久浘子「ロシアと東欧の国際関係―歴史と現在：東欧諸国のNATO・EU加盟をめぐって」『ユーラシア研究』一九号、一九九八年九月。

(7)Haba Kumiko, "Co-Operation and Competition for Return to 'Europe'", *Occasional Papers*, London, No. 13, 1996; *The Politics of the New Europe*, Longman, 1997.

(8)*A NATO-tag Magyarország*, op. cit., pp. 106-108.

(9)佐瀬昌盛『NATO：二一世紀からの世界戦略』文春文庫、一九九九年。

(10) *Agenda 2000, Enlargement*, 1999.

(11) EU拡大のタスクフォース長、Nicolaus G. Von Der Pas 氏の講演と意見、日本国際問題研究所、一九九九年六月。

(12) *The Hungarian Agriculture and Food Industry in Figures*, Ministry of Agriculture and Regional Development, 1999. 及びハンガリー大使館でのインタヴュー、二〇〇〇年一月。

(13) 一九九九年秋―二〇〇〇年春の日刊紙。*Népszabadság* など。

(14) ハンガリー大使館資料、*Népszabadság, Magyar Hírlap*, 1997–1999.

(15) *Democracy's Value*, ed. by Ian Shapiro & Casiano Hacker-Cordon, Cambridge University Press, 1999; *The Radical Right in Central and Eastern Europe since 1989*, ed. by Sabrina P. Ramet, The Pennsylvania State University Press, 1999.

(16) Joó Rudolf, "NATO and Hungarian Policy"、憲政会館での講演会、二〇〇〇年三月三日および、*Hungary: A member of NATO*, ed. by Joó Rudolf, Budapest, 1999. 中欧のNATO加盟と空爆の問題については、羽場久浘子「NATOの東方拡大と中欧―中欧のNATO加盟とコソヴォ空爆」（日本国際政治学会二〇〇〇年大会報告論文）二〇〇〇年五月、で分析を試みた。

(17) Robert Bideleux, "*Europeanization*" *versus* "*Democratization*" *in East Central Europe*, Ten Years On, BPDT, HCDSF, 1999.

(18) ドイツCSUの批判、*Népszabadság*、チェコのJiří Holb 氏の批判。一九九九年九月。

(19) Not 'Just Another Accession', *The Political Economy of EU Enlargement to the East*, ed. by John Eatwell, Michael Ellman, London, 1997, Michael Ellman, After Yel'tsin の講演会後のインタビュー、二〇〇〇年三月八日。EU拡大とポスト共産主義（Haba, "The EU Enlargement towards Central

"Europe under the NATO Influence")、地中海キプロスへのEU拡大等の panel (Stivachtis, "The Enlargement of the European Union; The Case of Cyprus"), ISA, Los Angels, 2000. 3. 15-17.

(20) *Magyarok a határon túl: A Kárpát medencében, Kocsis Károly*, Budapest, 1992, 35p. なお「国境外ハンガリー人」という名称は、「国境外ハンガリー人局」という政府局［外務省管轄下］の公式名称であり、それ自体「国境修正主義」等の価値基準を持つものではない。

(21) Nagyszolos római katolikus egyházközség Ferences Rendház, Papp Tihamér, "Az Ukrajnai, illetve kárpátaljai egyházi oktatás helyzete és távlatai", 2000. 8.

(22) オルバーン首相、外務省、大使館などハンガリー当局からの事情聴取（一九九九年八月、二〇〇〇年八月、九月、二〇〇一年一月）。これについての法令化が二〇〇一年五月にハンガリー・ルーマニア間で新たな軋轢を生んでいるが、本論文でそれについて触れることはできなかった。稿を改めて論じたい。

(23) *Ethnic Geography of the Hungarian Minorities in the Carpathian Basin*, Budapest, 1998, p. 143.

(24) *Népszabadság*, 1999. 8. 羽場久浘子、『経済志林』論文、二〇〇〇年、四二頁。

(25) *Szarka László*, "Az 1990-es évtized szlovákiai magyar autonómiatervei történeti vázlat és elemzet", (kézirat), 2000. 1, *Vajdasági Magyar Kalendárium*, Szabadka, 1999.

(26) Magyar alelnök a Djindjic-kormányban, VMSz, http://www.vmsz.org.yu/hu, 2001. januar 26.

(27) コソヴォ問題に関する Teo Sommer, Kardor、堂本氏の報告、日本国際問題研究所、二〇〇〇年一二月。コソヴォ民族問題の解決方法については、EU理事会幹部 Heusgen も、原則的には民主的自治実現がベターである、と述べていた。二〇〇一年一月四日。

ミロシェヴィッチ政権後の国内・国外の民族政策の展開については、月村太郎『ユーゴスラヴィア』の民族間関係」および羽場久浘子「中東欧とユーゴスラヴィア」『国際問題』日本国際問題研究所、二〇〇一年七月号を参照。

（28）*Népszabadság*, 2000. 11. 28.

（29）*A Marosvásárhelyi magyar nyelvű orvos és gyógyszereszképzés 50 éve*, 1996, p. 476、羽場『拡大するヨーロッパ』一九九八年、一〇八―一一九頁。

（30）*Measures taken by the state to promote the social integration of Roma living in Hungary*, Budapest, 2000, p. 20.

（31）*ibid*., p. 23, p. 48.

（32）Gergely Attila, "Integráció, Globalizáció, Regionális fejlődés, A Karpátok és a Duna-Körös-Maros-Tisza eurorégiók", *Foreign Policy Papers*, 1999., Carpathian Foundation, Report, 1998/99.

（33）Berend, Iván, "The Further Enlargement of the European Union in a Historical Perspective", *The Enlargement of the EU toward Central Europe and the Role of the Japanese Economy*, Proceedings of International Symposium at Hosei University, 3 October, 2000.

（34）*European Union-Russia: Balkan Situation*, Moscow, 2000, p. 43; *Россия и основные институты безопасности в Европе: вступая в XXI век*, Москва, 2000, стр. 49.

（35）『朝日新聞』、『読売新聞』二〇〇〇年四月一日。

（36）Ellman, Shavnazalov、及び Berend, Simai とのロシアを巡る話し合い。法政大学国際研究会（2000. 2. 21）、ＩＳＡ（国際関係学会）年次大会（Los Angels, 2000. 3. 15-17）。

（37）「ロシア連邦軍事ドクトリン」二〇〇〇年四月二五日。Военная доктрина Российской Федерации, *Российская газета*, 25 апреля 2000 года.

（38）Ｇ・ベルトラン、Ａ・ミシャルスキ、Ｌ・ペンク編著、小久保康之監訳『ヨーロッパ　２０１０』ミネルヴァ書房、二〇〇〇年。

＊本研究は、二〇〇〇年―二〇〇二年の文部科学省科学研究費基盤研究（C）（一般）の交付を受けている。

統合の深化と地域・民族問題

――東方への拡大を踏まえて――

宮島　喬

一　ヨーロッパデモクラシーと人権の論理

ヨーロッパ統合の社会文化的次元に関心をもつ筆者の観点からすると、その「深化」のための中心的課題は、国家間・地域間の経済格差の是正、「モザイク・ヨーロッパ」の多様な文化の権利の保障、自律的自己決定の枠組みとして「地域」が機能すること、そして移民、ディアスポラを含めたマイノリティの社会的統合などであると思われる。当然それらを、近い将来加盟が見こまれる東方の国々を含めて推進することである。

「拡大」の時を迎え、欧州連合（EU）加盟の基準（一九九三年六月のコペンハーゲン基準）をどうクリアするかという技術的ともみまごう議論もある。第一陣としての加盟が微妙とされるスロヴァキア共和国などでもEU法との調整を行う首相府直属特別チームがつくられ、加盟申請時の九五年六月にはすでに加盟への戦略法まで採択されていた(1)。だがコペンハーゲン基準中の「政治基準」の柱の一つ、「基本的人権が根づき、少数民族を尊重し保護していること」をとっても、技術的に、法改正一つで達せられるような課題ではない。それは行政担当者や一般市民のレベルで文化尊重や人権の観念がどれだけ熟しているかという現場的検証を要する問題だからだ。また皮肉なことに、現EU諸国が右記「人権」基準を充たしているかといえば、疑問とすべきケースも多い。

ナチス支配、ソ連下の大量粛清、東欧の動乱、イベリア半島における半世紀近い権威的体制の存続などを歴史的記憶にきざむヨーロッパは、制度民主主義の称揚に甘んじることなく、「人権」をキーとし、その保障を求めてきた。西側ではそれを実現しやすい好条件があった。各国憲法に高度な人権規定が示されている上、欧州評議会（Council of Europe）による「欧州人権条約」（一九五〇年）がそれ以上にこれを体現する。国家主権を越える人権規範という観念がそこに明白にあり、F・スュードルはこれを「ヨーロッパ人権条約は、締約国に対して、相互性原則にもとづかない条約の実施という義務を負わせる」という言葉で表現する。[2]

地域的「少数者」については、六〇年代後半から文化的権利の承認、さらには自治的権能の付与などが進んだ。ウェールズ言語法（一九六七年）、スペイン一九七八年憲法による自治共同体の法制化、フランスの地方分権化法（一九八二年）などがそれである。この同じ時期（一九八一年）に欧州議会では「地域言語・文化と民族マイノリティの権利の憲章」（アルフェ報告）、八七年には「ECの地域的・民族的少数者の言語、文化に関する決議」がとりまとめられた。[3] マーストリヒト条約一九八条A、B、C条の定める「地域委員会」は、「地域、地方公共団体の代表から構成される諮問的性格の委員会」で、一八九名の委員定数（すべて地域代表）を擁する大機関であり、諮問によらず独自のイニシアティヴで特定の地域利害に関わることにつき見解をまとめ、表明することも認められている。活動の中身に触れる余裕はないが、これにより地域に関わる事柄をEU内で論じることの正当性が明らかに高まったといえる。

しかしその西欧もなお、北アイルランド、バスク、コルシカ等の紛争地域をもち、かつ周辺的地位におかれる旧植民地出身者や移民を擁していることは、理念と現実の乖離というほかかない。移民については各国の入管法制の下に置くことがまだ多分に当然視されている。ECが移民の人権を共通政策の視野に入れはじめるのは、「人種差別とゼノフォビア撲滅のための宣言」(一九八六年)が調印される八〇年代後半以降にすぎない。[4] EU内出身外国人は広く権利を保障されるのに対し、他の外国人移民はとかく管理と規制の対象とされる。その彼らにも確かに各国の反人種差別法や、特に欧州人権保護条約の保護がおよび、一国の課した退去強制処分がストラスブール(人権裁判所)によって条約違反とされ、滞在の権利が守られるというケースも間々みられる。しかし訴えを起こす個人的努力とコストを考えれば、保護は充分といえない。

人権、マイノリティ問題は東方諸国ではさらなる「弱点」をなすように言われ、それは一部あたっているが、西—東の落差を一方的に強調する議論にくみすべきではないと筆者は考える。人権の先進性を誇る仏、独、英などでも、非西欧出自の移民労働者の処遇や、ロマ(ジプシー)をめぐる国民の世論には排外主義的色調がうかがわれる。本章では、以下、現EU構成国の現状も問いながら、地域・民族・文化の問題に関して、「東」への拡大がどんな意味をもつかを考えることとしたい。

二　国民国家の相対化と「地域」の概念

「地域」のコンセプトは過去三〇年来の西欧でより重要な位置を占めるようになった。その要因としては、第一に各国で展開された地域分権化改革、第二に「領土ナショナリズムの終焉[5]」ともいうべき自治・文化志向の地域・民族運動の展開、第三にヨーロッパ統合の進行による国家主権の相対化と、アクターとしての「地域」の重要性の増大、などがあげられる。特に最後の点については、すでに述べたマーストリヒト条約第一九八条における「ヨーロッパ統合史上初めての公式の」「地域委員会」の創設というかたちで、その意義が把握されている[6]。「地域」(region)が実体として指すものは国によってかなり異なり、行政レベルでいうなら、しばしば国家と市町村または県との間の中間レベルの一つを指し、別の用法では、周囲と区別される独自の文化(特に言語)とアイデンティティをもつ住民の相対的に密に分布している地理的範囲を指す。ただし「地域」という呼称が便宜上使われても、当事者からはその歴史的・政治的経緯からして「ネーション」という規定が主張されるケースも少なくなく、そうした地域はスコットランド、ウェールズ、カタルーニャ、バスクのようにしばしば特別な自治や連邦制の下にあるのは周知の通りである。

西欧では、分権化の単位を上記の民族的地域と重ね合わせる努力が過去三〇年の間にかなり進む。フランスで六〇年代に地域開発のための行政枠組としてブルターニュ、アルザスなど二一の「地域(圏)」が設定され、八二年の地域分権化法でこれらが自治的地方公共団体になった。スペインで一九七八年憲法の規定の下で翌年カタルーニャ、バスクがそれぞれ自治共同体となり、この際住民投票が実施された。ブレア労働党政権の下では一九九九年、スコットランド議会、ウェールズ議会がそれぞれ設置をみる（これに先立って住民投票手続がとられた）。

たしかに言説上ではスコットランド国民党（SNP）などは「独立」をいうが、それは実体をもつ独立国家への分離は意味しない。[7] ブルターニュやコルシカでは経済成長から取り残された農・漁民の抵抗があり、それが間歇的に緊張を生み、スペインでは上記の白治システムも受入れない強硬な分離派（バスクETA）が残っている。だが、いずれも全体として極小勢力である。

分離主義的運動が弱まった要因として、各国の分権化改革の他、次のような文脈があげられると思われる。まず、西欧諸国の一九五〇年代以来の経済成長によって中間層がかなり広範に形成され、彼らは合法的な自治拡大を望みこそすれ、多くの軋轢を伴う分離型ないしイレデンティズム型ナショナリズムの主張に惹かれなくなっている（事実、西欧では戦後、敗戦ドイツの分断・領土縮小、同じく戦後処理にあたるトリエステ分割を除き、国境線の変更は起こっていない）。次に、ECの誕生もある面でこの緊張緩和に貢献した。国家ナショナリズムおよびそれに呼応するような地域からの運動はECの下では牽制を受ける。また一九七五年EC内に地域開発基金（ERDF）が発足し、国家間、地域間の格差是正のための制度枠組みが生まれたことも紛争のパターンを変えた。そしてすでに述べた欧州評議会の、人権抑圧につながる紛争の防止の間接的役割もある。なお、同評議会は今では必ずしも西欧中心ではなくなり、八九年以降東方諸国もこれに陸続と加盟し、その決議等にきわめて敏感になっている。

三　アイデンティティの四層構造へ

ヨーロッパの「地域」の構造に試論的に筆者なりの解釈スキームをあててみる。

「エスノリージョナリズム」といった造語もあり、西ヨーロッパでは民族的なものへの関心は盛んである。が、同時にその相対化もかなり進んでいる。主要民族地域をみても、地域外出身者は増加し、民族的均質性自体は弱まる傾向にあり、当該民族語の話者率は一般に下がっている。じっさい、都市化、情報化、雇用移動の進む現代にあっては、およそ閉鎖的な地域の存立は不可能である。といって、主流文化の支配が圧倒的に進むわけではなく、民族語が新たに公用語、教育語の地位を獲得している地域は少なくない。またスコットランドのように、法、司法等の制度的独自性を維持することでそのアイデンティティを保っている所もあり、これにはあえて「シヴィック・ナショナリズム」の語を充てる試みもある(8)。それゆえ西欧の地域自治においては多少とも多元的見方が採用されており、地域というものは一枚岩的には捉えられていない。

これらの地域は、対国家においては自己決定権限を要求するが、内に向けては成員に強い文化的・社会的同化を要求はしない。たとえばスペインのバスク州（自治共同体）では、公用語にかんする独自の立法を行い、バスク語がカスティリア語と並ぶ公用語とされているが、州内では生徒に教育言語を選ぶことを認める「個人原理」が採用されている(9)。バスク地方の一言語化を主張する勢力も存在するが(10)、少数派である。同じく言語、文化へのコミットメントの強いカタルーニャでは、教育言語においてカタルーニャ語優位を守ろうとしているが、外来者の移住によって州民が多様化しているため、その言語・文化アイデンティティもかなり多層化している。北イタリアの南ティロル（アルト＝アーディジェ）では後述するように、七〇年代初めドイツ語、イタリア語の対等の権利を認める協定によって長年の紛争が解決をみるにいたった。[11]

このように、いわゆる民族地域を「領域原理」によって単一文化で塗りつぶすのではなく、相対的優位文化はあるにせよ複数文化の共存の場として組織し、その自治においては「民族」の論理は主に文化面で実現するにとどめ（そこでも妥協をする）、むしろ共通の場としての「地域」の論理を押し出すという点に特徴がある。A・スミスは独自分析によりながら、今日の西欧の地域ナショナリズムが文化主義者よりもむしろ「技術者」「政策立案者」「社会の運営に携わる専門家」に担われ、「合理的」な経済、社会の計画へと志向しているとする。[12] 一般化するにはやや無理もあるが、言説においては民族的であっても、住民生活では現実的なインフラ整備、住宅、雇用増大、環境破壊防止等を志向するという運動の流れはたしかにある。なお別の側面からの作用として、七〇年代から始まるEC構造基金の配分も、地域を積極的な社会的アクターとするのに貢献した。[13]

この意味では、EUの下にある西ヨーロッパにおいて市民のアイデンティティは「三層構造」（梶田孝道）というよりむしろ四層に近いといえるかもしれない。エドガール・モランの言葉では、人々のアイデンティティは *unitas multiplex*（多様な中の統一）ともいうべく、その意味で「多‐同一性的」なのであって、少なくとも理論上は三層、四層ですらなく、多層なのである。[14]

ここではあえて四層と言うのは、市民の意識の内で、①民族アイデンティティのレベル（自分はカタルーニャ文化を保持するカタルーニャ人)、②地域アイデンティティのレベル(自分はバルセローナ市民、カタルーニャ州民)、③国民アイデンティティのレベル(自分はスペイン人)、④ヨーロッパ人アイデンティティのレベルがある、と想定するからである。①のレベルは、狭義の民族アイデンティティというべきで、バスクなどでは「バスク人=バスク語話者(eskaldun)」という観念があって、このレベルが強い意味をもつ。それに対し、②のレベルは以上と区別され、民族文化を厳密には共有していなくとも、地域内での共生意識にもとづき共属感と共同決定の意思をはぐくむものである。民族的違いではなく、地域共属性が強調されるレベルといってよい。これを「シヴィックな民族地域アイデンティティ」と呼ぶことにしよう。[15] ウェールズやブルターニュを見ても、①レベルが弱まりながら(民族語は話せない!)、しかし固有の地域アイデンティティに生きているという住民は少なくない(本書一七九頁にも例示がある)。こうした議論をあえて行うのは、レベル①と②の区別が重要であり、この区別が成り立っている点に、西欧と九〇年代の東側の地域構造の相対的な違いが指摘されうると思われるからである(相対比較であり、東側でそのような区別の成り立つ地域がないと言っているのではない)。

なお、といって西欧の地域の状況を肯定的に一般化するつもりはない。民族的相違の強調と地域の分断傾向がパラレルである地域(北アイルランド)、「領域性」の原理(地域内一言語主義)が強く主張されるケース(フランドル等)があることは指摘しておきたい。さらに、「地域」を論じるとき、西欧でも地域の弱さ、経済的困難という問題を避けることはできない。低開発のなかにあって自律的発展がむずかしい地域の場合、仮に自治的権限を認められても、外への保護を求めざるをえず、その場合EUへよりは国家の保護政策に期待する傾向が強いと指摘されている。南欧地域によくみられる傾向で、政治文化としてのいわゆるクリエンティリズム(恩顧主義)等の影響もあるかもしれない。なかでもコルシカの独自性表出願望と保護主義への依存は代表的例であろう。

四 「国民国家」指向の惹起するもの

国民国家の相対化が進行してきた西欧に比べ、九〇年代の中欧、東欧ではそれといわば逆ヴェクトルに、〝一民族一国家〟を目ざす国家樹立の動きが相次いだ。すなわちユーゴスラヴィア連邦人民共和国からスロヴェニア、クロアティア、マケドニアが相次いで独立し、チェコスロヴァキアが解体、チェコ人、スロヴァキア人の国を標榜する二共和国が誕生した。この両国についてS・L・ウォルチックはあの「ビロード革命」をもじって「ビロード離婚」という表現を用いつつ、一九八九年以降さまざまなグループのリーダーが、共産主義体制の下では許されなかったような民族主義的な手法でかれらの利益と感じるものを擁護し、自己を組織し、政治生活を再複数化したと論じる。[16] この「離婚」、すなわち連邦解消が平和裡に行われたのは「EU効果」の現れともいえるが、[17] その方向性、手法(住民投票なし)は西欧側からは理解しにくいものがあった。中・東欧の「国民国家」レジームへの回帰は一応の「解決」のようにいわれながら、社会学的問題は種々残されている。それは、領土内にしばしば民族マイノリティのコミュニティを抱えながら、西欧的な分権・自治のシステムは十分ではなく、民族的異化意識が容易に解除されず、意識面でも地域内共生には進みにくいという点である。

これには不幸な歴史的背景もある。国境の線引きがハプスブルク帝国の政略、ヴェルサイユ体制、ナチスの侵略、ソ連の支配など絶えず外からの力によってなされたことが指摘される。しかし政治指導の問題も大きい。近年変化は生じているが、ミロシェヴィチ、トゥジマン、イゼトベコーヴィッチなど「民族の違い」を強調し、国家統合を図るポピュリスト的リーダーシップが揮われたことも、これに拍車をかけた。また、筆者が別の機会に述べたように、六〇年代西欧にみられたような、経済成長によって中間層が社会的、政治的に成長してくる過程が進まず、貧しさのなかで被支配、抑圧の記憶が強く保持され、共生よりも抗争への力が働きやすかったことも無視できない。[18]

ここで柴宜弘にならい、「民族自決」に対置される「地域自決」のコンセプトを用いるならば、[19]中・東欧では、民族の違いを認めながらもこれを絶対化せず、共に居住する地域の諸レベルで共通の意思形成を行うという「地域自決」の考え方がなかなか成立しがたかった。先に「シヴィック」の語を使ったが、まさに「シヴィック」な地域アイデンティティが成立しがたかったということだろう。武力紛争を一応終息させたバルカン諸国で「地域協力の必要性」が説かれているが、[20]地域または市町村コミュニティのレベルでの民族を越えた社会発展の合意回復（サラエボ市の場合など）が可能かどうか、まだ不明である。

「ビロード革命」後のチェコスロヴァキアの場合、チェコ側のクラウス政権の唱える大企業民営化と自由貿易の推進に対し、漸進的改革を求めるスロヴァキア側の路線は乖離を生み、九三年の「離婚」に至る。そして「民族友好」の大義が消滅し、共産主義体制の下では許されなかったようなナショナリスト勢力も政治の場に登場する。スロヴァキアの地域コミュニティを調査した川崎嘉元によれば、「革命」後、表向きは「西欧型の地方自治制度」が導入され、自由選挙も行われたが、そこでリーダーシップを握った（握りつづけた）地方政治家や私営企業士にはかつて共産党員だった者が多い。一般住民は、多くの貧しい年金生活者と失業者を含み、はなはだしい格差のなかにあり、その不満が、「スロヴァキア独立」のリーダーシップをとるポピュリスト政治家たちの基盤となった、とみられる。[21]中欧諸国のGNIのレベルはEU平均をかなり下回るが、このスロヴァキアなどはここ数年、ギリシアのようなEU下位国に迫る水準にあり、中欧諸国が一様に貧しいとはいえない。[22]が、貧富の格差問題は深刻で、そこにポピュリズムを機能させやすい土壌があると思われる。

民衆の支持獲得を目ざす政治リーダーは、手段を選ばずの態度を取る場合、「民族」をイッシュー化し、国内、地域内の民族的マイノリティ、ユダヤ系、ロマを、状況次第でスケープゴーツに仕立てるのを辞さない。西ヨーロッパでも、そうした例は少なくなく、「極右」勢力の行動の論理は似ている。しかし中・東欧ではこれが政治過程により直結しているようである。民衆の不満を動員し民族純化的なナショナリズムを活性化させる動きを「過激右翼」と捉え、無視しがたい社会・政治潮流とする分析もある。[23]こうした勢力の伸長に対し、国の指導者は国際世論、特にEUの反応に神経を使い、暴走を抑えようとするが、必ずしも成功していない。たとえば後述するスロヴァキアの国民党は、マイノリティの扱いに強硬な態度をとり、議会で影響力を行使した。

なお、この「ポピュリズム」というカテゴリーで西欧の政治現象に対応物を求めるなら、ジャン・マリー・ルペンに代表されるフランスの「国民戦線」（Front National, FN）が挙げられよう。R・レモンは、暴力的右翼であるよりは、選挙戦術を重視し、「論争、非難、煽動」をこととするこの勢力を、M・ノヴィックの造語にならい「ナショナル＝ポピュリズム」と呼ぶ。[24] その台頭には移民・外国人の増加、失業問題、ヨーロッパ統合への不安、「風俗の緩み」への保守市民層の反発、等々の背景があるが、ほぼ一割内外の支持率であり、現在は騰勢にはない。保守政党もFNと組むことはなく、国民議会や県議会にはまったく議席獲得の手がかりをつかんでいない。この種の勢力は他のEU諸国にもなくはないが、既成政党は概してこれと連係せず、直接の政治的影響力は小さい。近年の頻発するいわゆるネオナチのような反外国人・反移民の暴力的な集団の行動は、旧東独地方に多発するという特徴があり、EUの東方拡大の接点の問題という側面もなしとしない。

五　ナショナリズムとマイノリティ保護のはざまで

中欧のなかで比較的大きな民族マイノリティを擁するスロヴァキアにしばし注目する。

同国内やルーマニア内のハンガリー（マジャール）系住民が今でも怨念をこめて想起するトリアノン条約（一九二〇年）は、オーストリー・ハンガリー帝国の解体の一環としてハンガリー王国領を解体、その領土の大幅縮小を定めたもので、ルーマニアや新独立国チェコスロヴァキアの内部に約三〇〇万人のハンガリー人を残した。この内、後者の中のスロヴァキア地方には約六五万人が祖国と国境を隔てて生きることになった。以来、七〇年以上が経過した九〇年代、分離したスロヴァキア共和国内ではハンガリー語話者は減少をみつつも約五五万人であり、人口の一一％の水準にある。その多住コミュニティは現在も国の南東部のハンガリー国境沿いに分布し、ハンガリー語話者が七〇％以上を

スロヴァキアの首都ブラチスラヴァ。手前はドナウ河、丘の上の城はブラチスラヴァ城（スロヴァキア大使館提供）

占める市町村の合計人口が、スロヴァキア内同系人口の六三％を占める。[25]

この多住コミュニティの存続は、混住の進む西欧の民族地域に比べて独特であり、説明を要するだろう。一つには、マイノリティの社会学の観点からいっても例の多くない、きわめて近い時期の、組織され自覚度の高い民族（国民）アイデンティティに達した集団の、それも外からの力による分割だったことが指摘される。またマジョリティとの文化的相違が明白なこと（スラブ圏の中のフィン・ウゴル語の「島」であること）、そしてすぐ隣接して「祖国」ハンガリーがあり、後者からの文化的働きかけもあること、等が理由にあげられよう。

ハンガリー系の相対的人口比の低下は必ずしも同化の結果とはみられないようだ。同国内にみられる前記のポピュリズムの醸す「反ハンガリー的雰囲気」、再スロヴァキア化の動き（ハンガリー人学校でのスロヴァキア語教育の強化）等のため、ハンガリーという民族所属を隠す者も少なくないためとする推測もある。[26] 一九九〇年代、東欧のいわゆる国民国家形成への渇望をスロヴァキア人は一応平和裡に実現したわけであるが、ナショナリズムの高まりに、むしろ少数派のハンガリー系は危機感を強めた。

九五年メチアル首相の下でハンガリーとの善隣友好条約が結ばれ、そこでは既存の国境の尊重とともに、ハンガリー系の地位向上・保護・文化アイデンティティの承認が約されたが、この点は国内で争点の一つとなり、民族主義右翼の国民党の抵抗もあり、批准は一年後とずれこんだ。スロヴァキア憲法にはマイノリティ民族の言語や教育の権利の保障の原則はうたわれているが、[27] 議会は、欧州評議会の勧告一二〇一号（一九九三年）に反し、ハンガリー人マイノリティの「集団的権利」を否定する付帯決議を採択している。[28] 本書では、前章でもこの点を確認している（六九―七〇頁）。ハンガリー語等の民族語を公的な場で用いるのを制限する「言語法」の成立もはかられた。[29]

とするなら、中欧の一国における民族共生の条件が西欧とはまだ違うことが分かる。一九六〇年代後半から後者では、民族言語と文化を維持する少数者に「自治」、そして公用語ないし準公用語としての使用の承認が行われてきた（ウェールズ、南ティロル、カタルーニャ、バスク等）。比較でいえば、ハンガリー系住民は優にそのケースに当たるだろうが、ここでは自治の保障は明確ではなく、多数者の敵意もより険しい。

ここでは、歴史的な要因も無視できない。およそ一八世紀末から第一次大戦時までスロヴァキア人はハンガリー人の支配下にあり、言語のマジャール化の下に置かれ、一九〇七年にはハンガリー政府のアポニー法でスロヴァキア語系小学校のマジャール化が完了している。[30] こうした苛烈な言語支配は、スロヴァキア人に語り継がれる忘れがたい〝民族的記憶〟であろうし、まして「独立」を果たしてスロヴァキア語を晴れて「国家語」とした今、民衆レベルではハンガリー系への「譲歩」を認めたくない心理的理由はある。

だが、EU加盟を果たそうとする国には、現状のマイノリティ文化保護のあり方が問われる。その眼でみるとどうか。幼稚園、初等・中等教育に関しては公立のハンガリー語による学校があって、一定バランスが保たれている。だが、将来の国内での雇用等の有利さを考えてスロヴァキア語学校に子どもを通わせるハンガリー系の親がいることは、人口比より少なめの就学者数に現れている。一方、大学教育はほぼスロヴァキア語のみとなる。たとえば首都ブラティスラヴァのコメニウス大学にはハンガリー語・文学コースが設けられているが、これは同語を「外国語」として教授するものであり、同コース所属学生には副専攻としてスロヴァキア語・文学の履修が求められている。[31] スロヴァキア語の支配する高等教育ではハンガリー系就学者の比率は低く、一九九三―九四年度には大学では五・六%にすぎない。[32] こうした高等教育を嫌い、国境を越えてブダペストなどハンガリーの大学に進学する者もある。職業学校もその多数が教育言語をスロヴァキア語とする。

ここで想起されるのは、第一次大戦戦勝国による、同じオーストリー・ハンガリー帝国の解体の結果生まれたイタリア内南ティロル（アルト・アーディジェ）のドイツ語系マイノリティの例である。半世紀に及ぶ紛争の末、前述のようにこの地域ではドイツ語系とイタリア語系との完全平等を原則にかかげた自治協定が成立している。背景には、分権化へと進む西欧諸国の趨勢、およびヨーロッパ評議会やECの精神的なサポートもあったと推測される。いくらか条件は違うが、スロヴァキア内ハンガリー系マイノリティの処遇についても、一つの示唆を与えてくれる方向ではないかと思われる。

六　EU接近のパラドックス

EU加盟はもちろん中欧諸国の大目標であるが、ここにはパラドックスがある。国民国家志向、アイデンティティ一元化という非EU的な仕方で成立した国家が、EU加盟を大方針に掲げること、また、国家としてナショナリズムを昂揚させながら、他方では国内マイノリティの保護に努めなければならないこと、がそれである。例えばスロヴァキア政府は、一方で文化的スロヴァキア化の推進を望みながら、EU加盟の道を閉ざさないためハンガリー系の権利尊重を対外的にはアピールしなければならない。

それに対し、ハンガリー系コミュニティの態度はきわめて明瞭で、彼らにとってEU加盟はまさに切望されるものである。じっさい、関係国間で「領土保全」が確認され、「離散民族」回収のような再編がすでに事実上不可能となった以上、スロヴァキア内でもルーマニア内でもハンガリー人系政党は、EU加盟を最重要目標の一つにかかげる。(33) 彼らには、狭小な国民国家の中に閉ざされた少数者という実感が強く、隣接する「母国」との関係でも、その閉塞感を味わわされている。現在スロヴァキアー ハンガリーの間には、ドナウの流れ一つをはさんで同じ民族が互いに顔を突き合わせている所(たとえばスロヴァキアのシュトロボ市とハンガリーのエステルゴム市)でも、国境検問はある。彼らがハンガリーに行き、就労するのに同国の労働許可証の取得が必要である。こうした国家のカベを低めるためにもEUへの両国の加盟が強く望まれる。

それに反し、一般スロヴァキア国民のEU加盟への関心は鈍く、「賛成」は半分にも満たない[34]のに反し、ハンガリー系政治勢力「ハンガリー人連合」はスロヴァキア内ハンガリー系の実に九五%がEU加盟を望んでいるという世論調査データを引きつつ、「わが国のヨーロッパ・大西洋統合が唯一の前進の道である」との見解を示している[35]。

この大きな〝温度差〟こそ問題であるといえる。EU加盟の意義を感じられないマジョリティ側民衆は、指導者層が加盟実現のためマイノリティ保護を言い、後者へ「譲歩」することに不満を募らせるかもしれない。その場合、指導層としては政権維持のため、マイノリティの自治の法制化などは棚上げせざるをえないだろう。マイノリティの権利保障をこれ以上進めることが民衆の不満、離反を招かないか。これは指導者たちの懸念であろう。一九九八年、メチアル政権が倒れてジュリンダを首班とする連立政権が生まれ、そこに初めて「ハンガリー人連合」が政権参加した。だが、右のむずかしい状況は基本的には変わっていないという分析が一般的である。

七　共通課題としてのロマ保護

加盟候補国たらんとしのぎを削る中欧諸国にEUが突きつけてきた改善事項に、「ロマの保護」がある。加盟交渉にあたって欧州委員会が九九年一〇月にまとめた見解では、ウィシェグラード四国の内この点のネガティヴ評価を免れているのは、ポーランドだけだった。ロマの人口の正確な統計はどのみち期待できないが、一般にいわれてきたのは旧ユーゴスラヴィア約七五万人、ルーマニア約六八万人、ハンガリー約六〇万人、チェコスロヴァキア約三七万人などで、これに比べポーランドは六万五〇〇〇人で、多分にその規模の大小が「問題」としての深刻さを決定づけているのだろう。

一方、EU構成国にロマが少ないかというとそうではなく、大雑把な統計だが、スペインで約三五万人、フランス約三〇万人など、EU内で一八〇万人以上の居住あるいは滞在があるとされている。西欧における対ロマへの態度について指摘できるのは、次の二点だろうか。過去のナチス支配下（ドイツ、オーストリアに限られない）の諸地域におけるロマの「虐殺」（推定で二〇〜五〇万人）に対する反省、その補償要求への対応の努力がドイツを中心にみられること。いま一つは、それに関連して欧州評議会やEUがロマの人権、教育保障等に関してかなりの法、宣言、決議をまとめてきたことである。

一方、東方諸国ではロマに定住者も少なくないが、九〇年代、かれらは導入された市場経済の最初の犠牲者となり、国によって六〇〜八〇％の失業率の下に置かれ(36)、くわえて右記の西欧諸国のような人権や保護の原理的確認がなかったため、その差別、排除はより直接的だったといわれる。スロヴァキアでは九〇年代半ば、スキンヘッズによるロマの襲撃、前記の国民党の公然たる排斥的態度などによって、これが国内緊張の一つの焦点となった。F・チブルカは「ロマをめぐる争点はスロヴァキア社会の直面しているもっとも深刻な問題であるかもしれず、この解決には今後何世代も要することだろう」と書く(37)。

チェコの場合にはもう少し西側の反応が意識されているようだ。たとえば九九年の秋、北部のウスティナドラベム市で、ロマの三九家族の入居する低家賃住宅を他の街区と隔てるため、四メートルの高さのコンクリート壁を建設することを市当局が計画し、これを知った人権団体や政府から非難の声があがり、欧州委員会職員も視察に訪れるなどの事態となった（朝日新聞、九九年一〇月一一日）。これはロマ住民の深夜の放声、ゴミ投棄、周囲住民の苦情申し立てが背景とされているが、従来の感覚で対応しようとした市側とEU世論を気にする政府の見方が食いちがい、成長してきた人権団体も加わり、問題が新たな展開をみせたわけである。

なお、コミュニスト体制の崩壊とともに、民族主義がポピュリズムの文脈のなかで活性化したものの一つの極が「反ロマ」であるなら、それは同じ方向で反ユダヤ主義、そしてハンガリーなどでは前記のトリアノン条約非難等にも向けられるわけで（たとえばチュルカとその党の態度）、これらは別々に切り離されるものではない[38]。こうしたエネルギーを秘めた全体性あるいは複合性が、中・東欧の特徴だといえよう。

しかし、EUが東方のロマの扱いに対して厳しい姿勢をとることと、EU構成諸国の対ロマの態度がより人道・人権に適っているかどうかは別である。フランスのロマ研究の専門家であるJ‐P・リエジョワは、主に西欧の対ロマ施策を念頭に置きながら、一九九〇年に現状の「悪化」として次の三点の総括をしている[39]。①ロマに対する同化政策が、諸コミュニティの平穏な共存という適応をみちびかず、かれらのコミュニティの追放を結果したこと。②同化を欲したにせよ、拒絶がつねに支配的な態度であって、それが絶えずかれらの身の安全を脅かしていたこと。③現実はつねに想像、偏見、ステレオタイプによって覆い隠されていて、それらがロマへの態度と行動を正当化していたこと。たとえばイギリスは一九六八年、ロマのためのキャラバン・サイト法を制定したが、同法がかれらの快適な滞在を保証するためのものなのか、それとも住民からの分離を行うためなのか議論を呼んだところである。

冷戦が終結に向かう一九八九年頃から、生活苦と差別に耐えかねて中・東欧の多くの国からロマがドイツなど「西」への脱出を試みたとき、後者は難民としての受け入れを拒否し、東への送還の交渉を行っているし、その後も、西へ向けてのロマの目立った移動が起こるたびに、西欧諸国はきわめて神経質な反応を繰り返してきた。EUの東への拡大とともに、ロマ差別意識の克服とかれらの人権・生活権の保障は、東方だけでなく、ヨーロッパ全体の取り組まなければならない課題となることはまちがいない。

八　移民問題が提起するもの

EU統合の深化という点で、一〇〇〇万人とも一五〇〇万人ともいわれる移民の社会的統合が大きなテーマをなすことについては上述したが、これはヨーロッパがゼノフォビアを潜在させる「二重社会」空間とならないためにも避けて通れない課題である。一方、八〇年代の末から大きな人の流れとなっていた東方から西方へのそれはどう推移し、どういう問題を提起するだろうか。

すでに一九八七—九一年の東の移民の動向を踏まえて、C・ヴィートル・ド・ウェンデンは、「こ

表1　主要西欧諸国における中東欧出身在留者（1997年、1000人）

出身国＼受け入れ国	オーストリア(1)	フランス(2)	ドイツ	イタリア	スイス
ブルガリア	3.6	0.8	34.5		
旧CSFR(3)	11.3	2.0	27.0		4.6
ハンガリー	10.6	2.9	52.0		3.5
ポーランド	18.3	46.3	283.3	31.3	4.1
ルーマニア	18.5	5.7	95.2	38.1	
旧ソ連	2.1	4.3	50.4	3.7	
旧ユーゴスラヴィア	197.9	52.5	1209.0	44.4	313.5
計	262.3	114.5	1751.4	117.5	325.7

(1)1991年の数字。(2)1990年の数字。(3)スロヴァキア共和国市民を指す。

の新しい移動のなかには、受け入れ国―送出国―経由国の間の国境をこんがらがらせる、移動―循環型の新たな移動モデルが認められる(40)」と看破していたが、たしかに中・東欧諸国には従来からの西への移動と並び、隣接国間、隣接地域間の移動も大きくなっていて、ウクライナやスロヴァキアからチェコへ、ルーマニアからハンガリーへといった労働移動もある。しかしやはり西側の関心はEU諸国に向けての出国であって、それはOECDによってこう記述されている。

「一九九七年現在、ドイツが中東欧諸国（CEECs）および旧ソ連の国民の主要受け入れ国である。オーストリアは主にルーマニア人とポーランド人を、次いではチェコ人、スロヴァキア人そしてハンガリー人を受け入れている。にもかかわらず近年のドイツとオーストリアへの流入では、旧ユーゴスラヴィア出身者がCEECsの出身者を、人口全体でも労働力でも凌駕している。旧ユーゴスラヴィア出身者がもっとも多いのはドイツ、これに続くのはスイスとオーストリアである(41)」。

表1は、東からの人の流れを主に受け止めている西欧の国々を抜粋、表示したものである(42)。ではドイツ、オーストリア、イタリ

ア、スイス等、多くを受け入れ、今後もターゲットとなるであろう国々の態度はどうか。ドイツでは近年、一九九一―九二年当時の外国人排斥の再来を思わせるような動きが、極右の側から起こっている。ネオナチ、国家民主党（NPD）などの極右勢力に警戒の目が向けられているが、その行動の背景には「東方」からの移民流入への反発という要素もあるようだ。(43) また、より東との関係が直接的であると思われるのは、オーストリアのハイダー自由党の進出である。オーストリアは東方からの人の移動への警戒心が強く、このハイダーが知事を務めるケルンテン州は、中・東欧の最前線で、スロヴェニアと国境を接する。

だが、おそらくボスニア内戦のような悲劇が起こらないかぎり東から西への人の大量流入が起こることはないだろう。スペイン、ポルトガルのEU加盟時の一九八六年から九三年までの自由移動の留保期間の効果をみても、そうした対応をとることで、大量移動は避けられる事態であろう。そして教育を受けた比較的熟練度の高い中欧の労働力は、ドイツ等に受け入れられていく可能性はある。

EUの拡大によって問題になることは、まず根拠の明白ではないゼノフォビアをどう克服していくかであろう。また中欧諸国の課題は、EUの主要国が非ヨーロッパ出自の移民との間にまがりなりにも築き上げてきた〝南北〟の共生の思想とルールを受け入れていくことである。二一世紀の現EU諸国を考えてみると、マグレブ系フランス人、アフリカ系イギリス人、トルコ系ドイツ人などが増加し、その民族複合はいっそう進むだろうが、これと空間を共有する東の世界が目に見えない境界を置いて共生を拒むという事態が起こらないかどうか、これも統合の拡大における一つの試金石ではなかろうか。

おわりに

「国家なきヨーロッパ」を近い将来に思い描くのは夢想に属するだろうが、「民族のヨーロッパ」や「地域のヨーロッパ」の語にこめられている社会像は、真剣な考慮に値する。EUの下では、民族的なものの重視・尊重は、欧州議会の決議や低頻度使用言語欧州事務局（EBLUL）の活動を通じて進められ、一方、地域の自律性というテーマは、地域委員会の活動や、構造基金の配分を通して意識されてきた。これはすでに一部加盟前の前倒しの形で中欧の地域にも適用されているが、地域発展の構想力と地域自治、そして地域自決の実践はこれから試されていくのであろう。

だが、時間をかけての自律的な発展に期待することも必要である。かつてEU主導で、なかば「東」への押し付けのような形で、かつその遵守がEU加盟の条件だとして実現した、マイノリティ保護や国境尊重をうたう欧州安定条約（一九九五年）などは、ユーゴやボスニアのそれのような牛ましい民族紛争を前にしてやむをえなかった面もあるが、形として望ましいとは思われない。これを実質化する「下から」の努力がなければ、西の東への秩序の押し付けとなり、長期的にはその形骸化をまぬがれないだろう。

（注）

（1）鈴木輝二「中東欧諸国のEU加盟準備過程」『IGCの成果と課題』（EU学会年報　第一八号）、一九八九年。
（2）F・スュードル（建石真公子訳）『ヨーロッパ人権条約』有信堂、一九九七年、一七頁。
（3）Giordan, H. (ed.), *Les minorités en Europe*, Kimé, 1992, p. 615~17. 25.
（4）岡部みどり「EC、EU移民政策の生成―九〇年代の経過と現状」『ヨーロッパ統合下の西欧諸国の移民政策の調査研究』（文部省科学研究費補助金研究成果報告書、代表者・宮島喬）、二〇〇〇年、二三頁。
（5）宮島喬『ヨーロッパ社会の試練―統合のなかの民族・地域問題』東京大学出版会、一九九七年、五九頁以下。
（6）Ammon, G., *L'Europe des régions*, Economica, 1996, p. 5.
（7）SNP等が「独立」を唱えるのは「ヨーロッパ（EU）の中での」という限定付きであり、実体的な分離・独立よりもむしろ英国政府の制約から自律的なEUとの関係の取り結び、EUレヴェルで独自地位の承認を獲得することに力点があったとみられる。
（8）エスニックな要素（言語等）と系譜的なものの強調に特徴づけられるナショナリズム（エスノナショナリズム）に対し、A・スミスらによりこうした概念が流布されてきた。一条都子「現代スコットランドのナショナリズムにおける『ヨーロッパ』の役割」（『国際政治』一一〇、一九九五年）を参照。担い手としての中間層の存在という要素も無視できないと筆者は考える。シヴィックな性格の比較的強い地域ナショナリズムとしては他にアルザス、カタルーニャ、ワロニーのそれがあげられよう。
（9）Gobierno Vasco, *Ley basica de normalización del uso del Euskera*, 1982, p. 33.
（10）萩尾生「ポスト・フランコにおけるバスク語の社会的位相」宮島喬編『現代ヨーロッパ社会論』人文書院、一九九八年、一八一頁以下。

(11)宮島喬『ヨーロッパ社会の試練』東京大学出版会、一九九七年、一一一頁以下。
(12)スミス、A(巣山靖司監訳)『二〇世紀のナショナリズム』法律文化社、一九九五年、二四六頁。
(13)構造基金の地域的配分は客観的経済指標に基づいて行われ、継続的配分の重点地域もあるが、交付にあたっての原則は、地域による開発計画の策定・申請による。地域の開発構想力が求められるのである。
(14)モラン、E(林勝一訳)『ヨーロッパを考える』法政大学出版局、一九八八年、一九七―一九八頁。
(15)たとえば民族言語は話せないが、民族地域アイデンティティは保持し、地域の経済的、政治的、文化的利害に関わる争点には積極的反応を示すといった市民のあり方をさす。注(8)も参照。
(16)Wolchik, S. L., Czechoslovakia, in S. P. Ramet (ed.), *Eastern Europe : Politics, Culture and Society since 1939*, Indiana Univ. Press, 1998.
(17)EU加盟の申請が中欧各国にもたらす改革効果を六鹿はこう呼ぶ。六鹿茂夫「EU拡大と東欧」木村直司編『EUとドイツ語圏諸国』南窓社、二〇〇〇年を参照。
(18)宮島喬、前掲書、四九―五〇頁。
(19)柴宜弘「民族自決から地域自決へ―旧ユーゴスラヴィア」蓮實重彦・山内昌之編『いま、なぜ民族か』東京大学出版会、一九九四年。
(20)柴宜弘『バルカンの民族主義』(世界史リブレット45)山川出版社、一九九六年。
(21)川崎嘉元「脱社会主義下における地域リーダーの再編―スロバキア共和国の事例研究」原暉之他編『講座スラブの世界④スラブの社会』弘文堂、一九九四年。
(22)Mossé, *Problèms économiques contemporains : les pays d'Europe centrale et orientale*, Hachette, 1998, p. 145.
(23)Ramet (ed.), *The Radical Right in Central and Eastern Europe since 1989*, Penn State Press, 1999.

（24）R・レモン（田中正人・塚本俊之訳）『フランス　政治の変容』ユニテ、一九九五年、八四頁。
（25）Minority Protection Association（MPA）, *The Slovak State Language Law and the Minorities : Critical Analysis and Remarks*, 1996.
（26）Information Centre of the Hungarian Coalition in Slovakia（ICHCS）, *The Hungarians in Slovakia*, 1997, p. 9.
（27）Mrazek, J., Legal Protection of Minorities in Central and East European Countries : Czech Republic and Slovak Republic, in P. Grigoriou(éd.), *Questions de minorités en Europe*, Centre Hellenique d'Etudes Européennes, 1994, p. 118.
（28）Cibulka, F., The Radical Right in Slovakia, in Ramet, S. P(ed.), *op. cit.*
（29）南塚信吾編『ドナウ・ヨーロッパ史』山川出版社、一九九九年、四〇五頁。
（30）MPA, *op. cit.*, p. 13.
（31）Katalin, M. & H. Katalin, Hungarian-Slovak Language Contacts at the Department of Hungarian Language of the Comenius University in Bratislava, in *Nyelvi Érintkezések a Kárpát-Medencében*, A Magyar Köztársaság Kulturális Intézete. 1998.
（32）ICHCS, *op. cit.*, p. 32.
（33）六鹿茂夫「旧ソ連・東欧の民族紛争―促進要因と抑制要因」吉川元・加藤普章編『マイノリティの国際政治学』有信堂、二〇〇〇年、八六頁。
（34）同右、一九四頁。
（35）ICHCS, *op. cit.*, p. 7.
（36）萩原直「東欧のジプシー」『世界民族問題辞典』平凡社、一九九五年、四九七―九八頁。

(37)Cibulka, F., *op. cit.*, p. 126.

(38)Lazlo K., The Radical Right in Hungary, in Ramet(ed.), *op. cit.*, 142～46.

(39)Liégeois, J.-P., 1992, Les Tsiganes : situation d'une minorité non territoriale, dans H. Giordan(ed.), *op. cit.*, p. 433～34.

(40)De Tanguy, A. & C. Wiethol de Wenden(éds.), *Est : ces immigrés qui viendraient du froid*, Arléa-Corlet, 1993, p. 9.

(41)OECD, *Trends in International Migration*, 1999 Edition, pp. 61～62.

(42)*Ibid.*, p. 60 から作成。

(43)たとえば、二〇〇〇年七月にデュッセルドルフで起こった爆弾テロは、ロシアからの移民をねらったものといわれる。

＊スロヴァキアの社会的・政治的状況について資料の提供をいただいたキンガ・バウエル氏に、謝意を表します。

II

ヨーロッパ統合の深化と課題

パリ、レピュブリック広場でケバブを売るアラブ系移民

ヨーロッパ統合とイギリス

――イングランドにおける地域制度の成立――

若松邦弘

イギリスでは九〇年代以降、中央と地方の関係に大きな変容が生じている。九九年のスコットランド・ウェールズ両地域議会の設置、二〇〇〇年の大ロンドン市（公選首長、行政府、議会、経済開発機関）の創設と平行して、イギリスと呼ばれる連合王国を構成する四つの国（country）で最大のイングランドに、新しく「地域（region）」という単位が誕生しつつある。イングランドの行政単位は大都市圏を除くと従来、日本の都道府県にあたるカウンティ（county）と同じく市町村にあたるディストリクト（district）が基本であったが、その上位に「地域」という九つの行政・自治単位が成立しつつある（図1・表1）。

本稿はこの新しい制度の成立過程とその過程におけるヨーロッパ統合の影響を検討する。欧州連合（EU）の行政・自治モデルではEU、国家、地域（地方を含む）という互いに独立した三つの層が自明の存在となっている。これをもとに学問の分野でも近年、各層の分業に注目した多層統治

図1　イギリス（連合王国）およびイングランドの9地域

（multi-level governance）といった考えが注目されるようになった(1)。しかし地域の独自性を前提とするこの概念は、統治制度に柔軟性を求める近年のイギリスの国家観と必ずしも整合的ではない。イギリスでは八〇年代以降、従来の国家機能が多様な主体に拡散した。そこでは民間セクターの役割が強調され、公的機関の役割は最小限に限定された。地方経済にも公企業の民営化、省庁制度の改革、公共サービス供給への市場原理導入などにより多様な主体が関与するようになったのである。ここに地域という新しい公的制度が持ち込まれるには、それが必要とされる固有の理由が存在した。

表1　イングランドの地域

	人口（千人）（1996）	面積（km²）（1996）	人口密度（人/km²、1997）	GDP（百万ポンド、1997）	一人当り GDP（ポンド、1997）
ノースイースト	2,600	8,592	303	24,577	9,473
ノースウエスト	6,891	14,165	487	72,160	10,481
ヨークシャー・ハンバー	5,036	15,411	327	51,597	10,244
イーストミッドランズ	4,141	15,627	265	45,728	11,002
ウエストミッドランズ	5,317	13,004	409	56,765	10,669
イースト	5,293	19,120	277	62,619	11,739
ロンドン	7,074	1,578	4,483	102,638	14,411
サウスイースト	7,895	19,096	413	107,833	13,549
サウスウエスト	4,842	23,829	203	54,673	11,213
（参考）					
ウェールズ	2,921	20,779	141	27,637	9,442
スコットランド	5,128	78,133	66	56,219	10,975
北アイルランド	1,663	13,576	123	15,468	9,235
イギリス全体	**58,801**	**242,910**	**242**	**694,435**	**11,488**

（出典）Office for National Statistics, *Regional Trends 34* (1999 edition), (London, The Stationery Office, 1999), Table 2.1 (pp. 28-9)（人口・面積・人口密度）, Table 12.1 (p. 143)（GDP・一人当りGDP）

一　地域制度の改革

イングランドの各地域は今後数年内に、政府地域事務所、地域開発公社、地域協議会という三つの組織を軸に確立する。

政府地域事務所（Government Office for the Region）は九四年、イングランド各地に合わせて一〇設置された。これは環境省、雇用省、貿易産業省、交通省（いずれも当時）の地域事務所を統合したものであり、単一再開発予算（都市部を対象とする一括交付金）や欧州構造基金を運営し、その他中央政府の地域政策を地域レベルで調整する。[2] 同事務所の設置により各省庁が各々設定していたイングランドの地域境界は統一され、中央行政の視点からは統一的な地域が誕生した（マージーサイドはのちにノースウエストに編入)。
地域開発公社(Regional Development Agency)は地域における経済開発の核となるべく、九九年(ロンドンは二〇〇〇年)に設置された特殊法人である。地域の代表からなる理事会により運営されており、政府地域事務所から単一再開発予算と欧州構造基金の運営権限を、各種の経済開発機関から地域再開発の権限を移管された。同公社の目的は①経済開発と地域再開発、②企業活動・投資活動・競争力の促進、③雇用促進、④住民の職業技能向上、⑤持続的発展への貢献と規定されており、これらの諸観点から地域戦略の策定、地域開発プログラムの運営、政府の地域政策への助言が期待されている。[3] ロンドンを除く八地域の地域開発公社を通じ支出される再開発予算の総額は、発足初年度(九九―二〇〇〇年度)に六億七一六〇万ポンド(暫定値)であり、これは政府の再開発支出総額(一六億四三〇〇万ポンド)の四割強を占める。[4]
地域協議会(Regional Chamber)は地域開発公社の地域戦略策定や同公社の活動評価に地域の視点を導入するため、現在各地域毎に設立が進められている組織である。基本的に地域開発公社の活動を民主的に監視する組織として、設立は同公社とセットで考えられており、[5] 地方議会議員や経済界・労働組合など地域の各種利害代表により構成される。
同協議会は、直接選挙により将来選出される地域議会(regional assembly)への過渡的存在とされている。地域議会はまだ構想の段階であり、具体的権限は固まっていない。注目されるのは、その権限が地域協議会同様、地域開発公社の監視にとどまるのか、あるいは新たな自治組織として幅広い権限を付与されるのかという点である。ただし地域議会の必要性自体に懐疑的な見方も少なくないた

表2　分権と選出議会設置に対する地域の意識（MORI世論調査、99年3月）

	イングランド各地域への分権（%）(1)				イングランド各地域への選出議会の設置（%）(2)			
	賛成	反対	分からない	賛成－反対	賛成	反対	分からない	賛成－反対
グレートブリテン(3)	**47**	**30**	**23**	**＋17**	--	--	--	--
イングランド全体	**50**	**27**	**23**	**＋23**	**45**	**38**	**17**	**＋ 7**
ノースイースト	51	23	26	＋28	51	29	20	＋22
ノースウエスト	55	29	17	＋26	42	44	14	－ 2
ヨークシャー・ハンバー	52	23	25	＋29	42	42	16	0
イーストミッドランズ	49	17	35	＋32	40	35	24	＋ 5
ウエストミッドランズ	49	27	24	＋22	46	37	17	＋ 9
イースト	48	34	18	＋14	43	42	15	＋ 1
ロンドン	47	25	28	＋22	60	21	19	＋39
サウスイースト	48	34	19	＋14	37	47	16	－10
サウスウエスト	53	26	22	＋27	47	39	13	＋ 8

(1)「イングランドの地域により多くの政府権限が与えられることに賛成ですか、反対ですか？」
(2)（イングランドのみの質問）「あなたの地域が独自の選出議会をもつことに賛成ですか、反対ですか？」
(3)イングランド、スコットランド、ウェールズ
（出典）MORI, 'Attitudes to regional government', http://www.mori.com/polls/1999/ec990308.shtml, n.d.（1999）

め、その設置を主唱しており、また現在政権党である労働党は地域議会の設置に三つの条件を設けている。それは第一に地域議会の計画は地域協議会が作成・承認せねばならず、第二にその計画を国会（＝中央議会）が承認し、第三に住民投票で当該地域の住民による賛意が示されなければならないというものである(6)。

最後の住民の意思については、九九年三月初旬に北アイルランドを除くイギリス全土で行われた世論調査(7)の結果を見ておきたい（表2）。まずイングランド各地域への分権については、一層の分権を求める声がこれに否定的な声を一七ポイント上回っており、イングランドだけをとるとこの差は二三ポイントに広がる。

イングランド内ではロンドンに近い地域で差が小さくなる傾向はあるものの、分権拡大への賛成は全地域で反対を一四ポイント以上上回る。しかし直接選出の議会を各地域に設置することについては、すでに設置が決定していたロンドンで差し引き三九ポイントの支持があることを除くと、二二ポイントの支持超（ノースイースト）から一〇ポイントの不支持超（サウスイースト）まで地域差が大きい。分権への希望は各地域に見られるものの、議会設置への期待が必ずしも全国で強いわけではないことがわかる。

政府地域事務所、地域開発公社、地域協議会はそれぞれ中央政府の出先機関、経済開発を目的とする機関、民主的監視機関として、スコットランドやウェールズの地域行政・自治制度と類似性を指摘できる。スコットランドには従来から中央省庁としてスコットランド省、地域開発行政の執行機関としてスコットランド開発公社（Scottish Enterprise）などがあり、ウェールズについても同じくウェールズ省、ウェールズ開発公社（Welsh Development Agency）が存在する。両地域ではさらに議会（Scottish Parliament、National Assembly of Wales）も発足した。イングランドにはその地域制度を他地域にそろえる圧力が中央政府よりかけられており、(8) グレートブリテン全体（＝イングランド・スコットランド・ウェールズ）で、スコットランドとウェールズをそれぞれ単独の地域と見る形の、制度の標準化が進んでいるのである。

二　EUとイギリスの行政・自治モデル

イングランドにおける近年の地域制度改革を考える上で無視できないのは、国家より下位の主体に対するイギリス政府とEUそれぞれの姿勢である。とくに地域制度改革に先立つ八〇年代、イギリスでは中央政府と民間セクターの協力を軸とする新しい国家像の導入が進み、他方EUでは行政機構の多層性という前提が確立する。

EUのモデル

EUは地域を国家と並ぶ重要な政治単位と見ている。EU（ならびにその前身としてのEC）においては八〇年代半ばより、EU、国家、地域という多層の、しかし互いに自立した各層による経済・政治運営という考え方が明らかになってきた。さらに市民としての個人を考慮すれば、EUという組織の運営では、国家、地域、市民のそれぞれが閣僚理事会、地域委員会、欧州議会を通じて代表される構図となる(9)。

EUの視点では、地域は国家への対抗勢力と考えられ、地域委員会の代表資格が示すように、中央政府ではなく地方自治体主導の地域が望まれている。EUという組織自体、国家間対立の再発防止を設立目的の一つとしていたがゆえに、地域や市民が国家を牽制する力として位置づけられるのは自然であろう。民主主義の観点から正当化される「市民のヨーロッパ」や「地域からなるヨーロッパ」という概念も、現実にはこの懸念が根底にある。このため欧州統合の行政・自治モデルにおいて、ＥＵ、国家、地域は互いに独立した民主的な層であることが前提となる。

地域を中心にこれら三主体の関係をみると、国家に対する地域の権限は、ＥＵに対する国家の権限とともに正当化されており、またＥＵからの資金も地域の活動を強化する方向で支出されている。地域の権限を正当化するにあたりＥＵの用いる論理が「補完性原理」であり、ＥＵ域内の統治において各層の関係が問題となるに及び、加盟国内の自治体の重要性はこの原則のもと確認される。また財政面をみると、ＥＵの予算規模は加盟一五ヵ国の総国民総生産（ＧＮＰ）の一・一％、加盟国の公的財政支出総額の二・五％に過ぎない（いずれも九九年）。このように小さい財政規模で、また加盟国内に独自の行政機構をもたないＥＵが独自の政策を運営するには、他の行政レベル（国、地方自治体）との連携が不可欠である。

自治体によるＥＵ法規の執行は、近年とくに保健衛生、消費者保護、環境保護等の分野で目ざましい（たとえばＢＳＥ危機への対応）。ＥＵは基本的に規制政策に依拠した制度であり、その活動は歴史的にも域内交易の自由化、労働者保護など、ルールの導入とその遵守状況の監視に関係する。八六年の単一欧州議定書以降、ＥＵは域内市場の実現を念頭に各種法令を積極的に制定する過程で、政策の執行機関となる地方自治体との関係を強化した。また自治体との関係では再分配政策も重要である。今日、ＥＵ予算のほぼ半分が共通農業政策、三分の一が構造基金関連（連帯基金を含む）で支出されている。ＥＵの経済開発政策の中核は構造基金を使用する「地域政策」として運営されており、そこではイギリスの既存自治体より広域の行政単位、「地域」の存在が前提となる。地域は政策の執行主体として具体的プロジェクトを立案し、構造基金を受給する対象である。逆にいえば、地域は構造基金への関与を通じその存在意義を確認することとなる。イギリスの場合、年により多少の変動はあるものの、環境交通地域省による再開発関係支出のほぼ二割が構造基金からの支出である[10]。

イギリスのモデル

民主的制度を軸としたEUの行政・自治モデルが確立された八〇年代、地域に対するイギリス政府の政策はこれと全く異なるモデルに従い推進された。市場原理を重視する視点から公共サービスの供給に民間セクターの参加が奨励され、結果的に自治体の活動領域が大きく侵食されたのである。

イギリスの八〇年代は中央において地方への理解が欠如していた時代といえよう。八〇年代を通じ政権にあった保守党では、地方自治体への敵意を鮮明にするマーガレット・サッチャーが首相に座っており、他方で六〇年代から七〇年代にかけ地域への分権に積極的であった労働党は、党としての基本方針の混乱から地域政策でも明確な姿勢を打ち出せなかった。以上のような政治情勢により地域への権限委譲の実現がほとんど不可能となるなか、伝統的に最も権限委譲に理解を示してきた第三党の自由党（のちに自由民主党）もイングランド各地域への委譲については「条件が整えば」という模様眺めの姿勢をとるようになる[11]。

八〇年代のイギリスでは国家の機能が大きく変化した。この時期までに国家の政策運営能力は著しく減退し、財政政策や産業政策を軸とした経済への幅広い介入は困難となる。背景には、軍事力にかわり経済競争力が国力として重視されるようになったこと、市場経済が世界大に拡大したこと、さらに低成長により財源が頭打ちとなったことがあろう。このため、七九年以降の保守党政権下では既存の政策が大幅に見直され、新しい政治経済状況に適合した新たな政策原理が導入される。市場の力を最大限に利用すべく、自由な経済活動の促進に重点をおく政策がとられるようになったのである。

第一に中央と地方の関係においては、既存の自治体が権限・財源の両面で弱体化する。制度面ではすでに六〇年代・七〇年代の保守党政権期に中央政府主導で地方制度の簡素化が進んでおり、八五年にはさらにロンドン議会・大都市圏議会が廃止される。また財源面でも地方財政への締め付けが強化された。中央政府が地方の経済開発から撤退する一方で既存自治体も弱体化し、地方において行政の空洞化が進むのである。

第二に官民の関係も大きく変化する。従来、地方自治体が担っていた機能は、中央主導で各種団体に移管される。地方の経済開発が市場による解決にゆだねられた結果、住宅供給、都市開発、医療、さらに教育や職業訓練に至るまで、従来、地方自治体を中心とする公的機関のもとにあった住民サービスの分野に幅広く民間の参入が進む。他方、公的セクターは直接のサービス供給から撤退し、民間の活動を支援するという機能に特化する。官と民の境界は変化し、従来、民主的な基盤をもつ自治体の役割とされていたものが民間によって担われるようになったのである。

国家の役割の見直しという視点からはこれら二つの変化を、国家が民間にその従来の機能を委託したものと見ることができよう。そしてイギリスの経済開発では中央政府と民間セクターの協力（いわゆる「パートナーシップ」）は既存自治体を排除する形で拡大する。ロンドンのドックランド地区やリバプール、バーミンガムでみられた民間資本を積極的に活用した再開発プロジェクトは典型例である。地方の経済界が主導する訓練企業協議会（Training and Enterprise Council）、商工会議所、さらに大学など、官民を問わず各種の機関が地域の経済開発に直接関与するようになった。多種多様な機関に従来の国家機能を委譲したこのようないわゆる「分散した国家」では、既存の自治体はその存在意義を失う恐れがあった。イギリスの地方経済ではEUのモデルに反し、民主的な基盤に立つ自治体の活動を侵食しながらさまざまな組織が林立していったのである。

三　地域制度成立の過程

九〇年代に入り地域が注目されるようになった背景には、このような分散した国家の出現がある。八〇年代の改革はイングランドの地方に行政の空白をもたらした。その結果、九〇年代になると、経済開発における多様な機関の活動を一方で調整し、他方で民主的に監視する組織として、地域レベルの公的制度への期待が高まるのである。地域という単位の確立を目指すこのような動きには中央政府主導のものと地方自治体主導のものがあり、イングランドの地域は経済開発を巡る両者のせめぎあいのなかに生まれてくる。

地方の動き

グローバライゼーションが急速に進展した八〇年代、雇用機会や生活水準など経済社会指標における地域間の隔差が注目され、地域経済の開発制度は近隣諸国のものに至るまで参照ケースとなる。イギリス内でもとくにイングランドの経済開発制度の脆弱さが、地域担当省庁の有無、地域における調整機関の有無、予算形態の面から注目されるようになる[12]。例えばイングランド北部では、すでに七〇年代に開発機関が設置された隣接スコットランドとの制度的相違がしばしば関係者により指摘されるようになる[13]。

経済競争力への関心の高まりから、八〇年代、地方では官民さまざまな組織の広域協力が活発となる。経済界では商工会議所の統廃合や訓練企業協議会の設立が進み、各地の都市・地域開発機関は中央政府・EUさらに市場調達の資金をもとに自治体の境界を超え活動を展開した。また資源の集約という観点から、八〇年代半ば以降、自治体間でも様々な相互協力が模索されるようになる。単独の自治体では投資誘致のための基盤整備に必要な資金の負担はむずかしく、また投資の波及効果も雇用創出や他産業への影響など既存自治体の境界を超えることが多いため、近隣の自治体間で相互協力が広がるようになったのである。

このような広域協力のなかから新しい動きも出てくる。一つは自治体間の協議を常設化する動きである。イングランドでは九三年に、そのような自発的協議機関の全国組織として「イングランド地域協会」が設立される。その構成単位である九つの「地域協会（Regional Association）」はイングランドの地方自治体を全てカバーし、各協会の地理的範囲は今日の「地域」とおおむね一致する[14]。地域協会は地域計画、経済開発、環境、交通、廃棄物処理、さらに地域計画指針（Regional Planning Guidance, 自治体の開発計画の準拠枠として、地域毎に作成される）策定や構造基金申請など幅広い分野で自治体間の調整と協力を推進する。これらの多くはのちに地域開発公社が担当することとなる分野である。

また民主的基盤に基づく地域を求める動きも北部を中心に出てくる。すでに一九三〇年代より地域的な政治協力が顕在化していたイングランドの北部一帯では、九三年に地域議会の設置を求める運動体（'Campaign for a Northern Assembly'）が設立される。またヨークシャー・ハンバーサイドでも地域協会が中心となり、自発的な組織として「ヨークシャー・ハンバーサイド地域議会（Regional Assembly for Yorkshire and Humberside）」が結成（九六年）されるなど、地域への議会を求める動きはしだいに高まっていく。[15]

この背景には、北部に根深いロンドンやイングランド南東部に対する歴史的な対抗意識が中央集権の強化やスコットランド・ウェールズへの権限委譲に向けた動きにより活性化したという、いわゆる地域ナショナリズムの側面もあろう。しかし八〇年代半ば以降の地域協力の拡大に続くこの時期の一連の動きは、そのような中央への反発という能動的なものよりむしろ、国家機能の分散を背景にした受動的な対応ととらえられる。つまり地方で活動するさまざまな機関を民主的に監視する制度を求める動きである。[16] 八〇年代に生じた行政の空白域を埋める動きが地方の側から生じたのである。

中央の動き

他方、中央政府が地方を舞台に活動する組織間の活動を調整する必要性を認識し、その結果政策に変化があらわれたのは九〇年代に入ってからである。その時点では民主的監督という視点も強調されるようになる。

ビッグ・ベンを臨み、国会議事堂脇に立つオリヴァー・クロムウェル像。彼はピューリタン革命の英雄だが、他方アイルランド、スコットランドの征服によって矛盾をはらむイギリス国土形成の原点を形づくった（宮島喬氏提供）

主要政党で調整の観点から地域に注目したのは保守党である。九〇年にサッチャーを継いだジョン・メージャー政権は八〇年代の政策を修正し、地域を対象にした新しい制度を積極的に導入する。経済競争力の向上という従来の目的を維持したままで、中央においても調整の視点が導入されるのである。具体的には、政府地域事務所の設置、単一再開発予算の導入、さらに地域計画指針の導入をこの文脈から理解できよう。これらは中央政府やEUからの資金を単に地域に還流させるものではなく、地域における経済開発を戦略的に調整する制度である。さらには上述のように中央からの自立の基盤を強化しようとする地方の動きに対し、中央政府がとった防御措置と見ることもできる。いずれにしてもメージャー政権期には地域レベルの新しい制度が中央の主導で導入されたのである。ただし、同党の中核を占める新自由主義勢力には地域レベルでの政策調整の必要性を認めた上で、それは関係機関による自由なネットワークに対する支援を重点とする小さな行政組織によるもので十分とする考え方もあった[17]。

九七年以降政権を担当している労働党も、九〇年代には再度、地域政策に注目するようになる。こちらは政治的配慮から地方の動きに対応したという性格が強く、産業競争力への関心に基づく関係主体間の調整とともに民主的監督の側面を強調した点が特徴である。九二年の総選挙に向け、同党では地域における「戦略的調整と民主的監督」（九五年の党諮問文書）という視点が確立され、党の政策として地域開発公社と地域議会の導入が打ち出される。しかしながら九七年以降の施策では、地域議会に代わり地域協議会の設置が先行しているのは先述のとおりである。政府は「直接選出によるイングランドの地域政府へ向けたコミット」（ジョン・プレスコット環境交通地域相）を公言しながらも、実際の地域議会設置は「次回の総選挙後」（リチャード・カボーン地域・再開発・計画担当閣外相）としたのである[18]。

四　EUの影響

それでは八〇年代半ば以降のイングランドの地域形成にEUはどのように関与したのであろうか。結論を先に言えば、八〇年代に既存の自治体が弱体化するなか、EUの政策は、直接的には資金提供を通じ自治体の自立を支援し、間接的には資金獲得を目指す地方自治体間の協力関係を促進した。結果としてEUは地域という制度が形成されていく背景を準備することとなる。

表3　欧州地域開発基金の受給状況（地域別）

	欧州地域開発基金（1998/99年度） 地域内で対象となる人口（%）	受給額（百万ポンド）	一人当り受給額（ポンド）	一人当り GDP（対 EU 平均%）（1996年）
ノースイースト	99	85.5	33	85
ノースウエスト	67	158.4	23	91
ヨークシャー・ハンバー	52	78.6	30	89
イーストミッドランズ	23	31.5	8	94
ウエストミッドランズ	57	125.8	24	93
イースト	4	7.8	1	97
ロンドン	8	24.8	4	140
サウスイースト	2	4.2	1	107
サウスウエスト	22	31.6	7	95
イングランド全体	**30%**	**548.2**	**11**	**100%**

（出典）DETR, *Annual Report 2000: The Government's Expenditure Plans 2000-01 to 2001-02*, Cm 4604（London, The Stationery Office, 2000）, Fig. 10e（p. 158）（地域開発基金）; Office for National Statistics, *Regional Trends 34*（1999 edition）,（London, The Stationery Office, 1999）, Table 2. 3（pp. 32-3）（一人当り GDP）

地方との関係強化

イギリスの各自治体がEUによせる期待は大きい。マーティン（Steve Martin）が九五・九六年にグレートブリテン（＝イングランド・スコットランド・ウェールズ）の自治体を対象に行った調査[19]では、回答のあった二六七の自治体のうち、専従の欧州担当スタッフを置いていたのは七割、EUの基金に応募したことのある自治体も四分の三に上る。また同じ調査ではEUからの資金について、ほぼ半数が自治体の再開発事業に重要な影響を与えていると答えており、四分の三が再開発事業に不可欠な資金源と見ている。自治体がEUやその政策形成に関心をもつ上で構造基金の存在はこのように大きい。

表3は構造基金のなかで地域や地方という加盟国内の行政区画を対象とする地域開発基金について、イングランドにおける地域毎の受給状況（九八―九九年度）をまとめた数字である。北

部を中心に半数の四地域で、地域住民の過半数が基金の受給対象区域に居住していることがわかる。

イギリスの既存地方自治体がEUとの関係強化を模索する契機となったのは、八〇年代後半の構造基金の拡充である。八八年の改革では基金の財政規模が拡大され、それに伴い受給対象区域も拡大された。この改革前、イギリスでブリュッセルに事務所を置いていたのはストラスクライド（スコットランド）やバーミンガムなど一握りの自治体であった。改革後はこれが各地の自治体に広がる。八九年から九四年の間に設置された事務所は一八に上り[20]、またその活動内容も情報収集の域を越え、EUに積極的に働きかけるロビー活動へと変化していく。

イギリスでは八八年の改革により、最も大規模な資本投下が見こまれる第一目標のプログラムに北アイルランドが採択され、また第二目標でマージーサイド、ウエストミッドランズ、ノースイースト、ヨークシャーなど一〇プログラム、第五b目標でデボン・コーンウォールなど四プログラムが採択された。九三年にはマージーサイドとハイランズ・アイランズ（スコットランド）が第一目標の対象地域に追加され、第二目標はロンドンの一部やグレーターマンチェスターなど大都市部に拡大し、一三プログラム、第五b目標も一一プログラムとなった。さらに九九年からは新基準による第一目標でサウスヨークシャー、コーンウォール、ウエストウェールズ（ウェールズ）、マージーサイドが採択されている。それぞれの拡大過程で関係自治体やパートナーシップによる活発なロビー活動が繰り広げられ、八八年の改革による構造基金総額の倍増、続く九三年の改革による四〇％増はそのままイギリスの自治体を潤すものになったとされる[21]。

地域形成への影響

ＥＵ資金の獲得競争においてイギリスの自治体が抱えるジレンマは、地域レベルに自治制度が存在しないことであった。周知のとおり、構造基金はある一定区域における経済指標をもとに給付が規定されており、個別プログラムの多くがイギリスの既存自治体より広域を対象とする。さらに八八年と九三年の改革を経て、プロジェクトへの申請にパートナーシップを通じた多様な主体の参加が重視されるようになってきた。このような構造基金の条件は地域レベルにおける中央・地方双方の活動を活性化した。

ゴールドスミス（Michael Goldsmith）やジョン（Peter John）は、イギリスにおける八〇年代半ば以降の近隣自治体間の協力はＥＵへの積極的なロビー活動のなかから発生してきたとする。[22] これ以前、ＥＵへ積極的な働きかけを行っていたのは、先述のストラスクライドやバーミンガム、さらにケントなど自治体単位であった。[23] 八〇年代の後半になるとこの状況は変化し、構造基金の獲得を目的に自治体間や地方で活動する諸機関の協力がイングランド各地に拡大する。構造基金への対応がイングランドの地域境界を規定した例としてよくあげられるのは、先述のマージーサイドである。この地域は第一目標の対象となる条件（一人当りＧＤＰがＥＵ平均の七五％未満）をクリアーするため、リバプールを中心とする旧産業地帯の一カウンティのみで「地域」を構成したもので、海に面していない三方をノースウエスト地域に囲まれている。実際に九四年以降、マージーサイドは第一目標による六年間で一二億八〇〇〇万ポンドの資金獲得に成功する。八〇年代末から九〇年代前半にかけ、イギリスにおける自治体間の協力はこのように構造基金獲得への思惑を絡め展開したのである。

構造基金の拡充はまた中央政府にも新たな対応を促すこととなった。従来からEUとの関係の先頭に立ってきた中央政府は、補完性原理をEUに対する国家の優先と解釈し、EU資金に対する国内の主導権確保に力を注ぐようになる。アンダーソン（Jeffrey Anderson）は、八八年の改革で構造基金の運営において各国の権限が強化され、パートナーシップは各国の監督のもと国内規則に基づき形成される、とのルールが確立されたことで、国内においても地域に対する政府の権限が強化されたとする。[24] イギリスでは政府地域事務所をこの観点からとらえる見方がある。同事務所の設置は中央政府が地域開発における主導権を確保するために行ったとの指摘である。[25] もともと構造基金自体が共通農業政策により生じた加盟国間での資金移転の不均衡を是正するために導入されたという経緯もあり、イギリス政府はこれをサイド・ペイメントととらえ、国内においてその利用に関する主導権を欲しがちである。[26] イギリスで構造基金に関する地域戦略や基金の運営を監視している各地域の監視委員会は、当初は貿易産業省と環境省（当時）、のちに政府地域事務所の監督下におかれた。既存自治体には中央政府の出先監督機関との認識から、政府地域事務所を地方自治体とEUとの関係拡大における障害とみる向きもある。[27]

いずれにしてもEUはイギリスにおける地域制度導入の有力な誘因であった。EUの経済開発政策は地域という単位の存在を前提に運営されているため、従来このレベルの受け皿が存在しないイギリスでは、EUからの資金を契機に、中央政府と地方自治体がそれぞれのレベルでの便益や発言力の確保にとりくんでいったのである。

おわりに——イングランドの地域をめぐる力学

九〇年代に入り地方における政策調整の必要性がまず認識されると、他地域と比べその制度的枠組みが脆弱であったイングランドでは新たな調整制度の創設が課題となった。なかでも地域の存在を前提にもたらされるEUの資金は、イングランドにおいて地域レベルに開発政策の調整を制度化させる一因となった。地方の側からはこの戦略的調整に加え、八〇年代に経済開発の分野に出現した多様な機関への民主的監視が注目され、この視点は民主的な地域を前提とするEUの行政・自治モデルと整合的なものであった。

このためEUがイングランドの地域形成に与えた影響はとくに地方への支援という面で大きい。地方からすれば、EUは中央が撤退した領域に地方の望む形で入ってきた。EUは弱体化しつつある地方自治体を財政的・制度的に支援することで、自治体の中央政府に対する独立性を担保する役割を担ったのである。とくに八〇年代から九〇年代半ばにかけ中央政府と地方自治体の関係が政治的に険悪であった時期、EUは自治体から潜在的な味方とみなされた。EUの政策は、イギリスにおいて自治体間の協力を促進し、地域を制度化する背景となったのである。

しかしイギリスの中央政府は地方とEUの直接交渉の拡大を自らの存在意義にかかわるものと懸念する。このため両者の関係が中央政府を迂回する形で強化され、それを通じ地方が新しい地域の主導権を握る方向へと一方的に向かうとみるのは正しくない。本稿で検討してきたように、イングランドにおける地域制度改革の主導権は今のところ中央政府にある。この点でEUの果たす役割そしてEUを軸とするヨーロッパ統合の影響は地域という制度の導入では重要であったものの、地方に対する中央の優位というイギリスの国内力学をいまだ劇的に変化させるものではないというのが、現状での公平な見方であろう。

（注）

（1）Gary Marks, Fritz Scharpf, Philippe Schmitter and Wolfgang Streeck eds, *Multi-level Governance in the Emerging European Polity*（London, Sage, 1996）; Lisbet Hooghe ed., *Cohesion Policy and European Integration: Building Multi-level Governance*（Oxford, Oxford University Press, 1996）など。

（2）政府地域事務所の権限は地域開発公社の設置により縮小され、残される主な機能は交通、都市計画、住宅割当、観光となる。Jane Dyson, Edward Wood and Christopher Barclay, *Regional Development Agencies Bill: Bill 100 of 1997/98*（London, House of Commons, 1998）, p. 7.

（3）Department of the Environment, Transport and the Regions（DETR）, *Annual Report 1999: The Government's Expenditure Plans 1999-2000 to 2000-01*, Cm 4204（London, The Stationery Office, 1999）, para. 11.3（p. 144）.

（4）DETR, *Annual Report 2000: The Government's Expenditure Plans 2000-01 to 2001-02*, Cm 4604（London, The Stationery Office, 2000）, Figure 10a（pp. 152-3）.

（5）DETR, *Building Partnerships for Prosperity: Sustainable Growth, Competitiveness and Employment in the English Regions*, Cm 3814（London, The Stationery Office, 1997）, p. 53, paras. 11.4-11.5.

（6）九五年の党諮問文書。Edward Wood, *Regional Government in England*（London, House of Commons, 1998）, p. 9.

（7）MORI, 'Attitudes to regional government', http://www.mori.com/polls/1999/ec990308.shtml, n.d.（1999）一五歳以上を対象とした面接調査、回答者数二一四七。

（8）Shari Garmise, 'The impact of European regional policy on the development of the regional tier in the UK', *Regional and Federal Studies*, 7, 3（1997）, pp. 2-3.

（9）地理的な自治単位のみならず労使双方の団体を代表する機関として、経済社会委員会が設けられているのは周知のとおりである。

（10）DETR, *Annual Report 2000*, Figure 10a（pp. 152-3）.

（11）John Mawson, 'The English regional debate: towards regional governance or government?' in Jonathan Bradbury and John Mawson eds, *British Regionalism and Devolution: The Challenges of State Reform and European Integration*（London, Jessica Kingsley/Regional Studies Association, 1997）, p. 184.

（12）John Osmond, *Reforming the Lords and Changing Britain*（London, Fabian Society, 1998）, pp. 10-1.

（13）スコットランドやウェールズでは地域開発行政が確立されており、これらが投資誘致、調整、戦略作成、知識・技能の共有に有利に働いているとの認識が存在するとされる。例えば Richard Evans and Alan Harding, 'Regionalisation, regional institutions and economic development', *Policy and Politics*, 25, 1（1997）, p. 24.

(14)Osmond, *Reforming the Lords*, p. 14.

(15)Peter John and Alan Whitehead, 'The renaissance of English regionalism in the 1990s', *Policy and Politics*, 25, 1 (1997), 7-17, pp. 9-10; Howard Elcock, 'Local government and devolution', in Richard Kelly ed., *Changing Party Policy in Britain: An Introduction* (Oxford, Blackwell, 1999), p. 189.

(16)地方からの主張としては、民主的に責任を負う機関による経済運営の方が地域の経済発展でより高いパフォーマンスを得ることができるというものもある。Evans and Harding, 'Regionalisation', pp. 19-20.

(17)Mawson, 'The English regional debate', p. 187.

(18)それぞれ下院本会議（九七年一二月三日）、下院環境交通地域委員会（九七年一二月一一日）での発言。House of Commons, *Parliamentary Debates: House of Commons Official Report*, Session 1997-98, Vol. 302, col. 359 ('Regional Development Agencies', 3 December 1997); House of Commons Environment, Transport and Regional Affairs Committee, *Regional Development Agencies*, First Report of Session 1997-98, HC415, 12 December 1997, Q. 561 (p. 88e).

(19)Steve Martin, 'EU programmes and the evolution of local economic governance in the UK', *European Urban and Regional Studies*, 5, 3 (1998).

(20)Hugh Atkinson and Stuart Wilks-Heeg, *Local Government from Thatcher to Blair: The Politics of Creative Autonomy* (Cambridge, Polity Press, 2000), p. 211.

(21)Peter John, 'Europeanization in a centralizing state: multi-level governance in the UK', *Regional and Federal Studies*, 6, 2 (1996), p. 133.自治体のロビー活動の例として Peter John, 'Sub-national partnerships and European integration: the difficult case of London and the South East', in Bradbury and Mawson, eds, *British Regionalism and Devolution*, とくに p. 250.

(22)Michael Goldsmith, ‘British local government in the European Union’, in Bradbury and Mawson, eds, *British Regionalism and Devolution*; John, ‘Sub-national partnerships’, *op. cit*.

(23)John, ‘Sub-national partnerships’, *op. cit*., p. 240.

(24)Jeffrey J. Anderson, ‘Sceptical reflections on a Europe of regions: Britain, Germany, and the ERDF’, *Journal of Public Policy*, 10, 4 (1990).

(25)例えば Murray Stewart, ‘Between Whitehall and town hall: the realignment of urban regeneration policy in England’, *Policy and Politics*, 22, 2 (1994).

(26)John, ‘Europeanization’, *op. cit*., p. 133.

(27)Goldsmith, ‘British local government’, p. 222, p. 231.

ＥＵと移民政策
――「社会的ヨーロッパ」構築の過程とアクターの変遷――

稲葉　奈々子

一　「社会的ヨーロッパ」の希求

「ＥＵ基本権憲章」――「ＥＵの憲法」？

二〇〇〇年一二月のニースサミットでは、ＥＵへの中欧諸国の加入や、多数決制度を導入する分野拡大などの主要な議題に加えて、「ＥＵ基本権憲章」の創設が合意された。欧州委員会はこの憲章を、いずれＥＵ条約に統合されて法的強制力を持ちうる「ＥＵの憲法」として位置づけている。

ＥＵ基本権憲章は一九九九年六月のケルンサミットにおいて構想された。ＥＵ基本権憲章に定められている「社会的ヨーロッパ」の構築がいわれはじめたのは、九七年のアムステルダム条約調印にむけて各国が条約の内容を折衝している時期であった。そしてこの時期に社会民主主義勢力やＮＧＯが、ＥＵ条約に社会政策に関する条項が欠けていることを指摘し、対抗的なアピールとして「ヨーロッパ行進」を実施している。ヨーロッパ行進は一カ月にわたり、「社会的ヨーロッパを求め、社会的排除と社会的に不安定な地位に反対」を掲げ、国境を越える市民権の構築を求めた。行進への参加者はのべ一〇万人を超え、サミット前日のアムステルダムでは五万人がデモに参加した。アムステルダムでは、土壇場でフランスの首相ジョスパンが「社会政策条項」を盛り込むことを条約調印の条件として主張し、会議は難航した。結局、同年一〇月にリュクセンブルグで「雇用サミット」を開催し再検討することで妥協がなされた。翌年のケルンサミットでは「EU基本権憲章」の創設が合意された。この「EU基本権憲章」の草案を作成し、EUの憲法にまで高めようとしているのは、EUの内閣である欧州委員会内で移民・難民政策を扱う「司法・内務総局」である。このことからも分かるようにEUにおける権利の問題とは、出身国から自由に移動した人の、移動先での権利保障、つまり国境を越える市民権構築の問題に他ならない。

市民権は一般に、居住している国家の法律に規定されてきた。ところが、EUとは国民国家の枠組みを越える「壮大な実験」としばしばいわれるように、国籍を持たないメンバーに対しても、加盟国出身者であれば権利を平等に保障することを目的としている。このようにEUにおける市民権とは、「移民」の権利保障の問題であるといってよい。ただし、以下でみていくように、現状では市民権は「加盟国出身の移民」に限定されている。そして問題となる権利は多岐にわたるが、社会的権利はとくに争点となっている。つまり移民の受け入れがしばしば「社会的コスト」との関連で議論されることからもわかるように、社会政策のあり方は移民政策をも大きく左右する。福祉国家が「国民」国家を基盤として成り立つ以上は、そうした議論は必然ともいえる。

「社会的ヨーロッパ」を求める動きが強まってきた背景には、各国がEU通貨統合に向けてとった緊縮財政策が、結果として福祉削減をもたらした事実がある。T・ファイストは移民政策をめぐる政治的言説を社会政策の鏡として位置づけているが[1]、それによれば西欧諸国では七〇年代以降、福祉削減や景気悪化をめぐり繰り広げられる「象徴的政治」の道具として移民政策が使われている。つまり移民政策をめぐる政治的言説が、社会政策にかんするナショナルなレベルでの政治紛争を形成する重要な要因となっている。同様のことは各加盟国の国内政治だけではなく、EUの社会政策と移民政策にもいえる。

EUの移民政策には、安価な移民労働力への需要を訴える論理と、労働市場を保護する論理の両方が内在している。そこには国境を越えた権利の構築とナショナルな権利の擁護が矛盾した形で並存している。そしてこの矛盾した論理は、第三国出身の定住移民の権利のあり方に顕著な形で現れている[2]。

「社会的ヨーロッパ」とは、「社会的排除に反対する」と主張されているように、経済の領域にとどまらずその裾野は広い。「EU基本権憲章」は国境を越えた権利の構築を目的としており、「社会的ヨーロッパ」への要求に応えるものになっている。とはいえこれは、新たな規則を設けるものではない。ヨーロッパにおいてすでに構築されてきた基本的権利が、さまざまな条約に分散しているものを、単一の憲章にまとめることを目的としている[3]。憲章では、市民的、政治的、経済的、社会的権利を単一の文書にすることが謳われている。そして何よりも、この憲章は国籍にかかわらず原則としてすべての人に保障される。もっとも、憲章で謳われている権利は「欧州人権条約」がほぼカバーしており、法的拘束力のない憲章を新たに設けることへの疑問も提示されている。しかしながら欧州人権条約と比較して、憲章では社会保障への権利や争議権などを含む社会的権利がより明示的に保障されていることも事実である。そして何よりも、いずれEU条約に統合される可能性がある憲章が、第三国出身者と加盟国出身者の権利の平等を定めている事実は大きい。

結果的にサミットで「EU基本権憲章」は採択されたが、EU条約への統合についての議論は先送りされた。移民政策にかんしては、全会一致ではなく多数決制へ移行するが、域外国境管理や第三国出身者の滞在と自由移動への多数決制の導入は二〇〇四年からとなった。EUの移民政策は、マーストリヒトからアムステルダムを経て、ニースへと条約が重ねられるごとに、そのイニシアチブを握る単位が国家から欧州共同体へと移行している。第三国出身移民の権利のあり方の内実も、EUの機構改革にともなって変化している。

EUが「超国家」であるならば、移民政策を決定するアクターも国民国家から新しい主体へと変化するのだろうか。本章では、「国境なきヨーロッパ」に居住する人々の権利構築の過程を探っていきたい。以下では、まずEUの移民政策の変遷を概観する。次に、現在のEUの移民政策の決定過程を、アムステルダム条約以降のEUの機構改革を中心に検討する。次に、EUの移民政策の変遷を、そこにかかわるアクターの相互関係から考察していく。

二　移民政策の変遷

一九九八年現在、EUの総人口の約五%が外国籍人口である。うち三〇%がEU域内出身者の外国人、残り七〇%が域外出身外国人となっている。(4) 欧州共同体が発足した五〇年代には、現在ではすでに加盟国となっているポルトガル、スペイン人は「第三国出身者」つまり域外出身移民であった。また、戦前ほどではないがイタリア、ベルギーからの移民労働者も少なくなかった。ところが高度成長期以降は、域外出身移民とは旧植民地出身者を指すようになる。欧州共同体発足以降の移民政策の変遷は、これら「第三国出身者」の構成の変化を抜きにして考えることはできない。移民政策は一国の国民の定義にまで及ぶため、旧植民地出身者が移民のマジョリティになるにしたがい、移民統合政策においては国民国家的な論理が先行し、ＥＵレベルでの政策協調にはなじまない問題となっていった。(5)

一九七〇年代末〜一九八〇年代―社会統合政策へ

ＥＵへの移民の流れは、大きく二つの時期に分けることができる。第一の時期は、加盟国が移民労働者受け入れを停止し、労働者としての移民が、地域社会のあらゆる場面における生活者としての移民へと質的変化を遂げた七〇年代半ば以降八〇年代末までである。とはいえ、このときの受け入れ停止をもって人の移動が完全になくなったわけではない。この時期以降は家族合流の枠でむしろ移民の数は増えていった。そして移民の定住化にともない、社会統合の問題が浮上してきたのもこの時期以降である。

こうした現状を背景に、移民にかかわる政策で早期に議題にあがったのは、家族合流による定住化への局面の変化に対応した、政治参加と子供の教育についての問題であった。七四年には「移民労働者とその家族のためのプログラム」が欧州委員会によって閣僚理事会に提出されている。これは移民に関して閣僚理事会が採択した最初のプログラムである。この提案のなかでは、すでに移民の地方・

国政両レベルでの政治参加の必要性が主張されている。[6] とくに地方自治体は移民労働者の生活に直接の影響を及ぼすことから、意思決定への参加は重要課題とされた。欧州委員会はこの提案のなかで、遅くとも八〇年までに地方自治体における参政権を移民に承認することが必要としている。そして、参政権がすぐに実現しない場合には、自治体レベルでの諮問機関などの設置により、何らかの形で移民の政治的意思表示回路を設けることが主張されている。[7]

移民の子供の教育にかんしては、七六年、七七年に、移民の子供が出身国の言語を保持しながら受け入れ社会の教育を受けることができる制度が提案されている。[8]

これら七〇年代の政策は、「外国人への市民的・政治的権利の否定は、欧州共同体の自由移動の原則と一貫しないものである」という理由で策定されている。[9] 自由移動を前提としていることから、基本的には域内出身者を対象としていることが分かる。しかし、現実には、外国籍の子供を対象とした教育や、外国籍住民の諮問機関などは、域外出身者にも開かれている。これは、地域社会の現場では、域外出身者と域内出身者を区別して適用することは、事実上不可能であったことによる。また、欧州レベルでは外国人も将来的な政治的アクターとしての統合の対象とされていた。そのため市民的・政治的権利を外国人に承認することに関しては、欧州議会、閣僚理事会ともに積極的な姿勢を見せていたが、この段階では、加盟国内での反対が強く、諮問機関設置以上の進展が妨げられている。[10]

八〇年代になると、各加盟国で「移民問題」が顕在化し、各国の国内レベルでは国籍や市民権の問題が重要な政治課題として日々議論されていたのとはうらはらに、欧州共同体レベルでの移民の社会統合にかんする具体的な措置はほとんどとられていない。八〇年代の移民政策は、完全に主権国家の権限であったといえる。

一九九〇年代―人の移動にかんする政策協調

九〇年代になって、人の移動にかんする政策協調が合意され、移民政策が再びEUの議題にあがるようになる。移民政策は、①定住移民の社会統合と、②新たな移民を規制する国境管理とに分けることができる。

九一年に合意され、九三年に発効したマーストリヒト条約は、社会統合の分野においては移民政策上の画期をなした。欧州市民権が創設され、加盟国出身者の域内の自由移動が制度化されたのである。それにともなって、加盟国出身者であれば移動先の国で地方選挙と欧州議会選挙での被選挙権も含めた参政権が認められるようになった。また、社会保険や年金についても加盟国間で制度の協調がはかられた。

マーストリヒト条約は加盟国出身者の権利を飛躍的に拡大させた一方で、第三国出身者と加盟国出身者の権利の差は拡大した。とくに、「移民」とはいっても、第二世代あるいはすでに第三世代の場合、生まれたときからEU域内に住んでおり、出身国に「帰国」する予定がない者も多い。親あるいは祖父母の移民した国が、出生地主義をとるか血統主義をとるかによって第二世代の地位が大きく異なるのが現状である。とくに、ドイツの場合は帰化が難しいことから、他国との政策協調の必要が認識されていた[11]。帰化手続きの平等化は、一般に「市民権へのアクセスの平等化」措置と考えられている。そのために各加盟国が帰化手続きについて足並みを揃えつつあるとされている[12]。

また、帰化により市民権を取得しなくても、第三国出身者が加盟国出身者と平等の権利を保障されることは、欧州委員会が強く打ち出している目標のひとつである。九一年に欧州委員会は、第三国出身者の法的・社会的地位の安定のための政策と、社会保障、雇用、賃金、教育における内外人平等、就労目的での域内の自由移動の権利承認の必要を強調している。九六年には閣僚理事会で域内に長期的に滞在する域外出身者の地位に関する決議がされている。この採択で閣僚理事会は加盟国に対して、「加盟国に法的かつ継続的に長期滞在していることを証明できる者」には、一〇年間有効で更新可能、さらには永住権の付与を勧告している。この採択は、閣僚理事会が第三国出身者の地位の安定を保障する必要を謳った最初のものとなった。しかし、欧州委員会が九一年の報告書に盛り込んでいる第三国出身者の域内自由移動については、閣僚理事会は否定的な見解を出している。[13]

国境管理の領域では、中欧での民族紛争により難民が急増した八〇年代末がEUの移民政策の転期となった。ダブリン条約の締結は、難民の急増を前にして早急に各国が足並みを揃える必要が確認されたためであった。もっとも、難民急増は中欧の民族紛争だけが理由ではない。EU各国が移民への規制を強め、家族合流にも住宅や収入などで厳しい条件が課されるようになり、事実上家族合流移民の道もほとんど閉ざされていた。そのため、「難民」としてしか移民する方法がなくなったことも理由のひとつにある。[14] 事実、一度難民申請を却下された者が、別の加盟国で再申請できないように難民申請の取り扱いをコンピュータネットワークで結ぶなど、ダブリン条約は難民の保護よりは取り締まりの側面を強くもつ。

以上みてきた定住移民の社会統合と新規移民に対する国境管理は、一見すると相互に重なる領域の

「開かれたヨーロッパ」と非正規移民に対するアムネスティ（恩赦）を求めるデモ。プラカードには「国外退去させられた移民は（フランス解放のためにかつて戦った）兵士の孫かもしれない」と書かれている（1998年ストラスブール市）

少ない個別の課題に思われる。しかし、一九九九年のテンペレでの閣僚理事会では、EUの移民・難民政策の協調は、正規に滞在する第三国出身者の統合政策と平行して行われるべきものであることが確認された。このことは、移民を規制されている域外出身者の多くが、まったくの「新規」流入というわけではなく、EU加盟国のいずれかにすでに定住している移民の家族であるという事実を認めた結果である。したがって国境管理を強化する一方で、家族合流の権利については社会統合の観点から早急に保障すべきとしている[15]。

さらに閣僚理事会は、欧州委員会の提案を受けて第三国出身者にもEU市民と同様の権利を認めること、長期的には移動の自由を認めることが、レイシズムや外国人排斥を撤廃し社会統合を進める上で不可欠としている。[16] 実現にむけた具体的措置を欠いてはいるが、指針の上では第三国出身者の権利は拡大に向かっている。九〇年代をつうじて欧州委員会は第三国出身者の権利の平等にかんする提案の決議を閣僚理事会に求めてきたが、それらがことごとく否決されてきたことを考えると、若干の変化が起きているといえる。こうした政策の変化は、以下で検討するアムステルダム条約以降のEUの機構改革によるところが大きい。

EUの機構改革と第三国出身者の権利の変遷

EUの移民政策は、もっぱら域内の人の移動の自由化にあわせて、国家間での権利の差をどのように調整するかに焦点が当てられてきた。移民は域内、域外いずれの出身であっても、まずEUあるいは当該国の入国管理の規制、いわば一次的規制を受ける。この領域では比較的政策協調が進んでおり、どの国に入国するかによって大きな「不平等」はない。ところがひとたび当該国に入国すると、当該国における社会保障、医療サービス、マイノリティに対する政策などいわば「二次的規制」も受けることになる。この「二次的規制」は国によってばらつきが大きく、その平等化が移民政策の課題であった。

今日では域内出身の移民に関しては域内の他国への移動ののちも、国籍による権利の差はほぼなくなった。[17] それに対して、第三国出身者には域内の自由移動が認められていない。権利保障が自由移動を前提としているために、第三国出身者はそもそも埒外に置かれてきたのが実情である。[18]

第三国出身者の権利は、ほとんどの場合が第三国との協定で定められている。これらの協定は欧州評議会の定める人権擁護的性格の強い条約に対して、経済協力を目的として締結されている場合が多い。しかし、人の受け入れである以上は社会的側面が必然的に含まれており、第三国出身者の労働条件、社会保障、労働の権利、滞在の権利などについても定められている。第三国との協定は、イギリスと英連邦諸国、フランスとマグレブ諸国に代表されるように、旧植民地のつながりがある国家間で結ばれている場合が多く、旧植民地出身者にはしばしば「特権」が与えられてきた。これは、ことばを変えるなら、各国ごとに特定の国との歴史的つながりが相当に異なるためＥＵレベルの政策協調は難しいということになる。しかしマーストリヒト条約で人の移動に関する政策協調が合意されたことで、ＥＵの移民政策において国家のイニシアチブは相対的に弱まった。

さて、マーストリヒト条約以降、ＥＵの政策領域は三本の柱から構成されるようになった。第一の柱は、内部国境の廃止や経済・通貨統合、経済・社会的統合、欧州市民権など、共通政策にかかわる領域であり、欧州委員会がイニシアチブを握る。第二の柱は共通の外交・防衛に関する領域である。第三の柱が司法・内務の領域で、移民・難民政策はここに含まれるが、その権限は欧州理事会にある。第三の柱に属する問題にかんしては、欧州委員会の提案は、議会で採択されたのちに欧州理事会で全会一致で決議される。一国でも拒否権を発動すれば、提案は否決される。つまり移民政策は各主権国家の重要な領域であり、ＥＵレベルでの政策協調はこの段階では実現していなかった。ところがアムステルダム条約の組織改革で移民政策が第一の柱に移行することが決定した。移行措置期間が設定されているとはいえ、移民政策の権限が各国の利害を代表することのない欧州委員会に委譲された意味は大きい。欧州委員会に新たに設けられた総局の一つ「司法・内務局」が、第三の柱から第一の柱への移民政策の移行を担当することになった。

このように移民の社会政策の権限がEUに移行しつつあるとはいえ、移行期間中ということもあり、現在のところ移民政策の権限は事実上は各加盟国にある。それでは移民政策の領域におけるEUへの権限委譲は現段階では絵に描いた餅にすぎないのかといえば、そうともいえない。以下では、欧州委員会がどのようにして移民の社会政策を実現しているか、また移民自身は政策決定に影響を行使するアクターとなりえているかについて、各アクターとのかかわりのなかで検討していく。

三　EUの意思決定回路とアクター

EUの意思決定に影響を及ぼす回路は三通りある。[19] まず、欧州委員会を経由する「テクノクラート回路」、次が欧州議会を経由する「民主主義的回路」、三番目がロビーグループによる「利益指向回路」である。また、これらの意思決定過程により確立される移民の権利を担保する制度が欧州裁判所である。このうち第三国出身者はロビーグループにおいてアクターとなりうる。以下ではまずEUの政策策定過程における欧州委員会の位置を確認したのちに、移民当事者とのかかわりについて検討していく。

政策のコンフリクトと第三国出身者の地位

移民政策に大きな権限を付与されている閣僚理事会は、各国の閣僚から構成されていてナショナルな利益をインプットする場となっており、ナショナルな利益では代表されないアクターにとっては相対的にアクセスが難しくなっている。[20] それに対して、EUの内閣として位置づけられる欧州委員会は加盟国いずれの政府の利益も代表せず、EUレベルでの利益目的を遂行する行為者となっている。

欧州委員会は複数の総局から構成されており、この「縦割り行政」のために、特定の問題に対するEUレベルでの意思決定が困難になっている。そして、各機関は独自の組織文化を発達させている。[21] つまり欧州委員会は各総局のあいだの権力闘争の場でもあり、[22] たとえば社会政策の総局と通貨統合の総局は敵対関係にある。社会政策を担当する総局はEUの社会政策を充実させることが存在理由であり、指向が社会民主主義的になることはいわば必然である。それに対して、通貨統合を担当する総局が市場原理の擁護に向かうこともまた必然である。ここでは、ナショナルな対立とは異なる力関係が働いている。

そして、対立をはらんだままアウトプットされる政策の矛盾は、そのまま第三国出身者の地位に体現されている。九〇年代にはいってから加盟国は、通貨統合に向けて新自由主義的な経済政策をとった。それに起因する大量失業や福祉削減は、しばしば移民問題と結び付けられ、移民排斥を訴える勢力が各国で台頭した。欧州委員会による第三国出身者の権利拡大の提案が、閣僚理事会により重ねて否決された背景にはそのような事情があった。新規移民が規制されたのも、社会的コスト負担を回避するためという論理によるものであった。

他方、この間の規制緩和が、少なからぬ移民の流入を引き起こしているという指摘がある。福祉制度の民営化が行われた結果、福祉部門に就労する安価な女性移民労働への需要を高める結果となったという。[23]高齢者や病人の自宅介護や、ベビーシッターなどに多くの女性移民が従事している。ところが、これら女性移民のなかには家族合流による移動を制限され、非正規滞在の者が少なくない。

第三国出身者の家族合流の権利を確立し、加盟国出身者との権利平等を掲げる欧州委員会の「司法・内務総局」の政策とはうらはらの事実が進行しているのである。これは、移民政策の分野においては、欧州委員会の権限が弱いことにも起因する。それでは、アムステルダム条約以降の組織改革で移民政策の権限が欧州委員会に委譲されたことにより、国境を越える市民権は実現するのであろうか。

欧州委員会と市民社会

欧州委員会は一〇〇〇に及ぶ諮問委員会を持っており、各国や民間レベルからそれらの委員に加わっている者の数は五〇〇〇人を超える。また、欧州委員会の各委員会は、企業、労働者、市民、消費者などさまざまな利益団体を代表しており、欧州委員会が多様な利益を代表しているがゆえに、諸利益のコンフリクトが起きやすく、容易には単一の政策を打ち出せない。[24]

こうした特質は、一方で市民社会に開かれた機構を備えていることにも起因する。[25]欧州委員会のスタッフは一万六〇〇〇人だが、そのうち半数は通訳や事務担当者であり、立案に直接かかわるいわゆるユーロクラートの数はEUの規模からすると相対的に小さい。[26]そのため立案過程において外部の専門家集団やロビーグループに構造的に依存している。欧州委員会は各国市民との間にこれらの集団やグループを結節点とするネットワークを形成しており、そこを経由して各国市民はEUにアクセスすることができる。見方を変えれば、利益団体によるロビイングが制度化されている場であるといえる。

欧州委員会はこのように閣僚理事会と比較して相対的に開かれた官僚機構を備えているため、ナショナルな回路を経なくてもアクセスできる。[27] ナショナルな回路は有効ではないがゆえに、そこでのみ意思表示が可能になるアクターもまた存在する。第三国からの移動や移民の社会的権利擁護にかかわる問題は、ナショナルな利益では代表されないものの典型である。

移民の社会的権利を擁護する民間部門がEUレベルでの政策に影響を及ぼすさいに、自らがメンバーとして所属するナショナルな政府を経由するほうが有効な場合と、単独あるいは関係する第三国横断的に同様の利害関係をもつ集団と連合して働きかけるほうが有効な場合があるだろう。第三国からの移民にかかわる問題が後者であることは明らかである。これらの集団にとって、閣僚理事会への意思表示の回路は閉ざされており、相対的にアクセス回路が開かれているのは欧州委員会であるため、その行為はもっぱら欧州委員会に向かう傾向にある。

また、欧州委員会は、ナショナルあるいはリージョナルなレベルでの行政機構をもたない。欧州委員会の役割は立案であるが、そのさいに必要とされる専門的な知識や見地を得るためにはワーキンググループや諮問機関に依存する仕組みになっている。[28] 九二年に欧州委員会は、利益団体に開かれた組織であることをガイドラインとして掲げ、これら団体との対話の維持をポリシーとすることが強調されている。[29]

移民政策にかかわる総局の場合、外部団体とはNGOを主体とした移民組織にほかならない。以下では、移民の社会統合政策にNGOが関与する回路と、その具体的機能について検討する。

移民組織とEUの政策立案

第三国出身者にかかわる欧州委員会の最大の下部組織は「移民フォーラム」である。八五年に欧州議会の分科会の一つである人種差別撤廃委員会が立ち上げたもので、これを欧州委員会の外部組織とする提案が九一年に議会によって決議され、現在は欧州委員会によって運営されている。この組織は第三国出身の移民の団体を組織化したもので、六六の国籍を代表し、二〇〇〇以上の団体と約一三〇の団体の連合体から構成されている。組織の構成員が第三国出身者に限定されているのは、EUの政策策定への意思表示回路を持たない集団に、発言権を保障するという意図で組織が設置されたからである[30]。

「移民フォーラム」はいくつかの部門に分かれており、司法諮問機関は、移民に関する各国の法律についての専門家が参加し、EU関係の機関の諮問を受ける。また、ロビイング部門も持ち、閣僚理事会に対して働きかけるなどの活動を行っている。さらに定期的に欧州委員会やその他EUの諸機関の諮問を受けている。

ほかに欧州委員会が近年立ち上げた民間のネットワークとしては、オデュッセイア・ネットワークがある[31]。このネットワークはヨーロッパの難民と移民に関して法学的観点からの調査研究を行う学術目的のものである。九八年に欧州委員会の資金援助により立ち上げられ、加盟国各国からの、外国人の権利問題の専門家グループとなっている。EUの移民・難民政策を専門的見地から評価することが目的とされている。とくにマーストリヒト条約とアムステルダム条約の移民・難民政策についての検討がオデュッセイア・ネットワークに求められている[32]。

移民政策のアウトプットの下請け化？

欧州委員会がナショナルあるいはリージョナルなレベルで政策を執行する機関を各国にもたないことはすでに述べた。この現状がかえって欧州委員会と現場のアクターを直接結びつける結果をもたらしている。欧州委員会は、統合に関するプロジェクトに補助金を与えることをその重要な機能の一つとしているが、その対象は自治体から小規模のNGOまでと幅広い。こうしたアクターによる移民の統合支援プロジェクトに補助金を供与することで、欧州委員会は移民の統合政策を事実上実施している。移民の社会統合政策への「民間活力の導入」である。欧州委員会の政策に沿った案を採用するわけであるから、補助金の申請という形式で社会統合プロジェクトを入札させ、政策のアウトプットを民間に下請に出している図式である。

また、欧州委員会のプログラムはNGO活動の当該国での社会的位置によっては有効に機能しない場合もある。とくにNGOの活動は国によってその規模と水準はさまざまである。先述した「移民フォーラム」は、各国の移民支援活動を行う市民団体のネットワークをヨーロッパレベルでさらにネットワーク化したものである。しかし、ナショナルなレベルのネットワークが存在しない場合には、ヨーロッパ規模でのネットワークへのアクセスも困難になり、したがってヨーロッパ規模での情報が希薄な状態になる。たとえばフランスの場合、ナショナルなレベルでのネットワークが不在であることに加えて、フランスのNGO自体もヨーロッパ規模での情報収集に積極的ではないために、欧州委員会を拠点として用意されたインフラストラクチャーが有効に機能していない。[33]

NGOは、EUレベルにおいて直接の意思表出回路を持たず、また、EUレベルでの移民の権利は確立されていない。移民が行使できる権利は、特定の国家の移民法に基づく「ナショナルな」権利であるか、あるいはEUと出身国の間に結ばれた条約・協定を根拠とする権利のどちらかとなる。これがEUレベルでの権利が確立されている加盟国出身者との大きな相違点である。こうした状況において、ナショナルなレベルを超えたところでの権利行使が必要な状況においては、国連やILOの条約や規約を根拠として権利行使が行われている。EUで第三国出身移民の権利拡大に取り組むNGOは、移民とマイノリティの権利を擁護する上で、現状では重要性が過小評価されている国際条約や協定のさらなる利用を喚起している。(34)

現状では加盟国各国がEUの移民政策の協調をはかることが難しく、EUレベルでの移民政策の策定が停滞するという危機感が欧州委員会にはあり、こうした状況を巧みに切り抜ける方策が発達している。(35)それが、NGOによる、国際条約の利用推進することによる事実上の移民の権利の拡大である。P・アイルランドによれば、欧州評議会やILOなど国際機関がEUの代理として移民の権利を保障する制度としての役割を果たすことが、欧州委員会によって促進されているという。(36)

四　国境を越える市民権構築の試み

以上みてきたように、欧州委員会による第三国出身者の社会統合政策は非制度的な方法をとってきた。ところがアムステルダム条約以降、移民政策の権限が欧州委員会に委譲されたことで状況が変化した。移民統合への取り組みはこれまで各総局に分散していたが、これらの部門を統合して新たに設

「開かれたヨーロッパ」を訴え、フランスのストラスブール市とドイツのケール市それぞれから出発した移民によるデモ。ライン河にかかり両国を結ぶヨーロッパ橋の中央で、両者が対面したところ。

置されたのが「司法・内務総局」である。

この新たに設置された総局の最初の取り組みが、冒頭で述べた「EU基本権憲章」であった。欧州委員会はアムステルダム条約調印直後に、「第三国出身者に関する規則」を提案し、この分野が第一の柱に移行することを前提として次なる段階への準備をすすめていた。つまり第三国出身者の移動の自由と、それにともなうEUレベルでの社会的権利の保障へと方向性を定めていた。また、移民の当事者団体は、加盟国において各国レベルではすでに国籍が社会的権利の条件ではないことを根拠として、EUレベルでも同様の原則の適用を求めていた。ニースで採択された「EU基本権憲章」には欧州委員会と移民当事者の双方の要求が盛り込まれている。そこでは社会的権利と国籍の関係はもはや絶対的なものではない。事実、第三国出身者の移動の自由にともなう社会的権利の保障を実現する上での技術的困難はない。それにもかかわらず実現しないのは、ＥＵ統合とは、「国民国家を解体」したのちに、さらに規模が大きいだけで国民国家の制度を再生産した組織の構築に向かっているだけだからなのだろうか。これは、「ＥＵ基本権憲章」がＥＵの憲法となりうるかという問いでもある。

ＥＵにおける人の移動と権利関連年表

	ＥＵの条約・協定	国際条約	憲章	第三国との協定
1925		ＩＬＯ、内外人差別撤廃条約		
1949		ＩＬＯ、労働と社会保障に関する内外人平等に関する条約		
1950		欧州評議会、基本的人権擁護に関する欧州条約（ＥＣＨＲ）、現在までに40カ国が批准		
1952		ＩＬＯ、労働と社会保障に関する内外人平等に関する条約		
1954		ジュネーブ条約		
1957	ローマ条約			
1963				トルコ・ＥＣ連合協定

１９６５		国連、人種差別撤廃条約		
１９６６		国連、市民的及び政治的権利に関する国際規約 国連、経済的・社会的及び文化的権利に関する国際規約		
１９７４	閣僚理事会、移民労働者とその家族のためのプログラム採択			
１９７５		ＩＬＯ、移民労働者の昇進と機会平等、対応の平等に関する条約		第一次ロメ協定
１９７６				アルジェリア、モロッコ、チュニジア・ＥＣ連合協定
１９７７	閣僚理事会、移住労働者の法的地位に関する条約			
１９８２		ＩＬＯ、社会保障への権利に関する条約		
１９８４		国連、拷問禁止条約		
１９８６	単一欧州議定書、１９９２年までに人とモノとサービスと資本の自由移動領域を作ることで合意			

1989		国連、子供の権利条約	EC社会憲章	アフリカ諸国、カリブ海・太平洋諸国・EC連合協定
1990	難民に関するダブリン条約	国連、移住労働者とその家族の権利条約、欧州委員会が加盟国に批准を勧告するが、現在までに批准した加盟国なし		
1991	欧州委員会、移民に関する報告書で正規に滞在する移民の処遇の平等は社会全体の基本的目的であるとする 欧州議会、民間組織「移民フォーラム」設置			ポーランド、ハンガリー・EC連合協定
1993	マーストリヒト条約、欧州市民権創設、移民政策のEUレベルで協調を図ることで合意され、家族合流の問題は優先的な課題とされる 移民問題を扱うコペンハーゲン閣僚理事会、家族合流に関する政策の協調に関する決議			ルーマニア、ブルガリア、チェコ、スロヴァキア・EC連合協定
1994	閣僚理事会、就労目的あるいは留学目的の入国に関する決議			ハンガリー、ポーランド・EC

				連合協定
1995	シェンゲン条約			エストニア、リトアニア、ラトヴィア・EC連合協定
1996	閣僚会議、長期滞在移民の地位に関する決議を採択			スロヴェニア・EC連合協定
1997	アムステルダム条約 リュクセンブルグ雇用サミット 閣僚会議、偽装結婚を取り締まる措置についての決議			
1999	テンペレ特別閣僚会議、第三国出身者の統合政策に重点が置かれ、EU市民と第三国出身者の権利の平等化をはかることを確認			
2000	ニース条約		EU基本権憲章	

(注)

(1)Faist, Thomas, "How to Define a Foreigner? The Symbolic Politics of Immigration in German Partisan Discourse, 1978-1992" *West European Politics*, Vol. 17, No. 2, pp. 50-72, 1994.

(2)Morris, Lydia, "A Cluster of Contradictions: The Politics of Migration in the European Union",

Sociology, Vol. 31, No. 2, pp. 241-259, 1997.

(3)Commission of the European Communities, *Communication from the Commission on the Legal Nature of the Charter of Fundamental Rights of the European Union*, COM (2000) 644 final, 2000: 2.

(4)Eurostat, *European Social Statistics : Migration*, 2000.

(5)Faist, *op. cit.*

(6)Wihtol de Wenden, Catherine, *Les immigrés dans la cité: La representation des imigrés dans la vie publique en Europe*, Paris: La Documentation Française, 1975: 18.

(7)Wihtol de Wenden, *op. cit.*, p. 33.

(8)Commission des Communauté Européennes, *Rapport sur l'education des enfants de migrants dans l'Union Européenne*, COM (94) 80 final, 1994: 12.

(9)Ireland, Patrick R., "Migration Free Movement, and Immigrant Integration in the EU: A Bifurcated Policy Response", in Stephan Leibfried and Paul Pierson (ed.) *European Social Policy: Between Fragmentation and Integration*, Washington, D. C.: The Brookings Institution, 1995: 239.

(10)Ireland, *op. cit.*, p. 240.

(11)Freeman, Gary, P. & Nedim Ogeiman, "Homeland Citizenship Policies and the Status of Third Country Nationals in the European Union", *Journal of Ethnic and Migration Studies*, Vol. 24, No. 4, pp. 769-789. 1998.

(12)Freeman, Gary, P. & Nedim Ogeiman, *op. cit.*

(13)Cortes-Diaz, Claudia & Claire Saas, "Vers un statut de resident permanent ?" *Plein Droit*, no. 40, pp. 3-5, 1998: 4.

(14)Faist, *op. cit*.

(15)Commission of the European Communities, *Communication from the Commission to the Counsil and the European Parliament on a Community Immigration Policy*, COM (2000) 757 final, 2000: 19.

(16)Vitorino, Antonio, *Towards a Common Immigration Policy for the European Union: Opening Speech by Commissioner Antonio Vitrino for the Conference on "Migrations: Scenarios for the 21st Century"*, Commission of the European Communities, 2000.

(17)域内出身の労働者に関しては、六〇年代半ばにすでに域内の自由移動が認められており、住宅、社会保障、労組加入権、労災などにより障害者となった場合や非自発的失業者となった場合も、出身国以外の国に継続して滞在する権利、三年以上の居住実績があれば出身国以外の国で年金を受給する権利、三一六カ月間は職探しのために滞在する権利などが認められている。

(18)もっとも、ＥＵの自由移動とは、そもそも「就労目的」の移動だけが対象となっており、就労の可能性がない者は加盟国出身者であっても除外されている（Guild, Elspeth, "Competence, Discretion and Third Country Nationals: the European Union's Legal Struggle with Migration", *Jounal of Ethnic and Migration Studies*, vol. 24, No. 4, pp. 613-626, 1998)。

(19)Geddes, Andrew, *Immigration and European Integration: Towards Fortress Europe?* Manchester: Manchester University Press, 2000: 137.

(20)Greenwood, Grote & Ronit, *op. cit*., p. 24-25.

(21)Greenwood, Justin, Jürgen R. Grote & Karsten Ronit, "Introduction: Organized Interests and the Transnational Dimension", in Greenwood, Justin, Jürgen R. Grote & Karsten Ronit (eds.) *Organized interests and the European Community*, London: Sage, 1992: 17.

(22)欧州委員会事務局で司法・内務にかんする調査委員会担当のフロリアナ・シパラ氏へのインタビュー（一九九九年九月九日欧州委員会にて、伊藤るり・稲葉奈々子が実施）による。

(23)Koffman, Eleonore, Annie Phizacklea, Parvati Raghuram & Rosemary Sales, *Gender and International Migration in Europe: Employment, Welfare and Politics*, London: Routledge, 2000: 61.

(24)Greenwood, Grote & Ronit, *op. cit.*, p. 18.

(25)Graziano, Luigi, "Lobbying and the public interest", in Paul-H. Claeys, Corinne Gobin, Isabelle Smets & Pascaline Winand (eds.) *Lobbyisme, Pluralisme et Intégration Européenne*, Bruxelles: I.S.-G.L.E.-I.E.E., pp. 36–50, 1998: 37.

(26)Geddes, Andrew, *op. cit.*, p. 137.

(27)Geddes, Andrew, *op. cit.*, p. 135.

(28)Visser, Jelle & Bernhard Ebbinghaus, "Making the Most of Diversity? European Integration and Transnational Organization of Labour", in Greenwood, Justin, Jurgen R. Grote & Karsten Ronit (eds.) *Organized Interests and the European Community*, London: Sage, 1992: 229.

(29)Preston, Mary E., "The European Commission and Special Interest Groups" in Paul-H. Claeys, Corinne Gobin, Isabelle Smets & Pascaline Winand (eds) *Lobbyisme, Pluralisme et Intégration Européenne*, Bruxelles: I.S.-G.L.E.-I.E.E., pp. 222–232, 1998: 223.

(30)Mellouk, Taha, "La voix des résidents non-communautaires" *Accueillir: Revue du Service Social d'Aide aux Emigrants*, no. 205–206. 1996: 18.

(31)欧州委員会のもつワーキンググループや諮問機関には、他にＲＩＭＥＴ＝「第三国出身移民に関する情報ネットワーク」、ＥＬＡＩＮＥ＝「エスニックマイノリティにかかわる政策についてのヨーロッパの自治体間の相互的ネットワーク」、「移動の自由ネットワーク」などがある。

（32）Legoux, Luc, "Les pépites d'or de l'OFPRA" *Plein Droit*, no. 44, pp. 7-10, 1999: 10.

（33）Chopin, Isabelle, "Ligne de Départ: vers une Europe plus juste", *Accueillir: Revue du Service Social d'Aide aux Emigrants*, no. 205-206, 1996: 35.

（34）Niessen, Jan, "The Role of Non-Governmental Organisations in Standard Setting and Promoting Ratifcation", Julie Cator & Jan Niessen（eds.）Papers presented at the seminar on *The Use of International Conventions to Protect the Rights of Migrants and Ethnic Minorities*, Strasbourg, 1994: 108.

（35）Ireland, *op. cit.*, p. 234.

（36）Ireland, *op. cit.*, p. 234.

地域的言語文化の新たな広がり

原　聖

はじめに

ブルターニュやウェールズ、カタルーニャといった西欧の、いわゆる地域的少数言語を抱える地域の言語文化の状況は、この二〇年で一変したといっていい。一言でいえば、衰退から復興へとその方向性が変わった。言語社会学者ジョシュア・フィッシュマンによる少数言語の生き残りの方策に関する『言語の取り替えの逆転』(*Reversing Language Shift*) が出版されたのは一九九一年だが[1]、これを裏書きする事例が各地で誕生しつつあるともいえよう。

それはもちろん、欧州全体の統合化への動きとつながっている。欧州連合は国家間連合の側面をもち、その基盤は一朝一夕に変わるものではないという見方もあるが、構造基金の分配方法などをみても分かるように、地域重視の傾向はEUの根幹部分にも表れており、地域間連合の色合いがますます強まっているというのが現状だ。それはそれぞれの地域での言語復興運動の、そして欧州全体をおおう地域間の交流運動の、長い歴史の帰結でもある。

本稿では、欧州全体のさまざまなレベルでの交流連携運動を概括し、地域的な言語文化復興運動の事例をウェールズとブルターニュにとり、新世紀のありようを短中期的に展望することにしたい。

一　欧州レベルでの地域交流運動

この面では、欧州全体の連携を図る団体、特定の地域間の連合、その他の付随的な団体・機関の三つに分けることができる。

①地域・地方自治体の連携をはかる機関

次のように、三つのレベルの機関が存在する。
(a)民間の交流団体
戦後まもなく、一九五一年に誕生した「欧州市町村評議会」(Council of European Municipalities)が、一九八四年に「欧州市町村地域評議会」(Council cf European Municipalities and Regions)となり、現在に続いている。スロヴェニア、スロヴァキア、ポーランド、ラトヴィアなどの東欧諸国を含む、欧州二九カ国、四〇の地方公共団体連合を通じて一〇万の自治体が参加している。一九九七年以来、元フランス大統領ジスカールデスタンが会長の職にある。主な活動は町村の姉妹提携の仲介であり、その基盤となる地方公共団体連合も国単位であって、それ以上の積極的な役割を演じているわけではない。しかし姉妹提携は交流のきっかけを与えるものであり、欧州的な連帯意識形成に果たす役割は大きい。

(b)欧州評議会につながる交流機関

欧州評議会（Council of Europe）は一九四九年の設立だが、これに関連する機関として一九五七年に生まれたのが「地方および地域団体常設会議」（Standing Conference of Local and Regional Authorities）であり、一九九四年に「欧州地方および地域団体会議」（Congress of Local and Regional Authorities of Europe（CLRAE））と名称変更された。欧州評議会の諮問機関であり、欧州評議会に所属する四一ヵ国の二〇万にのぼる地方公共団体が加盟する。二九一人の委員からなる二つの会議所、「地方団体会議所」（Chamber of Local Authorities）と「地域会議所」（Chamber of Regions）がある。

これとは別に、いわゆる「欧州地域議会」（Assembly of European Regions）につながる民間レベルの交流運動があり、これがたとえばあとで述べる周辺地域・山岳地域など特定の地域間連合である。一九七九年にストラスブールで結成された「欧州地域団体連携事務局」（Bureau de liaison des organisations régionales d'Europe）がその大本の組織だが、四七の地域と九つの地域間機構によって一九八五年に誕生した「欧州地域評議会」（Council of European Regions）は、その二年後、一九八七年の「欧州地域議会」に直結する。この年以降、欧州評議会のオブザーバー団体となり、一九九四年設立のすでに述べた「欧州地方および地域団体会議」、とりわけその「地域会議所」には直接関与している。現在、ロシア、ウクライナ、ブルガリアなど東欧諸国を含む二五ヵ国の三〇〇近い地域が参加している。すでに述べた「欧州市町村地域評議会」と同じように、東欧にすでに連携の輪を広げており、この意味では、EUの東欧拡大の地ならし的役目も十分に担ってきた。

(c)欧州共同体につながる機関

一九九三年のEU誕生によって、その下部機関としてその翌年設立されたのが、「地域委員会」(Committee of the Regions)である。これには、一九八八年に設けられた「地方公共団体諮問評議会」(Consultative Council of Regional and Local Authorities)という前身組織があったが、EUの政策提言団体として重要度をもつ機関としては、地域委員会が最初と考えていいだろう。この委員会について詳しくは、宮島論文(八四—八五頁)にゆずることにするが、EUの下部機関としてしばしば莫大な予算措置を伴う施策の立案機関ともなっているので、その重要度はほかの民間レベルの連合団体とは比べ物にはならないとはいえ、地域委員会だけに注目するのでは一面的だろう。また次に述べる地域間連合の役割も大きい。

②地域間連合

代表的なものをいくつかあげることにしよう。

「地域からなるヨーロッパ」という考え方は、一九六〇年代後半から主張されるようになったと考えられるが、これが広まるきっかけとなったのが、一九六七年、ドイツのボッホルト(北ライン州)で開かれた「地域からなるヨーロッパ」会議だったといわれている。この会議の中心的役割を担ったのが、ドイツのフランス側国境諸地域の代表であり、一九七一年、欧州国境地域連合(Association of European Border Regions）を結成した。一九七九年以降、欧州評議会の公式オブザーバーであり、地域議会の元になる一九八五年の欧州地域評議会設立の主要メンバーだった。EC／EUのプロジェクト「インターレグI」（Interreg I）の共同体イニシアティブ（Community Initiative（一九八九―九四年））と「インターレグII」（Interreg II＝A「国境地域間協力援助」一九九四―九九年、C「国土整備国際協力援助」一九九五―九九年）のおもな担い手ともなり、地域委員会を支える実動部隊的な役割を果たした。二〇〇〇年現在で、一四〇の周辺地域の代表五八人によって構成されている。

　地域間協力がもっとも活発なのはアルプス地域だろう。一九九八年から二〇〇〇年にかけて、アルプス地域六カ国（スイス、オーストリア、ドイツ、イタリア、リヒテンシュタイン、スロヴェニア）の一九地域が参加する「レジオン・アルプ・プロジェクト」（REGIONALP、EUの欧州地域開発基金による、総額五百億ユーロにのぼる総合プロジェクト）が行われたが、こうした事業の基盤を築いたのが、「アルプス諸国事業共同体」（Working Community of the Alpine Countries）（一九七二年設立）であり、「アルプス・アドリア連盟」（Association Alpen-Adria）（一九七八年設立）だった。一九九〇年からは、ECのプロジェクトとして、LACE計画（「欧州国境地域交流援助協力計画」（Linkage, Assistance and Cooperation for European Border Regions））が実施された（こちらもさまざまな形で現在も継続中）。フランスを含むアルプス西部でも「アルプス西部地域事業共同体」（COTRAO: Communauté de travail des Alpes occidentales）（一九八二年設立、イタリア三地域、スイス三地域、フランス二地域が参加）、「ジュラ事業共同体」（CTJ: Communauté de travail du Jura）（一九八三年設立、スイス四地域とフランスのフランシュコンテ地方による）などの協力関係がある。

もう一つ注目すべきは大西洋沿岸地域圏である。この地域では、一九七三年、フランスのブルターニュ地域の呼びかけで、ECの関連団体として二三地域によって設立された「欧州周辺海洋地域会議」(Conference of Peripheral and Maritime Regions of Europe)があったが、これがもとになって一九八九年に設けられたのが「アトランティック・アーク」(Atlantic Arc)である。フランス七地域、英国八地域、スペイン八地域、ポルトガル五地域、アイルランド一地域の計二九地域が参加している。EUの地域開発基金、結束基金による「インターレグII」のこの地域でのプロジェクト(INTERREG IIC: Atlantic area programme)は、「アーク」加入地域とまったく重なるというわけではないが、これが実質的な担い手だった。

そのほかの特定地域では、地中海西部(スペイン四地域、アンドラ、フランス三地域によって一九八三年に設立された「ピレネー地方事業共同体」(CTP: Communauté de travail des Pyrénées)、フランスのラングドック・ルション地方とミディ・ピレネー地方、スペインのカタルーニャ自治共和国によって一九九一年に設立された「ユーロ地域」(Euro-Régions)など)や、フランスの北パドカレ地方とベルギーのエノー地方による「工業的伝統の欧州地域連合」(RETI: Association des Régions européennes de tradition industrielle)(一九八四年設立)などが注目される。

文化面に限定される協力関係の事例をあげれば、一九九二年に設立された各都市の文化問題担当者による連合組織である文化のための欧州都市地域連合(Association of European Cities and Regions for Culture)、「レ・ランコントル」、一九九一年に誕生した、欧州二六カ国九〇都市と一七の関連地域からなる「ユーロ都市」(Eurocities)、「通信サービスネットワーク地域間開発事務所」(Interregional Development Agencies Teleservice Network: IDAN)などがある。

EUのとくに教育・文化プロジェクトは、こうした地域間連合を側面から支援するものであり、とりわけ、芸術創造活動を支援する「カレイドスコープ」(Kaleidoscope)(一九九六年以降)、出版・翻訳支援事業である「アリアンヌ」(Ariane)(一九九七年以降)、文化遺産保護のための「ラファエル」(Raphael)(一九九七年以降)などをあげることができる。教育面での欧州協力計画である「ソクラテス」(SOCRATES)(一九九五年以降)の一部をなす「リングア」(LINGUA)(言語教育の推進)では、その対象にEUの一一の公用語ばかりでなく、エイレ(アイルランド)語やレッツェブルク(ルクセンブルク)語、さらにはアイスランド語やノルウェー語が加えられ、弱小「国語」の学習をすすめるうえで、一定の役割を果たした。(2)

③言語的マイノリティーの交流活動

一九八二年に設立されて以来、欧州レベルでの少数言語の連携交流機関として精力的に活動を続ける「少数言語欧州事務局」(EBLUL: The European Bureau for Lesser Used Languages)については、筆者はすでに多くのことを書いているので、ここでは繰り返さない。(3) 一九九二年に「欧州評議会」で可決され、加盟各国の署名に付された「地域言語少数言語欧州憲章」(European Charter for Regional or Minority Languages)の実質的な作成団体として注目された。この憲章は五カ国の批准により、一九九八年三月に発効したが、二〇〇一年六月現在で、署名国は一七カ国、このうち批准を終え、法的効力を獲得しているのは一三カ国である。批准に際して、各国とも「宣言」を出して、適用言語などについてコメントを行っている。社会言語学的にたいへん興味深いが、ここではとりあげない。

一九九九年五月、この「憲章」をフランスが署名し、しかし憲法院により批准の手続きを封鎖されてしまったが、このとき地域的言語は大いに話題になり、逆に全般的に好意的な世論を喚起することになった[4]。少数言語事務局アルザス・モゼール委員会がIFOPに依頼したフランス全国世論調査（二〇〇〇年四月六―七日に実施）では、フランス人の八二％が「地域言語少数言語欧州憲章」のフランスによる批准に賛成し、七九％はこのための憲法改正に賛成だった。社会階層的にみると、若者がもっとも好意的（九〇％が賛成）で、六五歳以上の老年層がどちらかというと消極的（六七％の賛成）だった。政治的にはエコロジストがもっとも積極的で、右翼より左翼が好意的であり、右翼でも欧州統合化により積極的なRPR支持者の方がUDF支持者より好意的だった。これは次にみるように、少数言語の「取り替えの逆転」でも同様の傾向がある。

二　地域的言語文化の振興

①ウェールズ

一九九七年九月一八日、レフェレンダムにより、ウェールズ議会（The National Assembly for Wales/Cynulliad Cenedlaethol Cymru）の設置が決まった。投票率五〇・一％、賛成票五〇・三％、

ウェールズ議会（ウェールズ、カージフ・ベイにある。数年後にはこの建物の裏手に新しい議事堂が建てられることになっている。筆者撮影）

票数にしてわずか七千票足らずの僅差だった。二〇年近く前の一九七九年のレフェレンダムでは、賛成票が二〇％そこそこだったから、ここまでこぎつけたことこそ奇跡的ともいえよう。

イギリスにおける地方分権化は、労働党の政策と直結している。前回は分権化のレフェレンダムに敗れ、野に下った。一九九七年五月の国政選挙で一八年ぶりに政権に返り咲き、その勢いが衰えないうちに行ったのがこのレフェレンダムだった。しかも賛成が確実視されたスコットランドでの投票を一週間先にもってきて、弾みをつける戦略が取られた。直前の八月末に国民的英雄、ダイアナ王妃が事故死し、英国ナショナリズムの高揚が投票に心理的にマイナスに響くのではないかとも懸念されたが、スコットランドの方は、投票率六〇・四％、賛成票七四・三％の圧倒的多数で、自治議会の設置が決まった。

スコットランドとウェールズを、こうした自治意識と言語文化の独自性との関連で比較してみると興味深い。スコットランドでは自治意識がウェールズに比べるとはるかに高いが、言語的な独自性はずっと低い。なぜそうなったか。いくつかの複合的な理由が考えられるが、まず歴史的事情が大きく異なる。スコットランドは一七世紀の同君連合を経て、最終的に英国に統合されるのは一七〇七年である（このとき大ブリテン王国が成立する）。言語文化的にみると、スコットランドは古くからケルト系言語（ゲール語）とアングロ・サクソン系言語（英語方言）とに地域的に二分され、しかもその政治的中心地はつねに英語側にあった。ゲール語は二〇世紀はじめにはすでに二―三％たらずの日常的使用人口を擁するにすぎず、こうした状況を回復することがスコットランドの民族意識となかなか結びつきにくかったのだ。法制度や教育機構は大ブリテン王国成立後も独自性を維持したので、これが言語文化に代わって民族意識を支えるバックグラウンドになったといってもいいだろう。今回成立したスコットランド議会でも、ゲール語使用の要求運動はあるが、正式なバイリンガルの運用を認めることにはなっていない。使われても象徴的使用にとどまるはずである。

これに対してウェールズは、すでに一六世紀前半にイングランド領に組み込まれ、王家の皇太子が「ウェールズ王子」の称号をとるなど、イングランドとの政治的一体性は強固なものがあった。しかしケルト系のカムリー（ウェールズ）語[5]は、もともとウェールズ全域を覆う言語であり、統合ののちも、とくに一八世紀のいわゆるメソジスト・リバイバルでカムリー語が使われたことにより活力を持続し、二〇世紀はじめの時点でも住民の約半数が日常的に用いる言語だった。これが一九八〇年の国勢調査では住民の二割以下にまで激減した。二〇世紀はウェールズの人々にとっては、英語化による

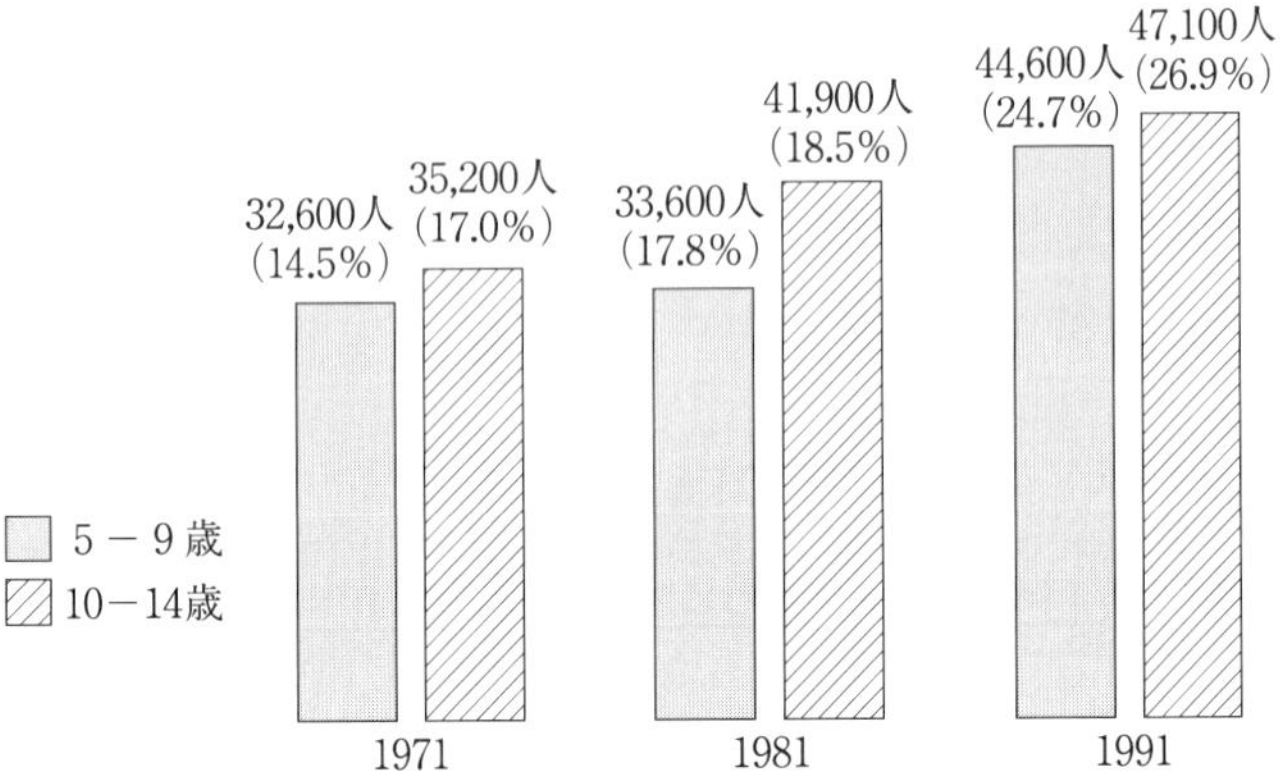

図1　カムリー語話者数とパーセンテージ（1971年―1991年）

（出典）*Y Ffeil-o-Iaith Gymraeg/The Welsh Language Fact File*, Caerdydd/Cardiff, Bwrdd yr Iaith Cymraeg/Welsh Language Board, 1999, p. 10.

英国国民への統合の時代だったのだ。ところが一九九〇年の国勢調査では横ばいになった。英語化の流れがこのあたりで変わった。これが本稿の最初に述べた「言語の取り替えの逆転」現象だが、これにはやはり長い前史があり、筆者はこれについて書いたことがあるのでここで再論はしない。[6]

図1をみるとわかるように、全体的には英語化傾向の続いていた一九七〇年代でも、学齢期の子どもたちでみるとふえはじめていた。パーセンテージでみるとわかりやすいが、劇的にふえはじめるのは一九八〇年代である。七〇年代では五－九歳で三・三%、一〇－一四歳で一・五%の増加にすぎなかったのが、八〇年代では前者で六・九%、後者で八・四%と急増した。現在では小学生の三人にひとりが、カムリー語を媒介言語とする学校ないしバイリンガル学校に通っているので、二〇〇一年の国勢調査でこの割合がさらに増えるのは確実である。[7] 法律的には一九六七年の「カムリー

語法」で、司法行政上の使用が認められ、一九八八年の教育法の改正により、カムリー語を媒介言語とする教育が制度的に確立した。もっとも重要なのは一九九三年の新しい「カムリー語法」(Deddf yr Iaith Gymraeg)である。一九六七年のものはわずか五条からなる原則的なものにすぎなかったが、新しい法律は三七条からなり、カムリー語を英語と同等の地位に回復させるため、その方策の実施機関を設置し、公的団体にはカムリー語使用の回復への道筋をしめす報告書の提出を義務づけるなど、具体的に規定を行うものだった。この規定により「カムリー語事務局」(Bwrdd yr Iaith Gymraeg)が誕生し、社会のあらゆる場面でのカムリー語の失地回復がはじまった。

とはいえ八〇年代に学齢期児童生徒のカムリー語話者が増加したのは、こうした法律に基づいた機構整備ばかりがその理由ではなく、戦前以来の言語教育運動が大きく関与している。一九七一年に設立された「ミディアド・アスゴリオン・メイスリン」(Mudiad Ysgolion Meithrin、「幼児教育運動」)などのカムリー語自主教育運動は、八〇年代にやはり急激に拡大した。二〇〇〇年現在で約一〇〇〇団体、一万五千人の幼児を擁する。

設置の決まったウェールズ議会は、一九九九年五月六日の議員選挙を経て、同年五月一二日、第一回議会の開会が宣せられた。議会でのカムリー語と英語の完全平等の取り扱いもあらかじめ決まっている。(8) 全六〇議席の党派の内訳は、労働党二八議席、民族主義的地域政党「プライド・カムリー」(Plaid Cymru「ウェールズ党」)一七議席、保守党九議席、自由民主党六議席だった。民族主義政党の選出地域は、いわゆる「カムリー語圏(ア・ヴロ・ガムラェグ)」(Y Fro Gymraeg)(モーン/アングルシー島、グィネズ、ケレディギオン/カーディガン、カエルヴィルジン/カマーゼンなど北

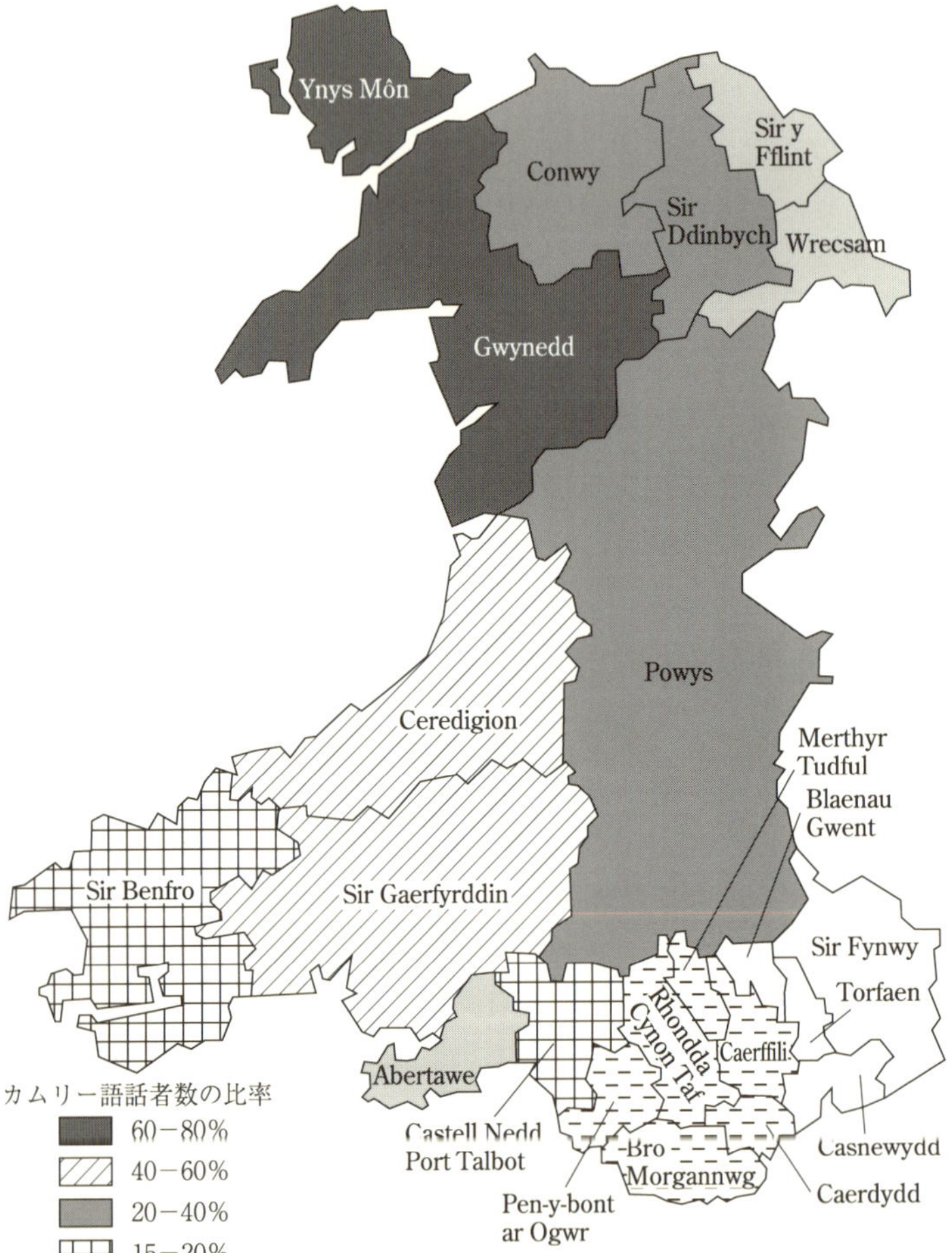

図 2ⓐ　ウェールズの州別名とカムリー語話者数のパーセンテージ（1991年センサスによる）（出典）*Y Feil-o-Iaith Cymraeg, op. cit.*, p. 12.

州　名	カムリー語／英語	人数
Abertawe	アベルタウェ／スウォンジー	28,557
Blaenau Gwent	ブラエナイ・グウェント	1,523
Bro Morgannwg	ブロ・モルガヌグ／ヴェイル・オヴ・グラモーガン	7,755
Caerdydd	カエルディズ／カージフ	18,080
Caerffili	カエルフィリ	9,714
Sir Gaerfyrddin	シール・ガエルヴィルジン／カマーゼンシャー	89,213
Casnewydd	カスネウィズ／ニューポート	2,874
Castell Nedd Port Talbot	カステルネズ・ポルトタルボット／ニース・ポートタルボット	23,711
Ceredigion	ケレディギオン	36,026
Conwy	コヌウィ	31,443
Sir Ddinbych	シール・ジンビヒ／デンビーシャー	23,294
Sir y Fflint	シール•ア•フリント／フリントシャー	18,399
Gwynedd	グウィネズ	78,733
Merthyr Tudful	メルシール・ティドヴィル	4,237
Sir Fynwy	シール・ヴァヌイ／モンマスシャー	1,631
Pen-y-Bont ar Ogwr	ペナボント・アル・オグール／ブリッジェンド	10,159
Sir Benfro	シール•ベンブロ／ペンブロウクシャー	19,759
Powys	ポウィス	23,590
Rhondda Cynon Taf	ロンザ・カノン・タヴ	20,042
Torfaen	トルヴァエン	2,128
Wrecsam	レクサム	15,990
Ynys Môn	アニス・モーン／アイル・オヴ・アングルシー	41,240
計		508,098

図 2ⓑ　ウェールズの州名とカムリー語話者数（同右）

西部の諸州）であり、カムリー語とナショナリズムが結びつく傾向があるが、しかしそれが自治意識とイコールにはならないことも注意しておく必要がある。図2はカムリー語話者の州別割合であり、四〇％以上の地域に注目していただきたい。図3は自治議会設置のレフェレンダムで、賛成が過半数の州を図示してある。中北部はカムリー語の話者四〇％以上の地域と見事に一致しているが、問題は南部であり、ここではアベルタエ／スウォンジー州などカムリー語人口が一〇％程度にもかかわらず、自治議会に過半数が賛成している。ここはいわゆる「ウェルシ

ウェールズでなくブリテン	その他	回答数
0	0	113
8	2	83
15	5	491

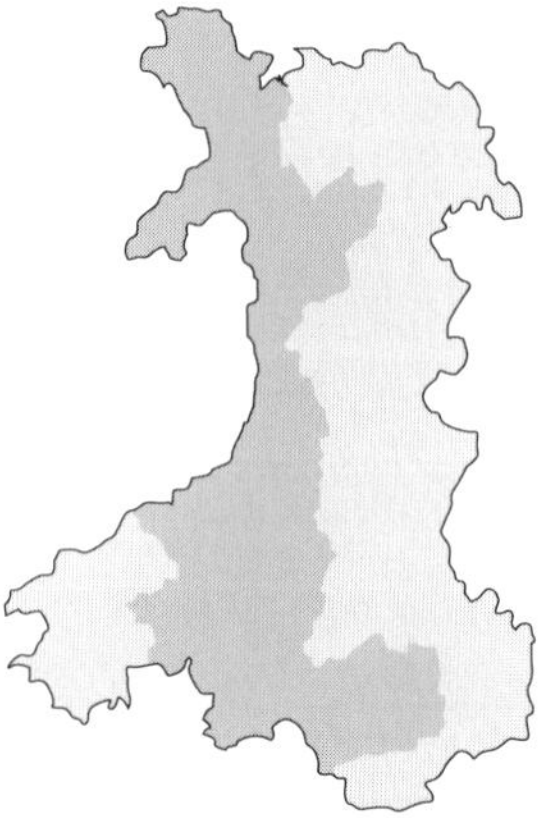

図3　ウェールズ議会設置のためのレフェレンダムで、過半数が賛成票を投じた地域（アミの濃い地域が賛成票過半数の州）

（出典）Taylor, Bridget; Thomson, Katarina (eds.), *Scotland and Wales: Nations Again*, Cardiff, Univ. of Wales Press, 1999, p. xxix.

ュ・ウェールズ」（Welsh Wales）すなわち英語は話すがアイデンティティはウェールズにあるという地域なのだ。英語が支配的でウェールズ人アイデンティティの弱い地域は「ブリティッシュ・ウェールズ」（British Wales）といい、ここはもちろん自治議会には過半数が反対票を投じた。

言語とアイデンティティの関係を調べた興味深いデータが表1だが、カムリー語常用話者では「ウェールズではなくてブリテンにアイデンティティをもつ」という人がいないのに対し、英語話者では「ブリテンでなくてウェールズ」という人がその反対の意識をもつ人と同じくらいの割合で存在し（一五%に対し一三%）、「どちらかというとウェールズ」という人でみると、「どちらかというとブリテン」より英語話者はかなり多い（一二%に対し二一%）。これもカムリー語常用話者の場合と著しい対比を見せている（こちらは「どちらかというとウェールズ」の方が四一%に対し、その反対が二%）。

つまり、カムリー語の話し手はウェールズに対して強いアイデンティティ

表1　カムリー語会話能力と民族的アイデンティティ

会話能力＼民族的アイデンティティ	ブリテンでなくウェールズ	どちらかというとウェールズ	ウェールズとブリテンほぼ同じ	どちらかというとブリテン
カムリー語が自由に話せる	32（%）	41	26	2
カムリー語がどうにか話せる	17（%）	28	35	10
カムリー語が話せない	13（%）	21	34	12

（出典）Taylor; Thomson, *op. cit.*, p. 78.

をもっており、自治意識にもつながっているが、カムリー語が話せなくてもウェールズに対してアイデンティティをもつ場合があり、この典型が「ウェルシュ・ウェールズ」地域ということになるわけだ。

いずれにしても、ウェールズ議会の誕生により、カムリー語の「逆転」への道はさらに進むだろう。カムリー語事務局の活動はたいへん活発だし、ナット・ウェスト銀行（NatWest）やスーパーのテスコ（Tesco）など民間での取り組みも積極的だ。[9] 最初にあげたフィッシュマンの書物では、「逆転」の三つの「サクセス・ストーリー」として、ヘブライ語（イスラエル）、ケベックのフランス語、それからカタルーニャ語があげられたが、これにカムリー語が続くのはもはや確実だ。

②ブルターニュ地域

ブルターニュのブレイス（ブルトン）語の場合は、カムリー語ほどその将来が明るいとはいえない。一九九五年にEU委員会の出したEU内少数言語の状況に関する報告書では、Aランクにはもっとも強力なカタルーニャ語にレッツェブルク（ルクセンブルク）語、それにつぐBランクにはカムリー語やエウシカディ（バスク）語、ガリシア語、その次のCランクにはフリウリ語（イタリア）、フリジア語（オランダ）、エイレ（アイルランド）語、そのあとのDランクに、フランスのオクシタン語やコルソウ（コルシカ）語などとならんでブレイス語が位置づけられている。その下はケルノウ（コーンウォール）語など、まさに「死滅の危機にある言語」しかない[10]。

ブルターニュ地域評議会（Conseil régional de Bretagne）という一九八二年に自治団体として法制化された機関があるが、権限も限られ（教育や国土整備の一部など）、予算規模でみてもウェールズの二五分の一以下にすぎない。二〇〇〇年の予算で比べると、ウェールズ議会は約八〇億ポンド（一兆四〇〇〇億円弱）なのに対し、ブルターニュ評議会は三四億フラン（五五〇億円）である。とはいえブレイス語の振興については大きな役割を果たしつつあり、とくに一九九九年五月の「ブレイス語事務局」（Ofis ar Brezhoneg）の設立が重要である。これはウェールズのカムリー語事務局に相当する。こちらが三〇人近いスタッフを抱えるのに対し、ブレイス語の方はまだ一〇人にも満たず、その規模は数段小さいが、計画的な「逆転」へのスタートを切ったといえる。事務局は次のように五部門からなっている。

第一部門：ブレイス語監察部門。言語計画では「地位」に関わる。ブレイス語の状況に関するデータを集める。

第二部門：言語の文化財部門。言語計画の用語では、コーパスにかかわる。地名の綴りを統一するための調査を行う。

第三部門：翻訳サービス部門。現在三人の専門翻訳官を抱える。

第四部門：「テルム・ブレット」（TermBret）、専門用語開発センター。これはコーパスにかかわ

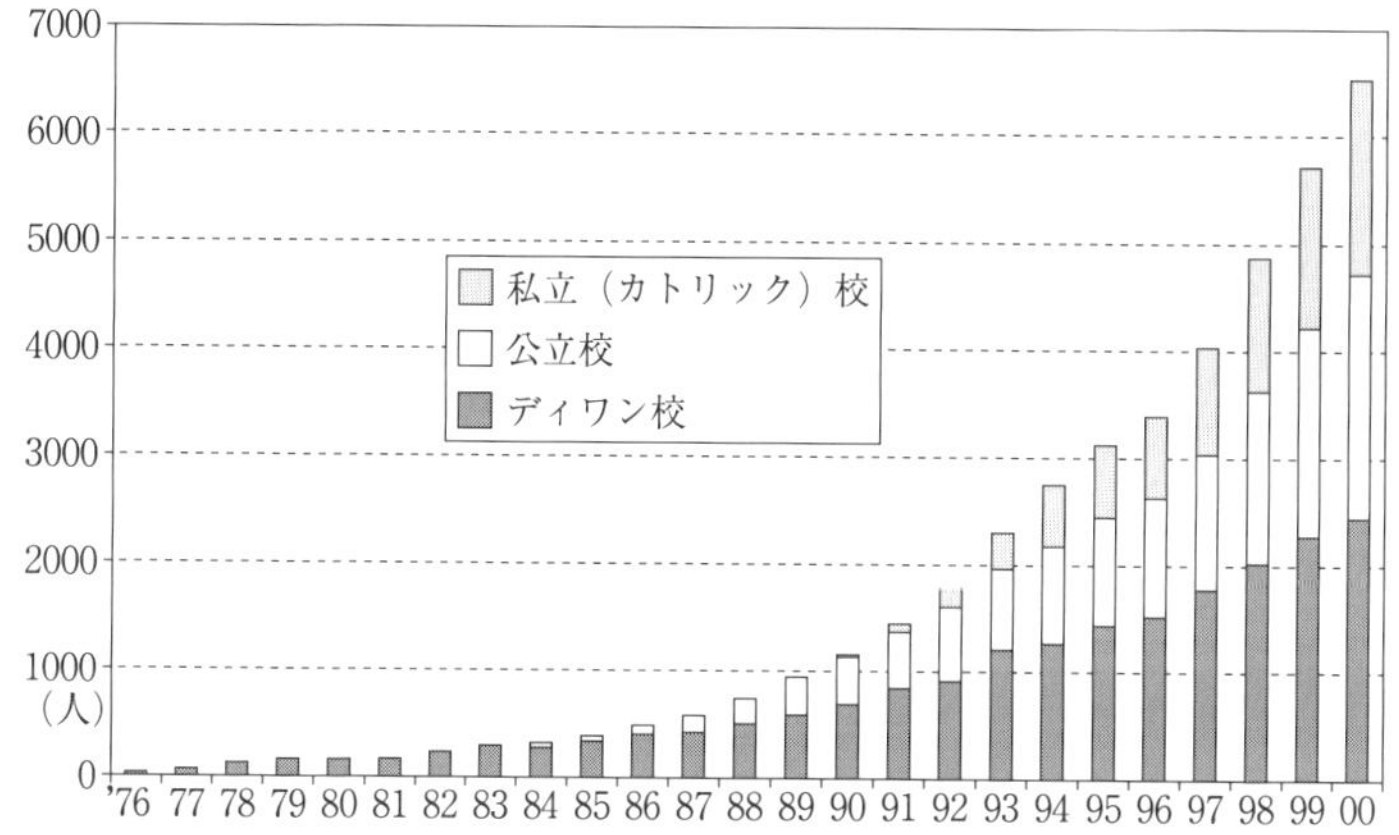

図4　ブルターニュでブレイス語とフランス語のバイリンガル学校に通う児童生徒数　（出典）Keleier Ofis ar Brezhoneg, n. 38, Du 2000, p. 117.

る。現在設立準備中。

第五部門：事業展開部。これは「地位」にかかわるが、成人の言語研修、ブレイス語を必要用件とする求人紹介などを行う[11]。

ウェールズの場合にもいえることだが、事務局の予算はすべて公的なものとはいえ、そのステイタスは独立法人のようなもので、スタッフは公務員ではない。この点はマイノリティーに対する公的政策の限界といえるかもしれない。

ブレイス語の教育は、西欧のどの少数言語の場合とも同じように、民間の自主教育運動としてはじまった（「ディワン」(Diwan) 一九七七年設立）。ブレイス語・フランス語のバイリンガル教育を受ける児童生徒は、一九八二年にはじまった公立と私立（カトリック）学校でのバイリンガル学級を合わせると、二〇〇〇年度で六五四〇人にのぼる（全八〇万人中）。またブレイス語を教科として学ぶ生徒児童は一九九九年で約一万六〇〇〇人である。図4をみるとわかるように、九〇年代の伸びが著しいが、その規模をみても全児童生徒の三割を超えようとするウェールズと比べると、もともと住民の半数がブレイス語圏だったということを差し引いても、数段階低い位置にあるといわざるをえない。公共生活についてみると、現在、ブレイス語事務局の率先方針も手伝って、地方自治体の多くが案内表示のバイリンガル化計画に着手している。「ラジオ・フランス・ブルターニュ・ウェスト」というブレイス語圏をカバーするラジオ局は、一九八二年の開局以来、ブレイス語番組に取り組んできたが、全製作番組の一〇％を超える程度にしかなっていない。開局の年、ウェールズではカムリー語をおもに用いるテレビ局（S４C）が誕生しており、この面ではブルターニュはウェールズに二〇年近くの遅れをとった。ブルターニュのテレビでは、公営放送であるフランス第三チャンネル（France 3）で、週に一時間程度の番組がこれも八〇年代から作られてきたが、一九九九年九月、新しい民間テレビ局、「TVブレイス」が放送を開始した。フランス最大の民間テレビ局であるTFIの社長がブルターニュ出身者で、彼が中心となって設立にこぎつけた衛星ケーブルテレビ局である。プログラムをみると、毎日四時間程度、子ども向けを中心としたブレイス語の放映を行っている（フランス語とのバイリンガルで選択可能）。衛星放送なのでターゲットはブルターニュに限られるわけではなく、ヨーロッパ全体にわたっており、「ケルト」と「海」をその売りにかかげて、一千万の視聴者を見込んでいるという。

③ケルト圏連合の可能性

TVブレイスの試みは、ブルターニュという一地域の独自性を、領域内に限定せずに主張していこうというものであり、国境がその意味を失いつつある現代ならではの試みともいえる。

ところで言語的基盤、その歴史的背景から共通の土壌をもつともいえるケルト文化圏の、国境をこえた連合の可能性はあるのだろうか。

フランスのある地理政治学者は、「ケルト文化圏」（La Celtie）が政治的概念としても浮上する可能性があることを主張する。[12] しかし現在までのところ、交流が盛んなのは夏のあいだのお祭りを中心とした音楽文化に限られる。たとえばこれが、毎年八月上旬にブルターニュのロリアンで開催される、この種のイヴェントとしては欧州最大規模（四〇万人の観客動員）の「インターケルティック・フェスティバル」だが、これにはスペインのガリシアとアストゥリアスが参加しており、「ケルト」は祭の大義名分の色合いが濃い。スペインの地方の「ケルト」性を主張するには、紀元前にさかのぼらざるをえないのであり（ケルト・イベリア文化）、そうなるとフランス全域、またアルプス以北の欧州全域もその対象になりえてしまう。フランスのなかでのブルターニュの独自性を維持するにはそこまでは主張しない。この枠組みはむしろ、経済的な連合をめざす「アトランティック・アーク」に近い。じっさいにこの経済連合は文化的な協力関係にも力を入れはじめており、「インターケルティック・フェスティバル」にも援助をしている。

ケルトの大義名分はナショナリズムの色彩を帯びるようなものではないが、これまでの国民国家の枠組みにとらわれることなく交流活動を進めようとする「旗印」になっていることはたしかである。といってもこれがブルターニュにとってもウェールズにとっても、もっとも重要な国際交流とはいえない。言語的にはウェールズにもっとも近いとはいえ、地域的連携でいえば「ブレイス語事務局」のもっとも緊密な地域的交流団体は、フランスのほかの地域の諸団体であり、それに次ぐのがヨーロッパレベルの交流団体（少数言語欧州事務局）である。[13] 皮肉にもそれは国民国家フランスという枠組みと、ヨーロッパというもうひとつの大きな枠組みの重要さを証してもいるが、もちろんそれはある意味で政治的に強いられた（対「パリ」、対「ブリュッセル」の共同戦線）選択だということも、おさえておくべきだろう。

ウェールズの場合には、英国の一員としてEUから距離を置いているぶん、交流の選択肢が多いといえる。欧州内部で考えても、「アトランティック・アーク」だけが唯一の交流枠組みというわけではなく、四つの「牽引地域」（Motor Region）と呼ばれるバーデン・ヴェルテンベルク（ドイツ）、カタルーニャ、ロンバルディア（イタリア）、ローヌ・アルプ（フランス）の四地域との関係も深い。またウェールズへの進出企業でみると、外国企業全三八〇社のうち、欧州からは半数たらずの一七〇社にすぎず、北米から一四〇社、さらには日本から五〇社と、欧州以外からの方がむしろ多い。[14] したがって、カムリー語の回復が軌道に乗り、イングランドとははっきり違ったアイデンティティをますます強めつつあるといっても、それがケルト的連帯に直結するわけではなく、むしろ世界全体を相手に自由にいろいろとできるようになっている、といった方が正確だろう。

おわりに

一九九九年一月、欧州評議会閣僚委員会は、二〇〇一年を「欧州諸言語年」（the European Year

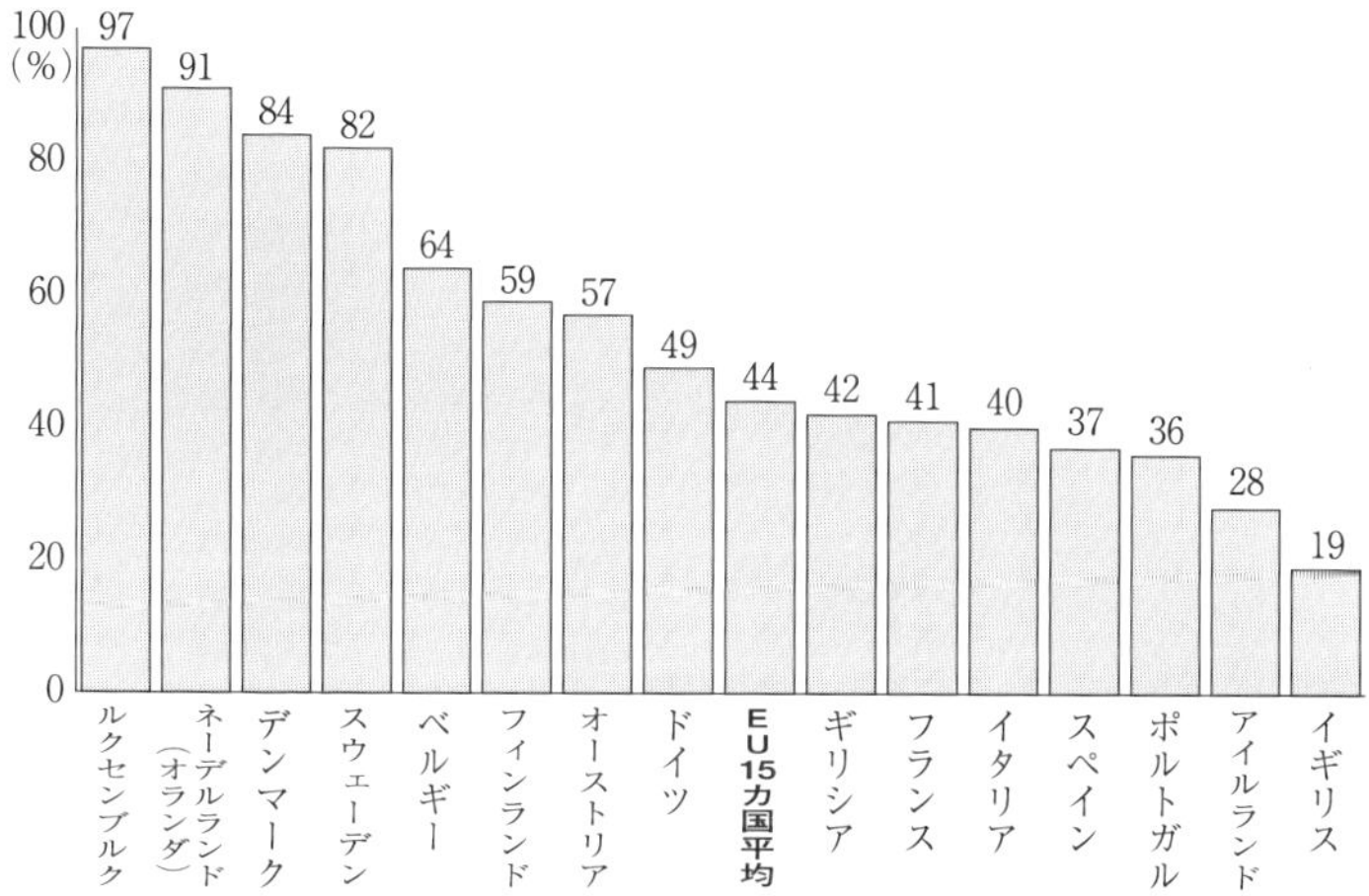

図5ⓐ　母語以外の言語で会話可能な人々のパーセンテージ

（出典）*Standard Eurobarometer*, 52 (April 2000), p. 91（1999年10―11月の調査）

of Languages）とすることを決定した。同年一〇月、欧州委員会は、地域委員会の意見書に基づいて、欧州評議会と同様の決議をし、これが、翌二〇〇〇年七月の欧州議会とEU閣僚理事会の最終決定につながった。欧州評議会とEUは一致して、二〇〇一年のイヴェントに取り組むことになったのである。多言語性がヨーロッパ文化の基本であることを啓発し、欧州市民の多言語能力を高める政策、とくに言語教育を充実させるプログラムがいろいろと組まれることになった。これにはユネスコや言語にかかわるNGO組織、欧州議会、欧州地方および地域団体会議、さらにはアルメニア、アゼルバイジャン、ベラルーシなども加盟する「欧州文化協約」加盟国（European Cultural Convention）（一九五四年締結、現在四七カ国加盟）がかかわることになっている。「欧州諸言語年」は、言語文化の欧州規模での新たな広がりをまさに実証しているといっていいだろう。[15]

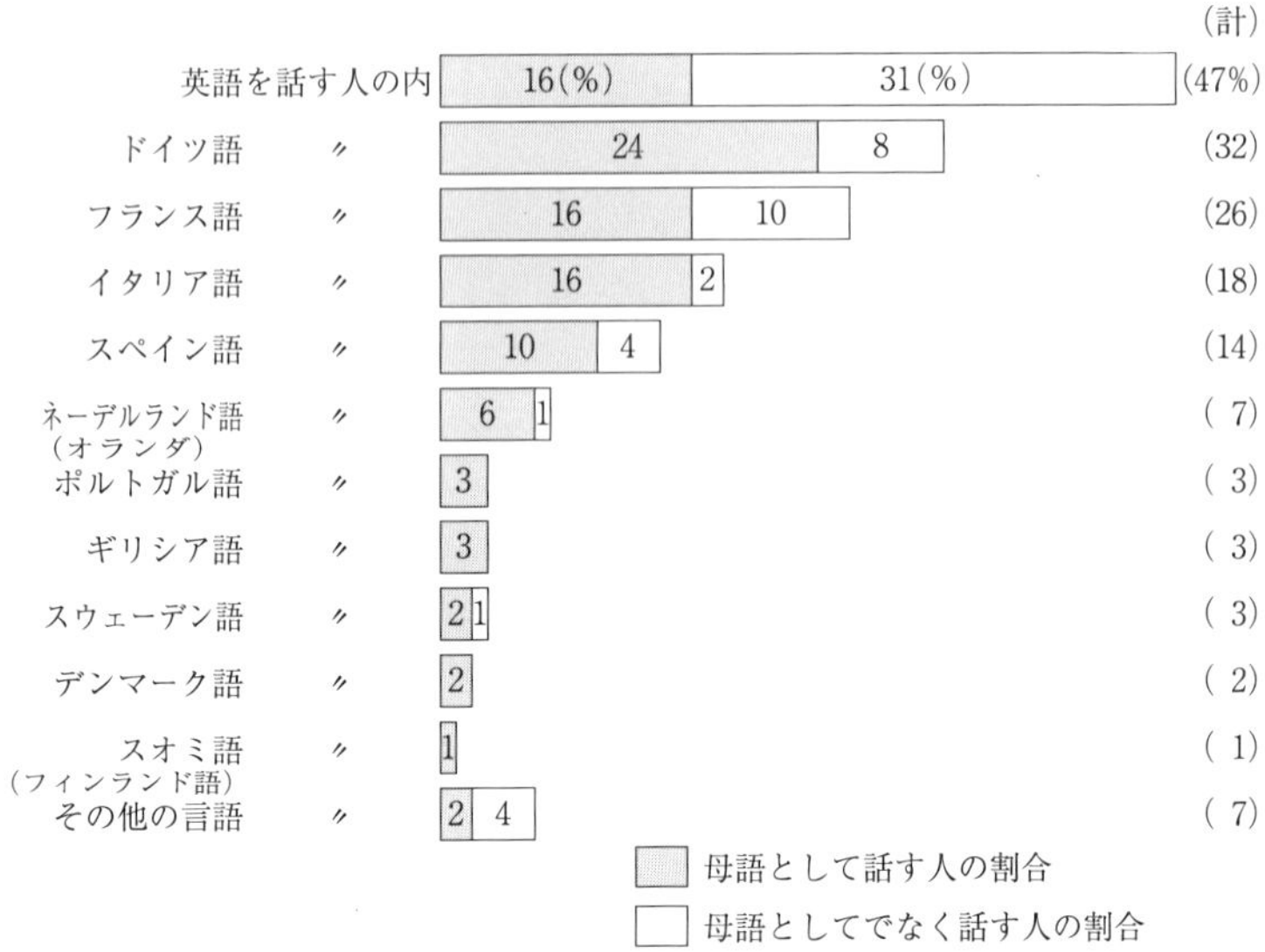

図5ⓑ　ＥＵ総人口に占める各言語人口のパーセンテージ

（出典）*Standard Eurobarometer*, 52 (April 2000), p. 93.（1999年10—11月の調査）

図5は、世論調査機関「ユーロバロメーター」による、言語問題に関する調査の一部である。[16] ⓐは「母語以外の言語で会話が可能な人々のパーセンテージ」を国別に表示している。ルクセンブルクの九七%を筆頭に、ネーデルランド（オランダ）、デンマーク、スウェーデンなどは八〇%を越えている。EU全体の平均でも四四%である。ⓑはEU総人口に占める「言語人口のパーセンテージ」を言語別に示したものである。英語を話す人の割合はEU人口の四七%で一位だったが、その内英語を母語として話す人は一六%である。ドイツ語を話す人は三二%、三人に一人はドイツ語を話す。そして母語としてドイツ語を話す人の割合は二四%と一番多い。フランス語も二六%、四人に一人は話せる。イタリア語、スペイン語でも五—六人に一人は話せる勘定だ。

英語の話せる人が圧倒的というわけではなく、ヨーロッパの多言語性は十分に生きているといえる。「欧州諸言語年」のプロジェクトは、この方向性をさらに伸ばしていこうとする試みであり、それはまさにヨーロッパの文化的複数性こそ豊かさなのだというその意志を象徴している。

(注)

(1) Fishman, Joshua, *Reversing Language Shift*, Clevedon, Multilingual Matters, 1991.

(2) 以上、欧州市町村地域評議会、http://www.ccre.org/、欧州評議会、http://www.coe.int/、欧州地域議会、http://www.cor.eu.int/、欧州地方および地域団体会議、http://www.coe.fr/cplre/、欧州周辺地域連合、http://www.aebr-ageg.de/、欧州地域議会 http://www.are-regions-europe.org/、アトランティック・アーク（欧州周辺海洋地域会議）、http://www.crpm.org/、アルプス地域、http://www.alp-info.net/、アルプス西部地域事業共同体、http://www.unil.ch/cotrao/、アルプス・アドリア連合、http://www.alpeadria.org/、レ・ランコントル、http://www.les-rencontres.org/、ユーロ都市、http://www.eurocities.org/、など各団体のHPを参照することができるが、活字出版物に比べると、安易に作られている場合があり、活字文献との照合が不可欠だろう。欧州の地域問題に関して、簡単には、Féral, Pierre-Alexis, *Le Comité des régions de l'Union européenne*, Paris, PUF, 1998; du Granrut, Claude, *Europe, le temps des Régions*, Paris, L.G.D.J., 2e éd., 1996; Haegi, Claude (ed.), *L'Europe des régions*, Genève, Georg Editeur, 1995; Huguenin, Jacques; Martinat, Patrick, *Les Régions, entre l'Etat et l'Europe*, Paris, Le Monde Editions, 1998. EUのプロジェクトについては、パリにある「欧州情報センター」Sources d'Europe（Centre d'Information sur l'Europe, Le Socle de la Grande

Arche, Paris-La Défense）で提供されるパンフレット・チラシ類を利用した。
（3）拙稿「フランスの地域言語」三浦信孝（編）『多言語主義とは何か』藤原書店、一九九七年所収。同「ヨーロッパの少数言語と言語権」言語権研究会（編）『ことばへの権利』三元社、一九九九年所収。同「小さき言語群の大いなる自己主張」『月刊百科』一九九六年七月号所収。同「少数言語の権利としての街頭地名表示」『ことばと社会』一号（一九九九年）所収など参照。
（4）サレム・シャケール「欧州地域語少数言語憲章は憲法違反か」三浦信孝・糟谷啓介（編）『言語帝国主義とは何か』藤原書店、二〇〇〇年所収。
（5）私はこれまで日本での慣用にしたがって、イギリスのウェールズ地方の言語をウェールズ語と、フランスのブルターニュ地方のケルト系の言語をブルトン語と表記してきたが、これは英語やフランス語での呼び方をもとにしている。ここ数年来、言語の自称表記が話題になり、私もこの方針をなるべく取り入れるようにしている。ウェールズの自言語による自称はカムリーであり、ブルターニュの自称はブレイスである。地域名を言い換えるにはバイリンガル地域ゆえに問題があるが、言語名については自称表現、ここではカムリー語・ブレイス語を取り入れたい。こうしたマイノリティーの言語では大言語による呼称が何の疑いもなく当然の言語名と思われている場合が多いのだが、すでにそこにはマイノリティーの側からの情報が伝わらないという厳しい現実が存在することを、こうした問題の専門家として指摘しておきたい。
（6）拙稿「少数言語の権利としての街頭地名表示」『ことばと社会』一号（一九九九年）所収。
（7）*Y Ffeil-o-Iaith Gymraeg/The Welsh Language Fact File*, Caerdydd/Cardiff, Bwrdd yr Iaith Gymraeg/Welsh Language Board, 2000, p. 10.
（8）*Government of Wales Act 1998*, Chapter 38, Section 47: equal treatment of English and Welsh

languages, London, The Stationery Office, 1998.

（9）詳細は「カムリー語事務局」のHP：http://www.bwrdd-yr-iaith.org.uk/を参照。ここから企業によるレポートについても参照できる。

（10）*Euromosaic, Production et reproduction des groupes linguistiques minoritaires au sein de l'Union européenne*, Luxembourg, Office des publications officielles des Communautés européennes, 1995.

（11）二〇〇〇年一〇月、「危機に瀕した言語」のプロジェクトで、ブレイス語事務局代表が来日し、シンポジウム（青山学院大、一〇月六日）に参加したほか、日仏会館などで講演を行った。拙稿「ブレイス語、文化運動で広がり」『読売新聞』二〇〇〇年一一月一四日夕刊。

（12）Roudaut, Dominique, "La Celtie: 'C'hwec'h bro, un ene, Six pays, une seule âme', Des velléités émancipatrices des pays celtiques à l'émergence de la Celtie', *Hérodote*, n. 95（1999）, pp. 77-113.

（13）ブレイス語事務局代表の来日講演（日仏会館、二〇〇〇年一〇月五日）での発言。

（14）Gray, Sir John; Osmond, John, *Wales in Europe, The Opportunity Presented by a Welsh Assembly*, Cardiff, Welsh Centre for International Affairs（1997）, p. 7.

（15）欧州評議会のHP：http://culture.coe.int/をおもに参照。

（16）*Standard Eurobarometer*, 52（April 2000）, pp. 91, 93.

III 中・東欧における進路の模索

ワルシャワ市街

ヨーロッパ統合とポーランド

小森田 秋夫

一　政治エリートのコンセンサスと社会の不安

二〇〇〇年一〇月に行われたポーランドの大統領選挙において、一回目の投票で再選を決めたクファシニェフスキは、その就任演説で、二期目の最大の課題は欧州連合（EU）への加盟の実現であると述べた。五年間の任期の後半にはその目標が達成される可能性が、確かに浮かび上がってきている。だが、それがすでに約束されているというわけではない。体制転換のターニングポイントとなった一九八九年以降の、ヨーロッパ統合へのポーランドの歩みについて、まず手短かに整理しておこう。

第一段階は、「東」から「西」への国際関係の重点の転換である。八九年、ポーランドはワルシャワ条約機構および経済相互援助会議《コメコン》の加盟国として、ソ連を盟主とする「社会主義共同体」に属しているという前提のもとで、政治的民主化へと舵を切った。その結果として成立した「連帯」主導政府のもとで、同年九月にはいちはやく欧州経済共同体（EEC）とのあいだで貿易＝経済協力協定に調印した。さらに、九〇年二月には欧州評議会（Council of Europe）への加盟申請を行い、同年一二月には、欧州共同体（EC）とのあいだで連合協定（いわゆる欧州協定）締結へ向けた交渉が開始された。一方、ポーランドが口火を切った東欧の大変動の結果、九一年六月にはコメコンが、七月にはワルシャワ条約機構が、あい次いで解散するに至った。

第二段階は、ヨーロッパの組織的枠組みへの公式の参加である。九一年一〇月に実現された議会の完全自由選挙を受けて、翌一一月に欧州人権条約と欧州社会憲章に調印し、欧州評議会への加盟がまず実現した。さらに一二月には、欧州協定が締結され、九二年七月にこれが批准された。九三年一二月には、欧州越境協力条約と欧州地方自治憲章にも調印した。この間、ECはマーストリヒト条約（九二年二月）にもとづいてEUに進化し、九三年六月の欧州理事会で、新規加盟のための条件を定式化している。この「コペンハーゲン基準」によれば、候補国がEU加盟を実現するためには、①民主主義、法の支配、人権および少数者の尊重と保護を保証する諸制度の安定性を達成すること（政治的基準）、②機能する市場経済が存在し、EU内部における競争圧力と市場の力に対処する能力があること（経済的基準）、③政治・経済・通貨同盟の目標を忠実に支持することを含め、加盟国としての責任を引き受ける能力があること、が求められることになった。

第三は、EUへの加盟を正式に申請した段階である。ポーランドは、「連帯」系政府に代わって九三年一一月に成立した民主左翼同盟（SLD）とポーランド農民党（PSL）の「中道左派」連立政府のもとで、九四年四月にいよいよEUへの加盟申請を行った。この間、九四年三月のハンガリーを皮切りに九六年六月のスロヴェニアまで、いわゆる中東欧の一〇カ国があい次いで加盟を申請している。EU側では、アムステルダム条約調印（九六年六月）を経て、九七年七月に欧州委員会が「アジェンダ二〇〇〇──より強力でより広いEUのために」と題する文書と、中東欧一〇カ国のそれぞれについてコペンハーゲン基準の充足状況について詳細に評価した「意見」とを発表した。ポーランドについては、①法の支配、人権および少数者の尊重と保護を保証する安定した諸制度をもった民主主義としての特性を備えている、②機能する市場経済であると見なすことができ、中期的にはEU内部における競争圧力と市場の力に対処することができるであろう、③とりわけ単一市場についてのacquis（EU法規やEU運営上の確立した実務の総体）をポーランド法に移し変える努力を継続し、それらを履行する作業を強化するならば、中期的には単一市場に完全に参加することができるようになるであろう、ただし、農業・環境・運輸のようなセクターにおけるacquisを満たすためには特別な努力と投資が必要とされ、acquisを効果的に適用し実施するための構造をもつためには、いっそうの行政改革が不可欠である、と総括している。このような評価にもとづいて欧州委員会は、ポーランドとの加盟交渉を開始することを勧告した。これを受けて同年一二月の欧州理事会（ルクセンブルグ）は、チェコ・ハンガリー・エストニア・スロヴェニアの中東欧四カ国およびキプロスとともに、ポーランドとのあいだで加盟交渉に入ること、ルーマニア・スロヴァキア・ラトヴィア・リトアニア・ブルガリアとは加盟条件整備に向けた予備交渉を行うことを決定した。

第四は、現在も続く加盟交渉の段階である。加盟交渉は、九七年一一月に成立した連帯選挙行動（AWS）[1]と自由同盟（UW）の「中道右派」連立政府のもとで、九八年三月に開始された。交渉は、二九の項目について順次進められ、協議の整った項目については暫定的に交渉を終了する、という形がとられている。協議といっても、基本的には候補国がacquisを受け入れることが前提であり、個々の問題について適用を猶予される移行期間の設定やEU側からの財政援助などをめぐって交渉の余地が残されているにすぎない。ポーランド側は「EU加盟準備国民プログラム」（九八年六月に政府承認、九九年五月に改訂）を策定して臨み、EU側では、欧州委員会が加盟へ向けての進捗状況を点検・評価した各国別報告書を毎年公表している（九八年一一月、九九年一〇月、二〇〇〇年一一月）。二〇〇〇年六月には、連立政府からUWが離脱した結果、統合への外交上の推進力となってきた外相のゲレメクやポーランド経済改革の国際的シンボルである副首相兼財務相のバルツェロヴィチが閣外に去ったが、ゲレメクは、ポーランド法をEUの規範に適合させるための立法作業を加速する目的で国会に新たに設けられたヨーロッパ法委員会の議長に選出され、バルツェロヴィチは国立銀行総裁のポストを得た。先に述べたように、一〇月の大統領選挙では、かつての統一労働者党（共産党）の若手幹部で、その流れを汲むSLDのリーダーであったクファシニェフスキが、EU加盟を推進することを最大の目標に、国内の融和を重視する大統領として五四％の得票を得たのにたいして、EU加盟反対を明確に掲げた候補者たち（農民運動のリーダー、カトリック系の政治家、元参謀総長）の得票は、合わせて四％程度にとどまった。(2)

こうしてポーランドは、振り子のような「左」「右」への政権交替にもかかわらず、EU加盟への道を着実に歩んできたように見える。東方への拡大に向けて機構改革に取り組んだ二〇〇〇年一二月の欧州理事会（ニース）では、二〇〇二年末から準備の整った候補国を受け入れる態勢がとられるであろうと宣言され、加盟国が二七になることを前提とした拡大EUにおける加重多数決の持ち票の配分が決定された。そのさいポーランドは、首相を先頭としたロビー活動の末、議長国フランスの原案を覆し、ドイツ・フランス・イギリス・イタリアの二九票に次いで、スペインと同じ二七票を獲得するという「成功」をすら収めた。

しかし、注目すべきことは、「二〇〇三年一月」という目標を設定し一刻も早い加盟を追求する政府ないし政治エリートの大勢と世論とのあいだには、無視しがたいずれがあることである。九七年まで、七割台がEU加盟を支持していた世論は、加盟交渉が始まって問題が現実化すると、慎重な態度を見せるようになってきた。とくに、九九年以来、賛成は五割台に下がっている（反対は約四分の一）。しかも、加盟するとしても、まず経済を改善・近代化し、しかるのちに加盟をめざすべきとする者のほうが、逆に加盟すれば経済の改善・近代化が加速されるから、できるだけ早く加盟することをめざすべきだとする者よりもかなり多い（二〇〇〇年一〇月にそれぞれ五八％と二七％）。また、ポーランドとEUとのこれまでの関係がポーランドにより大きな利益をもたらしていると考える者（六％）よりもEU諸国により大きな利益をもたらしていると考える者（五〇％）のほうがはるかに多い（二六％は、双方に同様に利益をもたらしていると判断）(3)。国民は、必ずしも「一刻も早く」とは考えていない。加盟が、ポーランド側に利益だけではなくコストをも求めるものであることが、徐々に自覚されてきたのである(4)。

一方、二〇〇〇年一二月に発表された「ユーロ・バロメーター」によれば、トルコを含めた一三の候補国の加盟にたいするEU諸国民の態度は、スウェーデンの賛成六一％からフランスの二六％まで、大きな違いがある（平均三八％）。ポーランドについては、賛成四四％（反対三四％）で一三カ国のなかでは五番目に支持が高いが、オーストリアでは二三%と著しく低く、政府レベルではポーランドの加盟を推進しているドイツでも、三七%にとどまっている。[5]

二　ヨーロッパ統合の四つの次元とポーランド

ヨーロッパ統合とは、商品・人・資本・サービスが自由に移動する単一市場によって表現される経済的次元、「労働力」に解消されえない生身の人間が生活上の諸欲求を充足しつつ世代的再生産をおこなってゆく社会的次元、[6]個々人や個々の集団にとってのアイデンティティにかかわるがゆえの多様性と優越的な構造に支えられた普遍化の力とが葛藤する文化的次元、何らかの形で正統性を賦与されたメカニズムをつうじて構成員を拘束する決定が行われる公共圏としての政治的次元にまたがる多次元的な過程である。また、統合の地域的対象が、とくに東や東南へ向かってどこまで拡大し、政治的次元において最終的にどのような姿をとるのかが未確定であるという意味で、到達点の定まっていない流動的な過程でもある。そのような過程に、新規加盟国のひとつとして加わってゆこうとしているポーランドとはどのような国であり、ヨーロッパ統合という文脈においてどのような問題を抱えているのであろうか。

ポーランドは、西のドイツと東のロシア（旧ソ連）という地域的大国のあいだに挟まれている。[7]一七九五年から一九一八年までと一九三九年から一九四五年まで、現に二度にわたって両国による分割を経験した。第二次大戦の結果、ベラルシア（ベラルーシ）西部とウクライナ西部をソ連に引き渡す代償として、一度はポーランド領だったこともあるドイツ東部を大きく削り取ることによって、今日の国境が成立した（二四九頁地図参照）。東西の国境のこのような変動は、旧ドイツ領からドイツ人が追放され、そのあとにベラルシア西部やウクライナ西部などからポーランド人が移り住むという大規模な「住民交換」を伴った。第二次世界大戦後、ポーランドはソ連を盟主とする「社会主義共同体」の一員となったが、この政治的・軍事的・経済的なブロックは、八〇年代末以降の体制転換によって崩壊した。それだけでなく、西隣の東ドイツはドイツ連邦共和国に吸収されて統一ドイツとなり、東隣には、ソ連解体のあとにリトアニア・ベラルーシ・ウクライナという三つの独立国家が姿を現わした。ロシアとは、カリーニングラード州という飛び地で接することになった。南の隣国もチェコとスロヴァキアとに平和的に分離した。

このような「地政学的」位置は、ヨーロッパ統合にたいする独特の期待とともに問題をも生み出している。NATOとEUへの加盟は、中間地帯にあるポーランドにとって何よりもまず国家的な安全を保障するものとして受け止められた。NATO加盟が九九年三月に実現されて安全保障上の課題が一段落するのに前後してEU加盟交渉が始まると、ドイツとの入り組んだ関係が浮かび上がってくる。ドイツは、一面ではEU加盟をめざすポーランドにとってEU内における最大の代弁者であるが、ポーランド側の世論には、ドイツ人による旧ドイツ領の土地の買収などをつうじて「過去」が呼び戻されることへの警戒感が生まれ、ドイツ側には「安い労働力」の大量流入にたいする恐れが表面化してきたのである。過去を克服して融和を実現する課題は、東側の隣国とのあいだではいっそう大きい。ポーランドのEU加盟が実現すれば、その東部国境はEUの東の境界となる。そのことを前提に、ロシアやウクライナなどとのあいだにどのような関係を築くかは、ポーランドにとってのヨーロッパ統合の不可分の課題である。

経済的には、九〇年に始まる資本主義経済への移行を、ポーランドは相対的に安定した足取りで歩んできた。「ショック療法」による落ち込みのあと、九二年にはいち早くGDP成長率を回復軌道に乗せ、九四年から九八年までは五~七%の成長率を達成し、「機能する市場経済」としての実を挙げている(その後は成長が減速気味である)。ただし、EU加盟の先陣を競っているチェコやハンガリーと比べ、一人あたりGDPで測った到達水準は低く(九八年で七八〇〇ドル。チェコは一万二二〇〇ドル、ハンガリーは九八〇〇ドル)、高い比率の農業従事者や石炭・鉄鋼など伝統的産業のリストラという重い課題を抱えている。一方、量的には、新規加盟候補国で最大の三九〇〇万人近くの人口を抱え、現加盟国の第五位に位置するスペインにほぼ匹敵し、チェコとハンガリーの合計の二倍に近い「大国」である。こうしてポーランドは、「むずかしいが無視することもできない」候補国となっている。

ポーランドの量的重みは、社会的次元における最大の困難である失業問題についてもはっきりと現われる。ポーランドは、相対的に高い成長率という〝成功〟の代償として、失業率についても高いグループに属している。九四年に一六・五%というピークを迎えたあと低下の傾向を見せたものの、九九年から上昇に転じ、二〇〇〇年前半には再び一六%台に達した。これを実数にすれば、二八〇万人の失業者であり、ラトヴィア一国の総人口を上回る。リストラによる放出に加えて、出生率の高まった八〇年代前半生まれの若者が労働市場に現われつつあり、今後、雇用状況が抜本的に好転する材料

「中道左派」政府にデモをかける「連帯」系労働者（1995年）

はない。資本とは異なり、生きた人間は労働者としてそれほど容易に国境を超えることができるわけではないから、人の自由移動が認められることによって実際にどの程度の移動が西に向かって生ずるかは未知数である。また、高度な専門性を必要とする職種については、西から東への逆の移動によって、国内労働力市場における競争が激化するという側面も考慮しなければならない。とはいえ、ポーランド側が統合に期待する理由のひとつがここにあることも確かであり、ドイツやオーストリアでは「ユーロ・バロメーター」[8]が示しているように、強い警戒心を呼び起こしている。

戦間期には約三分の一の民族的少数者（ウクライナ人・ユダヤ人・ベラルーシ人・ドイツ人など）を抱えていたポーランドは、第二次大戦後は、ユダヤ人の悲劇的な激減や前述したような国境移動＝住民交換の結果、九五％以上がエスニックな意味でのポーランド人からなる「単一民族国家」

的性格の国に変貌した。ハンガリーのように、国境内の自民族比率は同様に高いものの、隣りのスロヴァキアやルーマニアやセルビアに住むハンガリー人との関係というような微妙な問題を抱えることも（リトアニアのポーランド人を別とすれば）ない。したがってポーランドは、ＥＵの重視する民族的少数者の権利保護という観点から見て、問題の少ない国と見られてきた。しかし、「単一民族国家」的であるということは、それだけ少数者にたいして同化圧力がかけられていたということでもあり、圧倒的多数のポーランド人は民族問題の存在に〝気づかずに〟きたのである。問題を自覚したうえで、制度のうえでも意識のうえでもそれに対処するという課題は、九〇年代以降に改めて顕在化した未解決の問題として残っている。

「単一民族国家」化は、国民の九割以上を信者とする有数のカトリック国となったということをも意味した。しかも、ソ連によって支持された社会主義政権のもとで、カトリック教会は国民的アイデンティティのよりどころとして、単なる宗教的権威を超えた、政権側も無視することのできない社会的な権威を獲得した。このことは、ポーランドのカトリック教会が、政権側が政治的に推進しようとした世俗化の試練に耐えた、ということでもあった。しかし、政治的民主化が教会に特別な社会的権威の付加される条件を解消しただけでなく、市場経済化にともなう消費文化はいっそう強力な世俗化圧力として働いている。ヨーロッパ統合は、こうした文脈でも緊張感をもって迎えられている。

九七年に制定されたポーランドの新憲法は、「条約にもとづいて、若干の事項につき国家権力機関の権限を国際組織または国際機関に委譲することができる」（第九〇条一項。このような条約の批准承認は、両院の三分の二の賛成またはレフェレンダムによる）と定め、ＥＵ加盟と国家主権との関係という憲法上の疑義を用意周到に取り除いている。しかし、八九年以降の転換によってようやく主権を完全に回復したという意識の強いポーランドにとって、主権の制限は敏感にならざるをえないテーマである。今のところ、EUに加盟することによって、かつて（二度にわたる分割）のように自国の運命が頭越しに決定されるのではなく、その決定に自ら参加することができるという側面が主として強調されている。しかし、EU自身においては、加盟各国の国益を反映しながらも、多数決による決定の範囲を拡大する過程が進行しており、国家連合から supranational な連邦への進化という構想も提起されている（二〇〇〇年五月のフィッシャー・ドイツ外相演説）なかで、ポーランドも「いかなるヨーロッパか」という問いに向き合ってゆかざるをえない。

三　あるべきヨーロッパと現実のヨーロッパ

ロシアはヨーロッパの一部なのか、それともアジアを含む独自のユーラシア世界を形づくるのかという、幾世紀にもわたって繰り返し現れるアイデンティティ問題を抱えたロシア人とはちがって、ポーランドがヨーロッパの一部であるということは、ポーランド人にとっては疑う余地のない前提である。八九年以降、「社会主義共同体」の諸機構が崩壊してゆくのと平行して浮かび上がり、社会の圧倒的部分を束ねるに至った「ヨーロッパへの回帰」という目標は、ひとつには安全保障上の不可避的な選択という意味をもっていたが、同時に国民的アイデンティティの回復という心理的な背景によっても支えられていた。だが、そのヨーロッパとはいかなる価値を体現するものなのかということにな

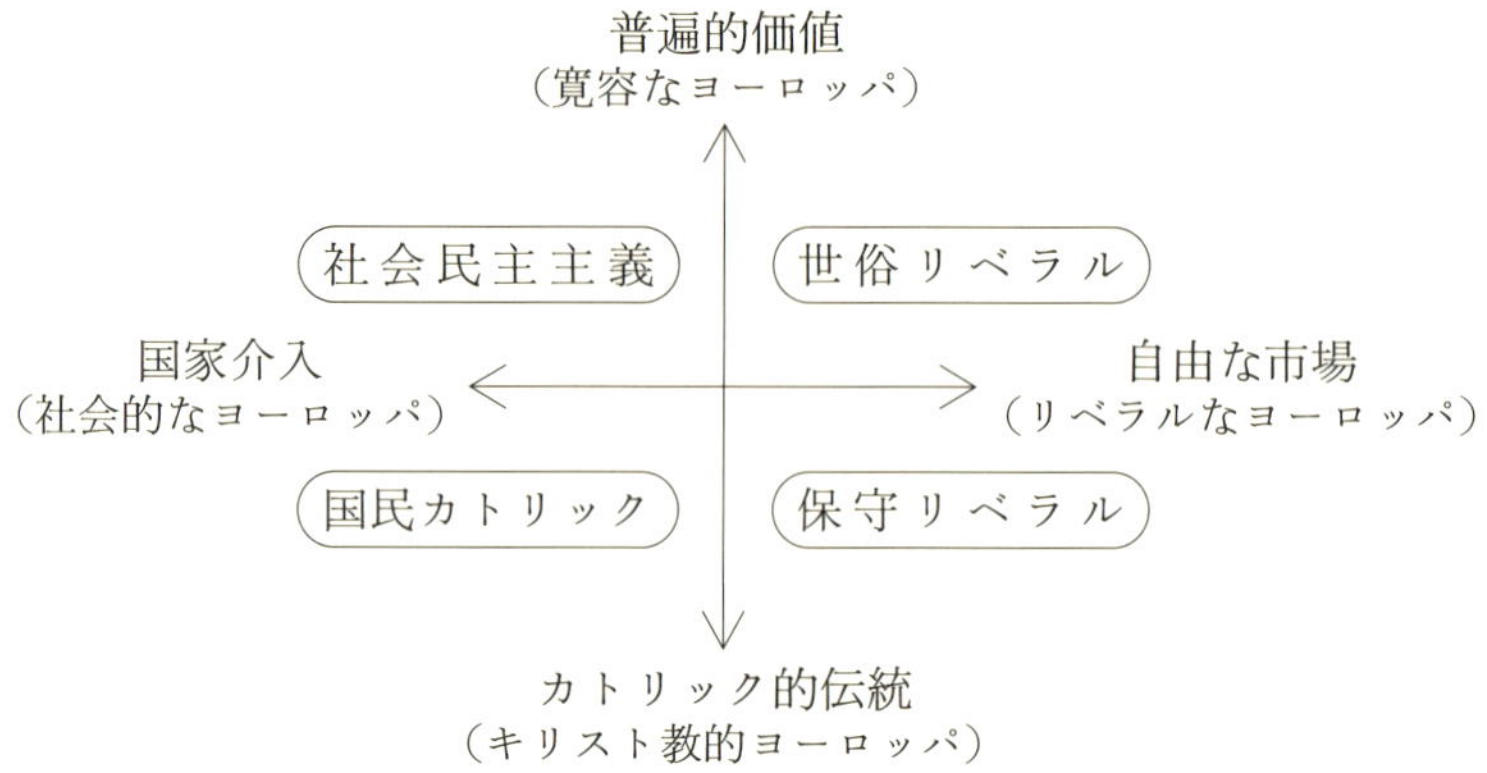

ると、ポーランド社会にも無視しえない分岐のあることが明らかとなる。このことを、政党に焦点を当てて考えてみよう。

ポーランドの政党配置について論じるさい、歴史的出自（系譜）に着目した「ポスト連帯」政党―「ポスト共産主義」政党という区別や、右翼―中道―左翼という特徴づけがしばしば用いられる。しかし、諸政党の立場や相互関係を理解するうえでより有効なのは、政治路線（ないしイデオロギー）にかかわる二つの座標軸を設定するという方法である。ひとつは、経済路線にかかわる軸で、市場経済を共通の前提としつつ、市場にたいする規制を最小限にし、その自由な働きに委ねることを重視する立場と、市場経済の負の側面に対応するための国家介入を積極的に承認する立場とが対立する。もうひとつは、これとは別の次元の価値観をめぐる軸で、ここではポーランドのキリスト教的な（より限定的にいえばカトリック的な）伝統を重視する立場と、個々人の価値選択にたいする寛容を重んじる、その意味でより普遍的な価値観に立脚する立場との対立がある。これら二つの軸を交差させると、世俗リベラル、社会民主主義、国民カトリック、保守リベラルという四つの政治的立場が導き出される。九七年九月の議会選挙によって選ばれた五つの政党をこのような図式にしたがって位置づけるならば、第一党の連帯選挙行動（AWS）——「連帯」労組と右派諸政党の連合体——は、保守リベラルを軸としつつ国民カトリックにまたがり、第二党の民主左翼同盟（SLD）は、社会民主主義を標榜しつつも世俗リベラル的要素をも含み、第三党の自由同盟（UW）は、保守リベラルや社会民主主義の要素を抱えながらも、とりわけポーランドの「ショック療法」の父バルツェロヴィチを党首とする時期には世俗リベラル的性格を前面に出し、第四党のポーランド農民党（PSL）は農民の利益の代弁という観点から、第五党のポーランド復興運動（ROP）はポーランドの国益重視という観点から、国民カトリック的な立場に位置するものとおおむね考えることができる（二〇〇一年一月には、AWSやUWから離れた政治家たちによって、保守リベラル色を明確にした市民政綱（PO）が結成された）。

ところで、経済路線軸と価値観軸はそれぞれ、あるヨーロッパ像とも結びついている。自由な市場の力によって経済的に繁栄する「リベラルなヨーロッパ」と、社会的連帯と公正の重んじられる「社会的なヨーロッパ」、精神的土台としての「キリスト教的ヨーロッパ」と、世界観的に「寛容なヨーロッパ」である。上記の四つの立場は、例えば社会民主主義であれば「社会的で寛容なヨーロッパ」というように、それぞれの像に沿ってヨーロッパをイメージしつつ、国民カトリックを除けば、総じて統合にたいして肯定的な態度をとることになる。ただし、そのさい、あるべきヨーロッパと現実のヨーロッパ（EU）とのあいだの関係をどう見るか、EUに加盟することによってヨーロッパを変えることができると考えるか、逆にポーランドが自己変革を迫られると考えるかによって、統合へのスタンスは異なってくる。例えば、「社会的なヨーロッパ」を理想とするポーランド社会党（ＰＰＳ）は、現実のヨーロッパをリードしているのは新自由主義的経済政策であると見て、これに対抗するヨーロッパ規模での労働組合などの連帯を提起し[9]、超リベラル派の現実政策同盟（ＵＰＲ）は、逆に、現実のヨーロッパを「ブリュッセルの社会主義者」によって支配されていると見て、これに批判的な態度をとる、というように[10]。

あるべきヨーロッパと現実のヨーロッパとのあいだのズレという点で、価値観軸をめぐるより深刻なディレンマに直面したのはカトリック教会であった。ある指導的なカトリック知識人は、九三年に次のように述べている。

「共通の根元は重要である。しかし、西ヨーロッパはこれらの根元に忠実であろうか？　とりわけキリスト教的根元に？　これらの根元についての自覚を持っているだろうか？〔中略〕それゆえ、いわゆる『腐敗した西方』にたいするある怖れは、まったく根拠のないものではない。西方では、価値のヒエラルヒーの鋭い危機、真理にたいする相対主義が問題になっている。個人主義、しばしば自由至上主義（libertynizm）に転化している極端な個人主義が、性道徳の分野だけでなく、その他の分野でも寛大な態度（permisywizm）をもたらしている。経済の分野における西欧の巨大な飛躍が、自然な形で、人びとの態度とメンタリティーにおいて実践的唯物主義と呼ばれるものの成長をもたらしている。これは、しばしば弁証法的、マルクス主義的唯物主義よりも危険と見なされている唯物主義である。西方の経済状況は、消費文明や消費的メンタリティーという名前で呼ばれているものを作りだしている。そこでは、ヨハネ・パウロ二世がしばしば繰り返しているように、『であること』にたいする『持つこと』の優越が支配しているのである。われわれがキリスト者として悪と見なさなければならないのは、世俗化ではなく、イデオロギーとしての世俗主義にほかならない。西欧との統合の反対者は、この平面において、次のような結論を引き出している。われわれは、自己を防衛しなければならない、固有の価値と固有のアイデンティティを守らなければならない、われわれは西欧にたいしてはたすべき何らかの使命をもっている、われわれはそこにキリスト教的価値をもたらさなければならない、という結論を[11]」。

ここに指摘されているような、キリスト教的精神を保持してきたという自負に由来する西欧にたいするメシア意識と背中あわせの「腐敗した西方」にたいする怖れというディレンマにたいし、九六年から九七年にかけて、カトリック教会指導部はひとつの解答を与えた。代表団のブリュッセル訪問を契機に、統合は加盟国のアイデンティティの喪失をもたらすものではないという認識にもとづき、逆にヨーロッパにキリスト教精神を復興するチャンスととらえることによって、それを積極的に受け入れる態度を明らかにしたのである[12]。しかし、九〇年代をつうじて、〝西欧的なもの〟の外から内への浸透はすでに着実に進行している。カトリック教徒でありながら、婚前交渉・避妊・中絶などについて、教会の教えから自律的に判断する「選択的カトリック」という姿勢が広がっているのである[13]。そのような趨勢に対抗しようとする教会内の原理主義的潮流（「マリア放送」グループ）は、教会指導部の右のような立場にもかかわらず、反統合派の結集軸のひとつとしての政治的な性格を強めている。

しかし、ユーロ懐疑主義のより深い源泉は、文化よりも経済＝社会の領域にある。「リベラルなヨーロッパ」への合流をめざし、それに適合的なようにポーランドも変わらなければならないと考えるもっとも目的意識的なヨーロッパ統合派が、政党ではUWであり、それを支持する都市在住で、高学歴で、比較的若い層の有権者であるとすれば、「リベラルなヨーロッパ」への脅威をもっとも感じているのが伝統的重工業の労働者や農民であり、彼らの利害を反映したROPやPSLにほかならない(14)。

四　競争のヨーロッパと連帯のヨーロッパ

ポーランドは、五〇年代前半に推進されようとしたソ連的な農業集団化の道を放棄し、個人農民中心の農業構造を維持してきた。かつてはソ連モデルにたいする独自性の保持という政治的意味を担っていた農業のこのようなあり方――欧州委員会の九七年の「報告」が述べたように、雇用に占める農民の比率が二七%であるのにたいして、GDPに占める農業の比率は六・六%にすぎない（九五年）という生産性の低さ――が、皮肉にも経済的にはEU加盟にあたって最大の難問のひとつとなっていることはよく知られている。だが、難問とは、どのような性格の問題なのであろうか。

九六年の農業センサスにもとづく計算によれば、農村人口一四七〇万のうち、商品生産物を生産している専業農家が一六〇～一八〇万（家族構成員を含む）、主として農業外収入に依存し、農業は自家消費用にとどまる兼業農家が五五〇万から六〇〇万、農業との結びつきを持っていない農村住民七二〇万人（そのうち四〇%は老齢年金・障害年金と失業手当の受給者）となっている。九〇年代には、一～二ヘクタールの農民が増え、一五ヘクタールを超える農民も全農地に占める割合を三五%以上に倍増させる一方、一五ヘクタール以下の中規模農民は減少した。失業の緩衝装置としての機能をはたす零細な自家消費農家と市場向け生産を行う大規模経営とへの分化が進行したのである。専門家は、新しい競争的市場関係で生きてゆくことのできる農家は全体で二〇〇万の農家のうち約三分の一（六六万）と見積もっている[15]。

したがって、EU加盟にあたっての問題は二重である。ひとつは、商品生産者としての農民の問題である。彼らは、EU市場へのアクセスが容易になり、EUの共通農業政策（CAP）の恩恵も受けられることになるはずである――その意味で、ポーランド農業は現加盟国農業にとっての競争相手となり、EUに新たな財政的負荷を与えることとなる――が、そのためには、牛乳や食肉の衛生基準のような厳しいEU基準をクリアーしなければならない。東部国境における検疫体制の強化も求められる。ポーランド政府は、加盟後ただちに直接補助金の適用を開始するよう要求する一方、基準充足の困難な中小経営を念頭に置いて、衛生基準を満たしていない牛乳や食肉についても二〜三年は国内および第三国での流通を認めることや、外国人による農地の自由取得について一八年の移行期間を設けること（現在は内務大臣の許可制）などを求めて加盟交渉に臨んでいる[16]。

もうひとつは、農村住民全体の生活環境をどう整えてゆくかという、より長期的な問題である。市場向け生産を放棄せざるをえない農民を含めて農業外の雇用の機会を作りだすことをはじめ、各種インフラの整備や環境保護など課題は山積している。なかでも、九〇年代をつうじて都市とのあいだで格差が決定的に拡大した教育（とりわけ高等教育）へのアクセスの改善が、とくに重要な課題となっている。地域政策にかんする欧州委員会の報告によれば、現在のEUにおける諸地域間の一人あたり所得の格差は二・四倍であるが、加盟国が二七になれば格差は倍加する。所得が全加盟国平均を上回る第一グループ、平均約八〇％の第二グループ、約四〇％の第三グループに分けると、ポーランドは第三グループに属し、とくにその農村地域や東部地域は最貧地域に位置すると考えられている。[17]確かに、ＥＵは構造政策をつうじて地域間格差を縮小させる連帯のメカニズムを備えており、ギリシャ・スペイン・ポルトガルはその成功例と見なされている。ポーランドは、適正規模の「地域《リージョン》」主体（県）を創出するための地方自治改革（九八年）、地域政策に責任をもつ中央官庁の設置、地域ごとの発展プログラムにもとづく資金供給のための法的枠組みの形成（いずれも二〇〇〇年）など財政支援を受けるための前提条件の整備を急いでいるが、財政支援の額は交渉事項となる。そのさい、九九年の欧州理事会（ベルリン）によって定められた、二〇〇六年までは当該加盟国のＧＤＰの四％を構造援助の上限とするという制限が維持されるとすれば、交渉にあたってポーランドが要求している年七〇億ユーロという額は、すでにこの水準（九九年時点で五八億ユーロ）を超えた「過大な」ものということになる。[18]

こうして、加盟交渉は困難なものとなっている。ポーランドは、農業に限らず数多くの項目で移行期間を設けることを主張しているが、それに固執すれば交渉妥結の時期を遅らせ、この点での譲歩は国内における緊張を高めるというディレンマから逃れることができない。しかも、東方拡大がＥＵ自身の財政に跳ね返らざるをえないということは、加盟の時期と条件がポーランド側の姿勢だけによって定まるものではないことをも示している。

コカコーラやペプシコーラのめだつワルシャワの街角（1993年）

五　低くなる国境／高くなる国境

ヨーロッパ統合のもうひとつの側面として、国境をはさんだ地域間の交流の展開がある。ポーランドでも、バルト海を挟んだ北側も含め、東西南北の国境で越境協力の枠組みが作られている[19]。しかし、国境を超えた地域間の関係は、とくに西と東とでは大きく異なっている。

西側では、旧東ドイツとのあいだで、身分証明書のみによる国境通過、旧東ドイツ軽工業におけるポーランド人の雇用、ポーランド建設企業の進出などの形での交流が、七〇年代からすでに始まっていた。ある研究[20]によれば、体制転換後の国境の往来は、主として日常的な用を足すための周辺住民による双方向的なものであり、徒歩による往来も多い。市場《いちば》やガソリンスタンドや理髪店やレストランにおける売り子・理髪師・ウェイターとお客、医者と患者、ドイツ語の先生と生徒といった関係だけでなく、商売を離れた趣味やスポーツのつき合いもある。ただし、ドイツ側に大手スーパーが出現すればポーランド側商店が打撃を受けるというような、競争的環境に置かれてもいる。これにたいして東側では、旧ソ連による厳格な国境管理と人の移動の制限により、八〇年代までは越境協力は不在であった。国境が開かれたあとの往来は、主として東側からポーランドへの一方通行的なものである。遠方から車で来る人も少なくなく、ポーランドに落としていく一人当たりの金額も西側より多い。それは、東からの来訪の主な目的のひとつが食料・化学製品・衣類・履物などのかつぎ屋的買付けであることを物語っている。人間的接触のあり方も一面的なものであり、ポーランド人が主として見るのは、食料や安物の衣類を買いあさる「しばしば非常に貧しい身なりをし、早々と老け込んだ」女性であり、中には売春を営む者もいる。[21]

世論調査センターは、ドイツ人・ウクライナ人との和解は可能か、というテーマで系統的な調査を行っている。それによれば、ドイツ人との和解を可能と考える人は、九〇年の四七％から九九年の七三％にまで増えている（不可能は五〇％から二八％に減少）のにたいして、ウクライナ人については可能と考える人は五七％（不可能は四〇％）にとどまっている。[22] 二五の民族を対象とした好感度の調査でも、ウクライナ人はロマ、ルーマニア人についで好かれていないという結果が出ている。[23]

確かに、ポーランド人とウクライナ人とのあいだには、複雑な歴史が横たわっている。第一次大戦後、ポーランドとロシアとのあいだに挟まれたウクライナは、独立国家樹立の動きもあったものの、最終的には両国によって事実上分割された。ウクライナ人は一四・三％（一九二一年）を占めるポーランド最大の民族的少数者となり、その権利の尊重は国際条約上も義務づけられていたが、実際には実効ある保障はなされなかった。第二次大戦中、ドイツ軍による占領下で生まれたウクライナ蜂起軍（UPA）とポーランド人抵抗運動のあいだで、双方に九万〜一三万の死者を出す戦闘が行われた。その結果、ポーランド人の意識に「ウクライナ人＝テロリスト」というステレオタイプが刷り込まれ、今日、逆にUPAを顕彰しようとするウクライナ人とのあいだのローカルな紛争の原因となっている。大戦後の国境変動の結果、ポーランド領から約四八万のウクライナ人がソ連領に追放され、東部に残った約一五万人は、「ヴィスワ作戦」（一九四七年四月〜八月）と呼ばれる強制移住措置によって、旧ドイツ領を中心にポーランド全土に分散させられた。ふつうのポーランド人の意識から、ウクライナ人は姿を消したのである。しかし、九〇年代に入って、ウクライナ人にたいする否定的なイメージが、新しい形をとって再生産されるに至った。バザールや道路や駅頭で安くて質の悪い品物を売りに来る、東からのより貧しい訪問者というイメージである。彼らにたいするポーランド人の態度には、ドイツ人にたいする態度の代償という面がある、という指摘もある。より豊かなドイツ人は賛美され尊敬されてはいるが好かれてはいない、ポーランド人は、ドイツ人にたいする劣等感をウクライナ人にたいする優越感によって埋め合わせている、というのである(24)。

前記の研究によれば、西側の国境住民は国境地帯にあることをメリットと感じ、「周辺」意識は少なく、国境の開放にたいして肯定的であるのにたいして、東側では「周辺」意識は拭いがたく、外国人の来訪がしばしば犯罪と結びつけてとらえられることもあって、国境管理の厳格化を望む声も少なくない、という。ポーランドのEU加盟が実現すれば、少なくとも当分のあいだは、西側の国境が限りなく低くなる代わりに、東側の国境は再び高い壁となる。加盟交渉にあたって、EU側がもっとも

アナーキストの落書き「スキンヘッドに死を」（1994年）

厳格な態度でポーランドの準備状況に目を光らせている点のひとつが、東部の国境を効果的に管理する能力に他ならない。そこが、EU全体にたいする東からの入口となるからである。だが、このことを、現地の住民の意向にも沿うものとだけ見るわけにはゆかない。ステレオタイプを固定化し、〝和解〟の機会を遠ざける作用を営みかねないからである。

ポーランドは、政府のレベルにおいては、西欧との安定した関係を取り結び、ロシアの影響から独立したウクライナがロシアとポーランドとのあいだに存在することに利益を認め、ドイツ政府がEUにおけるポーランドの代弁者となっているように、EUを始めとする西欧の諸機構とウクライナとを結ぶかけ橋としての役割をはたそうとしている。経済的に見ても、西欧諸国との関係で競争力の劣るポーランドにとって、東側の市場の重みは無視しうるものではない。EU加盟が東の隣国とのあいだでの、国民の意識のレベルをも含めたより良好な関係にも道を拓くものとなりうるかどうか――ここにも、ポーランドにとってのヨーロッパ統合の課題がある。

政治学者のボディオは、主として意図や願望に即してものを考える「ユーロ‐ロマンティズム」と、利害や可能性という文脈で考える「ユーロ‐プラグマティズム」という対比を用いて、ヨーロッパ統合にたいするポーランド人の態度について論じている。ユーロ‐ロマンティズムは統合にたいして積極的な姿勢を示すものであるが、幻滅をつうじてユーロ懐疑主義に容易に転化する可能性もはらんでいる。確かに、ヨーロッパ統合とは、一方ではヨーロッパの未来についてのロマンによって支えられた面があることも否定しがたい。が、ボディオも示唆するように、いまポーランドの政府にも国民にも求められているのは、利益とコスト、自己主張と自己変革、適応の容易な者と困難な者、西と東、短期と長期などに複合的に目くばりした、より多くのプラグマティズムであるように思われる。(25)

（注）

(1)商品の自由移動、人の自由移動、サービス提供の自由、資本の自由移動、会社法、競争政策、農業、漁業、運輸政策、租税、経済・通貨同盟、統計、社会政策と雇用、エネルギー、産業政策、中小企業、科学・研究、教育・訓練、通信・情報技術、文化と音声・画像《オーディオ・ヴィジュアル》政策、地域政策と構造援助の調整、環境、消費者と健康の保護、司法・内務分野の協力、関税同盟、対外関係、共通外交・安全保障政策、財政統制、財政・予算。以下、加盟交渉にかかわる基本的な文書については、EUおよびポーランド政府の公式サイトを利用したが、個々の典拠は省略する。

(2)小森田「ポーランドで何が起きたのか―出身を巡る対立は過去のものになった大統領選」『世界週報』二〇〇〇年一一月一四日を参照。

(3)CBOS. *Komunikat z badań*, BS/149/2000.

(4)ただし、このような数字も、ＥＵ加盟が何を意味するのかについての理解が一般国民のあいだで依然として不十分であることを念頭に置いて読む必要がある。例えば、ポーランド政府は、労働安全上のＥＵ基準を充足するために必要な投資のコストが、とくに中小企業にとっては重い負担となることを考慮して、その適用を加盟後数年間は猶予する移行期間の設定を要求しているが、世論調査は、このような政府の立場が必ずしも十分に支持されていないことを示している。これは、ＥＵ基準の導入が安全を増進するという側面だけが念頭に置かれているからだと解釈される。Cf. Praca-tak, ziemianie, *Gazeta Wyborcza*, 8. 12. 2000.

(5)European Commission, *Eurobarometer*, *Report Number 54*, October 2000 ; *Gazeta Wyborcza*, 27. 10. 2000.

(6)社会的次元のこのような理解については、小森田「体制転換と〈社会的次元〉」『社会科学研究』第五二巻六号、二〇〇一年を参照。

(7)最初の分割には、ハプスブルグ帝国時代のオーストリアも加わった。

(8)ドイツなどは、新規加盟国の受け入れに当たって、人の自由移動については七年間の移行期間を設けることを示唆している。この問題では、ＥＵ側でも予測の試みや妥協的な解決案の模索が行われている。Cf. Nie tylko Niemcy. Czarowanie stanowisk, *Gazeta Wyborcza*, 26. 01. 2001.

(9)Cf. P.Ikonowicz, *Pracy i chleba*, Warszawa, 2000, s. 15-21.

(10)Cf. E. Stadtmüller, Polish perceptions of the European Union in the 1990s, in K. Cordell (ed.),

Poland and the European Union, London and New York, 2000, p. 31.

(11) J. Tyrowicz, Nie bojmy się integracji, *Tygodnik Powszechny*, 7. 03. 1993.

(12) Cf. Stadtmüller, op. cit., pp. 36-37.

(13) 妊娠中絶については、小森田「ポーランドにおける議会・違憲審査制・レフェレンダム―妊娠中絶禁止法をめぐって」比較憲法研究会編『憲法の歴史と比較』日本評論社、一九九八年を参照。

(14) ＳＬＤはＥＵ加盟推進の立場を明確にしているが、その支持層のなかには慎重論も少なくない。ＡＷＳについてもほぼ同様なことが言える。

(15) J. Hausner and M. Marody (eds.), *Three Polands: The Potential for and Barriers to Integration with the European Union. EU-monitoring III*, Warsaw, 1999, pp. 134-136.

(16) Gdzie na twardo, gdzie na miękko, *Gazeta Wyborcza*, 5. 02. 2001.

(17) 旧社会主義国のなかで第二グループと想定されているのは、スロヴェニアとチェコだけである。

(18) Długa pogoń Wschodu za Zachodem, *Gazeta Wyborcza*, 23. 01. 2001; Trzy koszki solidarności, *Gazeta Wyborcza*, 31. 01. 2001.

(19) W. Malendowski, M. Ratajczak, *Euroregiony. Pierwszy krok do integracji europejskiej*, Wrocław, 1998; Główny Urząd Statystyczny. Urząd Statystyczny we Wrocławiu, *Euroregiony w nowym podziale terytorialnym Polski*, Warszawa-Wrocław, 1999.

(20) A. Kowalczyk, Współpraca transgraniczna jako czynnik rozwoju lokalnego: porównanie granicy wschodniej i zachodniej Polski, w: G. Gorzelak (red.), *Przemiany polskiej przestrzeni*, Warszawa, 1997.

(21) 二〇〇〇年六月、カトリック教会の司祭たちは、道路上で公然と売春を営むことによって「わが美しき風景」を醜く汚している「他民族の女性たち」を立ち退かせるよう内務大臣に求めた（cf. W. Markiewicz, Kobiety przydrożne, *Polityka*, Nr 37, 9. 09. 2000）。しかし、売春は、ブルガリア・ベラルーシ・ウクライナ・ロシア・ルーマニアなどから来たものと見られるこれらの女性たちだけの問題ではなく、路上で公然という形態は別とすればポーランド女性とも無縁ではないはずである。

（22）CBOS. *Komunikat z badań*, BS/100/1999.

（23）CBOS. *Komunikat z badań*, BS/165/2000.

（24）A. Dybczynski, The European Union and Ukrainian-Polish relations, in K. Cordell（ed.）, *op. cit.* pp. 185-186.

（25）T. Bodio, *Między romantyzmem i pragmatyzmem. Psychopolityczne aspekty transformacji w Polsce*, Warszawa, 2000.

ヨーロッパ統合とバルカン

——自立的な地域協力の可能性——

柴　宜弘

はじめに

ヨーロッパ統合と拡大の過程は、周辺にいくつもある「もう一つのヨーロッパ」の国々を一国ずつとり込む方向で進められている。冷戦期に、政治的な地域区分として設定された「東欧」は東側の社会主義圏として「もう一つのヨーロッパ」(1)と称された。一九八九年の体制転換後、この「もう一つのヨーロッパ」諸国では、ヨーロッパ統合過程と関連して、外部からだけではなく内部からも区別化が進行した。その結果、中欧とバルカン（南東欧）という地域概念が用いられるようになった。冷戦後、中欧諸国がヨーロッパ統合への接近を強めると、今度はバルカンが「もう一つのヨーロッパ」と捉えられる傾向が強まった。以前より空間を狭めた「もう一つのヨーロッパ」は、連邦解体に伴う凄惨な内戦の続いたユーゴスラヴィアと重なってしまい、戦争と暴力に彩られた否定的なバルカン・イメージ(2)が再生された。一連のユーゴスラヴィア紛争はバルカン紛争と表現されたため、バルカン諸国は

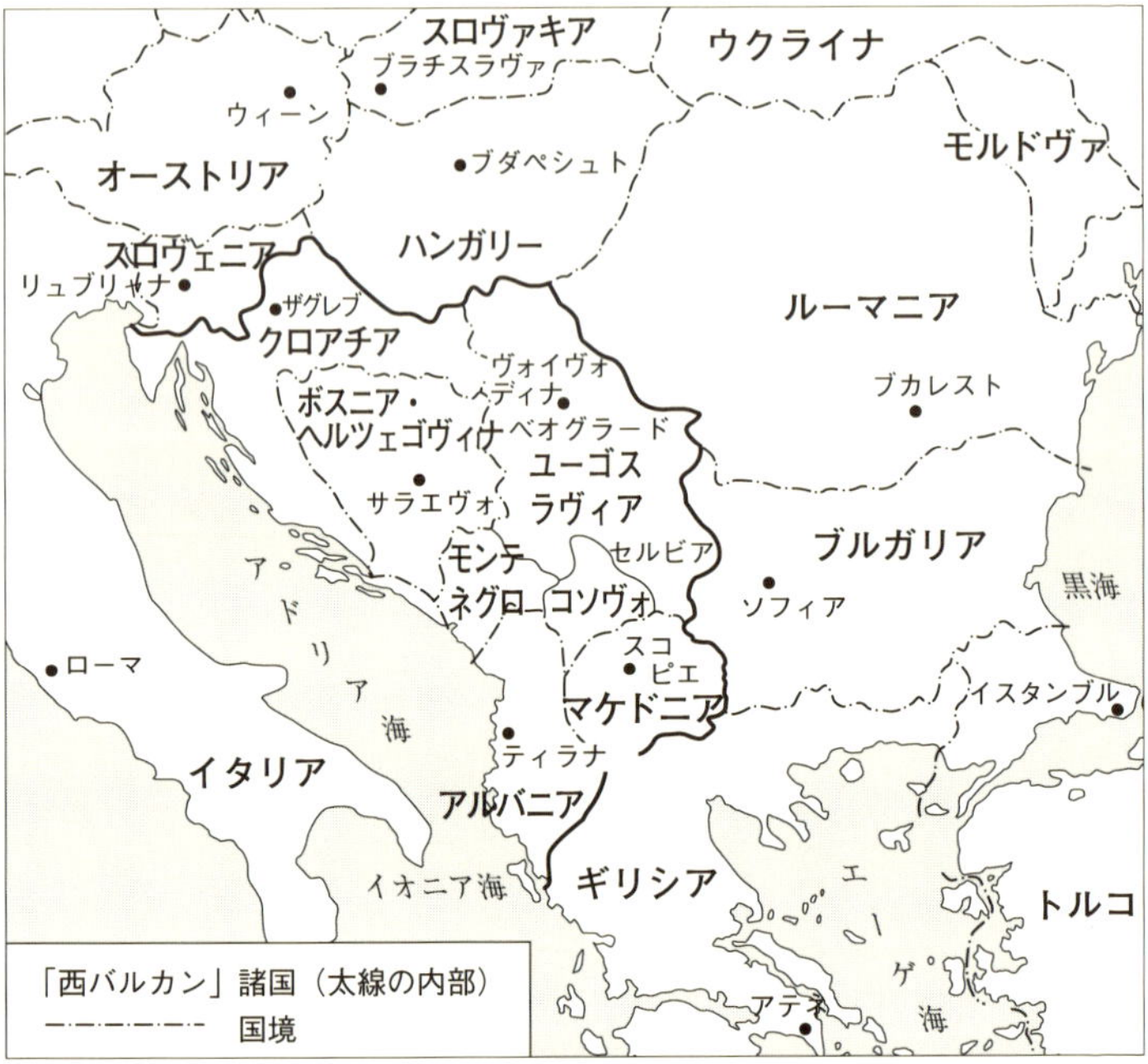

西バルカン諸国

マイナス・イメージの強いバルカンを極度に嫌い、これに代って南東欧[3]という地域概念を用いることが多くなっている。

一方、欧米諸国は南東欧とバルカンを巧みに使い分けている。例えば、最近ではマイナス・イメージの強いバルカンを南東欧からさらに限定し、ユーゴスラヴィア紛争によりヨーロッパの統合過程からはじき出された諸国、つまり旧ユーゴのクロアチア、ボスニア・ヘルツェゴヴィナ、ユーゴスラヴィア、マケドニアおよびアルバニアの五国として、「西バルカン」[4]と称している。一つのヨーロッパから取り残された国の集まりとしての「西バルカン」が現在のところ、「もう一つのヨーロッパ」なのである。

本稿では、「もう一つのヨーロッパ」に民主化、市場化・民営化、人権擁護といったシステムや価値観を一律に押し付けることにより単一化されるヨーロッパにあって、バルカンの地域アイデンティティーはいかに保持されるのか、自立的な地域協力は推進できるのかといった点について検討してみたい。この問題はバルカンのみならず、地中海地域やバルト三国・ウクライナなどの旧ソ連地域をも視野に入れてヨーロッパ統合を考えるとき、きわめて重要な問題であるように思われる。

一　「もう一つのヨーロッパ」の政治的変化

①クロアチア

二〇世紀最後の一〇年間、民族主義を煽ることで自らの権力基盤を維持し、戦争と暴力のバルカン・イメージを固定させてしまうと同時に、ボスニア和平をもたらしたデイトン合意の立役者でもあったクロアチアのトゥジマン、セルビアのミロシェヴィチ、ボスニア・ヘルツェゴヴィナのイゼトベゴヴィチの三指導者が、二〇〇〇年には相次いで政治の舞台から姿を消した。「もう一つのヨーロッパ」に新たな時代が到来した。

クロアチアでは、クロアチア民主同盟（ＨＤＺ）を基盤とする強権的なトゥジマン大統領の体制が、一九九九年一二月のかれの死去とともに崩れ去り、二〇〇〇年一月の選挙でＨＤＺが大敗し、民主的な政権が成立した。九〇年の自由選挙でクロアチア民族主義政党のＨＤＺが勝利を収めて以来、トゥジマンは独立から内戦を経て一〇年におよびクロアチアの政治を支配してきた。九六年末にトゥジマンの癌発病が明らかとなり、不動にみえた体制が微妙に揺らぎ始めた。しかし、トゥジマンは「クロアチア独立の父」であり、国民からカリスマ的な支持を得ていた。トゥジマンはバルカンを嫌いヨーロッパ志向が強かったにもかかわらず、ユーゴスラヴィアのミロシェヴィチ大統領と同様に強権的な政治手法をとってきたため、欧米諸国との関係がなかなか改善されず、クロアチアは国際社会から取り残されていた。

二〇〇〇年一月の選挙で、閉塞した状況を変革し欧米諸国と協調して生活水準の向上を求める選挙民の声が反映され、社会民主党と社会自由党の野党連合が大勝した。社会民主党のラチャンが首相に選出された。一月の大統領選挙第一回投票で、HDZのガニッチは早くも脱落し、二月の決戦投票で四小党連合のメシッチが個人的支持を大幅にのばし、事前の予想に反して野党連合のブディシャ(社会自由党)を破り、大統領に選出された。メシッチは旧ユーゴ最後の連邦幹部会議長(輪番制)を務め、独立後は一時HDZに属していたが、クロアチア国民党を結成した。新政権はEUとNATOへの加盟を掲げて、欧米諸国との関係改善に努め、五月には、NATOの「平和のためのパートナーシップ協定(PFP)」に参加する一方で、南東欧安定協定を通して「もう一つのヨーロッパ」からの脱却を急速に推進している。[5]

②ユーゴスラヴィア

ユーゴスラヴィア(セルビアとモンテネグロからなる連邦国家)では、一九八七年以来、一三年間におよびセルビアとユーゴスラビアの権力を握ってきたミロシェヴィチ政権が、二〇〇〇年九月に行われた大統領選挙結果の不正工作をめぐる混乱のなか、「民衆革命」によって崩壊した。ミロシェヴィチ政権のもとで、旧ユーゴは解体し、クロアチア内戦、ボスニア内戦、コソヴォ紛争といった一連のユーゴ紛争が続いた。この間に、ミロシェヴィチが実権をもつユーゴは、旧ユーゴの国連議席継承権を否定されて事実上国連を追放された。加えて、ユーゴ紛争の責任を問われて国際社会から長期にわたって経済制裁を受けた。ボスニア内戦終結後、ユーゴの国際的孤立は一時的に回復され、九六年には近隣のクロアチアやマケドニアとの外交関係が正常化された。しかし、九八年二月末、ミロシェヴィチ政権がセルビア治安部隊に、アルバニア人勢力のコソヴォ解放軍（KLA）の掃討作戦を命じると、両者の激しい戦闘が展開され、くすぶり続けてきたコソヴォ紛争が表面化し、ミロシェヴィチ政権はふたたび国際社会から孤立した。

国際社会はバルカン全体に拡大しかねないこの紛争に多大な関心を示し、政治的解決を目指した。しかし、九九年三月に政治的解決は打ち切られ、アメリカを中心とするNATO軍がアルバニア人の人権擁護という「人道的介入」を理由として、七八日間におよぶ激しいユーゴ空爆を実施した。空爆はアルバニア人の大量難民を発生させ、セルビアのインフラに多大な被害を与えただけで、結果としてコソヴォのアルバニア人とセルビア人との対立をいっそう激化させてしまった。コソヴォ和平が成立しても、国際社会が期待したようなミロシェヴィチ政権（セルビア社会党、ユーゴ左翼連合、モンテネグロ社会国民党）弱体化の兆候は見えなかった。それどころか、ミロシェヴィチは国際社会からの孤立を逆手にとって、セルビア人の危機意識を煽りたて、ナショナリズムに依拠して自らの権力基盤の強化に努めた。

国際社会によるミロシェヴィチ政権排除の方策と、あえて国際社会からの孤立化政策をとりつづけるミロシェヴィチ政権の手法に対して、都市部の知識人のあいだには、政治や経済に対する諦めと絶望感が広がった。一方、経済状況の悪化のなかで、その影響を直接受けてしまう年金生活者のあいだに、不満の声が高まった。ミロシェヴィチ政権の支持基盤からも、生活苦から変化を求める兆しが見えてきた。セルビア国民の経済的な疲弊は限界に達していたといえる。しかし、野党勢力も相変わらず分裂したままであった。野党第一党のセルビア再生運動と民主党を中心とする新たな野党連合「変革のための同盟」において、両者の路線の食い違いが続いた。ミロシェヴィチは野党勢力の不統一を巧みに利用して、政権維持の延命策を講じた。それが、国民の直接投票によるユーゴ大統領選挙とモンテネグロの権限縮小を内容とする二〇〇〇年七月の連邦憲法修正である。この直後、ミロシェヴィチ政権は自らに有利な状況と判断し、任期を一年間前倒しにして九月に国民の直接投票による初の大統領選挙に臨んだ。

大統領選挙に対し、セルビア再生運動を除く野党勢力は経済専門家グループのG17を中心として結集し、一八党からなるセルビア民主野党連合を結成した。最大勢力である民主党のジンジッチ党首ではなく、セルビア民主党のコシュトニツァ党首を統一候補として擁立することができた。ミロシェヴィチ政権にとって、コシュトニツァが野党勢力の統一候補になることは誤算であった。コシュトニツァは社会主義時代に共産主義者同盟の党員になったことがなく、一貫して複数政党制を主張してきた「民主主義者」であり(6)、もう一面でセルビアの伝統や誇りの復活を唱えてきた「民族主義者」であった。NATOの空爆に対しては国家主権の侵害の立場から、これに強く反対し反米の姿勢を明確にした。ミロシェヴィチ政権はコシュトニツァに対して、「国際社会の手先」といった使い古された中傷や批判を加えることができなかったのである。それどころか逆に、コシュトニツァは変革を求めていたミロシェヴィチの支持基盤を切り崩すことができた。

選挙結果は民主野党連合の集計によると、コシュトニツァが五三％、ミロシェヴィチが三五％であった。しかし、連邦選管は集計を不正操作して、それぞれ四九％、三九％であり、過半数に達した候補がいないため決選投票を実施すると発表した。民主野党連合はこれに対して強硬に抗議し、ゼネストを展開して対抗した。一〇月五日、ベオグラードの連邦議会前を埋め尽くしたセルビア国民の大規模な抗議行動のなか、追いこまれたミロシェヴィチは軍や治安警察を使うこともできず、六日に敗北を宣言せざるをえなかった。

ハーグの国連旧ユーゴ国際戦争犯罪法廷（ICTY）から戦犯として起訴されていたミロシェヴィチの政権崩壊は、国際社会に多大な衝撃を与えるとともに、「もう一つのヨーロッパ」の急速な「ヨーロッパ化」を促進した。コシュトニツァ新大統領は欧米諸国から暖かく迎えられ、またたくまに国際社会への復帰を果たした。新大統領は就任早々、フランスのビアリッツで開催されたEU首脳会議に招かれ、国際社会へデビューした。一〇月末には、EUを中心とするコソヴォ和平後のバルカンの安定を図る国際的な枠組みでありながら、ミロシェヴィチ支配の続くセルビアを排除していた南東欧安定協定に参加した。

さらに一一月に入ると、旧ユーゴの継承国ではなく新国家として、八年ぶりに国連とOSCE（ヨーロッパ安全保障協力機構）にそれぞれ復帰した。仏英独米との外交関係も再開された。一二月には、スロヴェニア、ボスニア・ヘルツェゴヴィナとの関係正常化が進められ、さきに外交関係を結んだマケドニアとクロアチアを加えた五カ国のあいだで、旧ユーゴの財産分割をめぐる交渉が始められた。IMF（国際通貨基金）への加盟も一二月に承認され、EUからの二億ユーロの緊急援助が決定された。しかし、国内にコソヴォとモンテネグロの独立問題をかかえながら、EUスタンダード[7]の国を目指しての経済再建はきわめて険しい道のりが予想される。

③ボスニア・ヘルツェゴヴィナ

実質的に二分割されているボスニア・ヘルツェゴヴィナでも、アメリカを中心とする国際管理のもとで和平後五年を経て、ようやくデイトン合意の精神である一つのボスニアに向けた動きが現実化しつつある。二〇〇〇年に二度の選挙が行われた。四月の地方選挙では、ボスニア・ヘルツェゴヴィナ連邦（ムスリムとクロアチア人から構成）とセルビア人共和国それぞれの民族政党ではなく、一つのボスニアを目指す社会民主党諸派が大きく進出して、国際社会の期待に応えた。一〇月には、大統領会議（三人の共同大統領制、議長は八カ月の輪番制）議長の任期切れに伴い、ムスリムの民族政党である民主行動党の指導者イゼトベゴヴィチが高齢と健康不安を理由として、政界からの引退を表明した。加えて、隣国ユーゴのミロシェヴィチ政権が崩壊するという環境のもとで、一一月に総選挙が実施された。しかし、選挙結果は国際社会が期待したほど社会民主党諸派が勢力を伸ばすことができなかった。

セルビア人共和国では民族政党のセルビア民主党が第一党に躍進し、ボスニア・ヘルツェゴヴィナ連邦のクロアチア人のあいだでは、クロアチア本国で勢力を失っているにもかかわらず、なおHDZ（クロアチア民主同盟）が優勢であった。ムスリムのあいだでのみ民主行動党の力が大幅に弱まり、社会民主党が肩を並べる勢力となった。四二名からなるボスニア・ヘルツェゴヴィナの中央議会（国会）下院で、社会民主党を中心とした「変革のための同盟」が三勢力の民族政党に代って初めて多数を築くことができた。HDZの反対で首相指名が難航したが、二〇〇一年二月にいたり、「変革のための同盟」が推す社会民主党のマティチが首相に就任した。国際社会の要請に応える政権がはじめて成立したといえる。しかし、この政権にHDZは強く反発しており、三月初めにクロアチア人の自主性を唱えてボスニア・ヘルツェゴヴィナ連邦からの離脱宣言をだしている。ボスニアの状勢は依然として流動的であり、EUとの関係でみると、もうしばらく「もう一つのヨーロッパ」の枠内にとどめられる可能性が強い。

二　バルカンのさまざまな地域協力

①EUとアメリカ主導の地域イニシアティヴ

「もう一つのヨーロッパ」諸国にとって、二〇〇〇年は画期をなす年であったことがわかる。政治体制の劇的な変化に伴い、EUスタンダードを受け入れる条件がそろい、ヨーロッパ統合へ向けての道がいっきに切り開かれた。これらの国にもヨーロッパ志向がいっそう強まりつつある。その結果、バルカンや南東欧に対する地域アイデンティティーが希薄になり、自立的な地域協力が困難になる傾向がみられる。ここではまず、一九九五年のボスニア和平後にさまざまなイニシアティヴで試みられたバルカン諸国の地域協力について概観してみたい。

ユーゴスラヴィアの解体と内戦を通じて、旧ユーゴ諸国ではナショナリズムが煽られ民族自決が前面に掲げられた。二〇世紀初頭のバルカン戦争から第一次世界大戦の時期を彷彿とさせる事態が生じた。民族的な均質化がはかられ、領土をめぐる戦争さえ展開されたのである。「もう一つのヨーロッパ」で異常な事態が発生したことは確かであるが、異民族や異分子を強制的に移住させたり死に追いやったりする「民族浄化」は、バルカンの歴史に根ざす固有の現象と考えるべきではない(8)。それは第二次大戦期のナチス・ドイツによって組織的になされたのであり、戦争直後には、国際的承認を受け、報復措置として、チェコスロヴァキアでドイツ人の大量追放が行われている。しかし、一連のユーゴ紛争にせよ、現在も続くコソヴォやマケドニアのアルバニア人問題にせよ、民族・少数民族問題がバルカンの近代史に深く根ざしていることは明らかである。現在でも、バルカンは民族の観念に強く影響されており、緊張関係をはらんだ状況が続いている。

こうした状況において、EUとアメリカはボスニア和平後、民主化や市場化が遅れ不安定要因の多いバルカン諸国に対して、相互協力を進めるイニシアティヴを推進した。もっとも、EUとアメリカのバルカンに対する関心は、民主主義と市場経済によるこの地域の発展といった理想主義に基づくものではなく、その背景に政治的、経済的利害が潜んでいることはいうまでもない。EUが主導したイニシアティヴは後述のロワイヨモン・プロセスであり、アメリカの財政援助を受けて国連ヨーロッパ経済委員会が中心となって成立したのが南東欧協力イニシアティヴ（SECI）である。

そもそもEC（一九九三年一一月からEU）は、冷戦時代にさまざまな政治的立場の国が集まるバルカンやそこに位置する非同盟政策を掲げた旧ユーゴに対して強い関心を示していた。旧ユーゴを東欧諸国ではなく、地中海諸国の一つと位置づけて積極的な働きかけを行った。しかし、冷戦以後、バルカンの戦略的な重要性は低くなり、これに伴い旧ユーゴの国際的な地位も低下したため、ECはバルカンに強い関心を示さなくなった。だが、旧ユーゴの紛争が激化すると、EUはふたたびバルカン諸国への関わりの必要性を認識せざるを得なくなる。

一九九五年三月、ユーゴで生じた紛争を今後回避し、少数民族の保護と国境紛争の防止を目的として、欧州安定条約がOSCE（ヨーロッパ安全保障協力機構）の枠内で成立した。一一月には、デイトン合意によりボスニア内戦が終結した。一二月にパリでボスニア和平協定が調印された際、EUの議長国であったフランスの呼びかけにより、アルバニア、ボスニア・ヘルツェゴヴィナ、ブルガリア、クロアチア、マケドニア、ギリシア、ルーマニア、ユーゴスラヴィア、スロヴェニア、ハンガリーの南東欧一〇カ国、とりわけ旧ユーゴ諸国間の協力関係を促進する目的で「南東欧の善隣友好と安定に関するロワイヨモン・プロセス（ロワイヨモン・プロセス）」が始められた(9)。ここでは、バルカンという用語は使われず、ハンガリーとスロヴェニアを含む南東欧がバルカンより広い意味で用いられている。

ロワイヨモン・プロセスは南東欧に市民社会を定着させ国境を越えた効果的なコミュニケーションのネットワークを形成して、安定と善隣友好関係を生みだし、平和、安定、協力、民主主義に基づくヨーロッパ統合過程を促進することを目的に掲げている。そのため、NGOグループにも重要な役割が期待されている。九七年にはギリシアのルメリョティスがコーディネーターに指名され、EUの財政援助のもとで「市民社会協力」「民族間の対話」「議会協力」「教育」「女性組織協力」「メディア」「地方自治」「社会と市民の対話」といったプロジェクトが進められた。ロワイヨモン・プロセスはヨーロッパ統合へ向けての枠組みを南東欧に作ることを目指していたため、一九九九年六月に同じ目的の広範な南東欧安定協定が成立すると、二〇〇〇年五月をもってこれに統合されることになった。

一方、アメリカを中心として九六年一二月にジュネーヴで始められたのが、南東欧協力イニシアティヴ（SECI）である。[10] 南東欧協力イニシアティヴはこの地域が共通にかかえる経済問題や環境問題を解決するために、アメリカの主導で創設された地域協力のフォーラムである。この地域協力に参加しているのはバルカンのアルバニア、ボスニア・ヘルツェゴヴィナ、ブルガリア、クロアチア、マケドニア、ギリシア、ルーマニア、トルコに加えて、ハンガリー、スロヴェニア、モルドヴァの三カ国であり、ロワイヨモン・プロセスより地域的な広がりを持っている。国連ヨーロッパ経済委員会とOSCEが指名するコーディネーターのもとで、この地域の諸国の協力関係と安定をもたらすことが目指され、とくに、民間の投資を促進して私有化や民営化を促進し、市場経済を安定させることが目的とされた。

南東欧協力イニシアティヴ（SECI）は、すでにこの地域に存在するバルカン外相会議、ロワイヨモン・プロセス、中欧イニシアティヴ[11]（CEI）や黒海経済協力[12]（BSEC）といった地域協力と競合するものではなく、それらと協力関係を築くものとされている。アメリカのほかSECIを支援しているのは欧州復興開発銀行（EBRD）、世界銀行などであり、経済支援機構の側面が強いことがわかる。ロワイヨモン・プロセスとの大きな違いは、アメリカの政策が反映されユーゴスラヴィアが排除されている反面、トルコとモルドヴァが含まれていることであろう。

②バルカン諸国主導の地域協力

ＥＵやアメリカ主導の地域イニシアティヴに対して、バルカン諸国の自立的な協力関係も模索された。ユーゴ内戦の過程でバルカン地域が分断され、ヒトやモノの移動が妨げられると、直接的には内戦とは無関係な周辺の国々も経済的には大きな打撃を受けることが再確認された。そのため、主として経済的な観点から、バルカン諸国相互の依存関係が不可避であるとの認識があらためて強化された。もっとも、ＥＵ諸国と比べて経済的に大きな格差のあるバルカン諸国が、ＥＵへの加盟は当面望めないという現実的な判断を下したことが、その背景にあったことは否めない。このような背景のもとで、バルカン諸国の地域協力の取り組みが行われている。

バルカン地域協力の一つの試みは、三年半にわたるボスニア内戦が終結し、和平プロセスが一応軌道に乗り始めた九六年七月に、ブルガリアの提唱によってソフィアで開催されたバルカン外相会議である。そもそも、バルカン外相会議[13]はまだ冷戦構造が継続していた八八年二月に、非同盟の国ユーゴスラヴィアが提唱して、当時「鎖国」状態にあったアルバニアを含む東側のブルガリア、ルーマニア、西側のギリシア、トルコの六カ国が参加して実施された。第一回会議の共同コミュニケでは、バルカン地域協力の推進、バルカン非核地帯構想の検討、バルカン・リミットの可能性の模索、経済・科学・技術・環境・文化・スポーツなどあらゆる分野の協力の推進、バルカン外相会議の定期的開催などが確認された。第二回バルカン外相会議は東欧諸国の体制転換が行われたあとの九〇年一〇月に、アルバニアのティラナで行われた。ここでは、バルカン諸国が共通にかかえている少数民族問題、すなわち少数者の権利保障の問題を正面から取り上げたことが特徴的であった。

この後、ユーゴ紛争が激化したことに加えて、バルカン諸国は自国の問題で手一杯であり経済的な余裕もなくなり、外相会議は開催できなくなっていた。九六年のソフィアの第三回外相会議には、アルバニア、ブルガリア、ギリシア、ルーマニア、トルコの五カ国に加えて、ユーゴとボスニア・ヘルツェゴヴィナが参加したが、マケドニアは「マケドニア」という国名の使用に強く反対するギリシアとの「国名論争」の継続を理由として、ギリシアとの同席を拒否した。また、この会議にはボスニア内戦の過程で、和平を推進するために形成されたコンタクト・グループ（米ロ英仏独伊の六カ国）、EUやOSCEや国連の代表、EBRDや世界銀行の代表、中欧イニシアティヴや黒海経済協力機構の議長も出席した。旧ユーゴのスロヴェニアとクロアチアは自らをバルカンの国とは規定しておらず、オブザーバーとして出席した。この会議では、バルカン諸国の善隣友好関係、信頼醸成措置の構築、ボスニア和平プロセスの実施、経済協力の推進、人権擁護、文化協力、麻薬や武器の密輸取り締まり、テロの防止、外相会議の定期的開催などについて議論がなされ、「バルカン諸国の善隣友好関係、安定、安全保障および協力に関するソフィア宣言」(14)が出された。

九七年六月には、ギリシアのテッサロニキで第四回バルカン外相会議が開催された。議論はさらに深められ、政治協力の強化、経済協力の進展、環境保護、テロの防止、麻薬や武器の密輸の取り締まりに関して共同行動を採ることで合意がなされた。前回は欠席したマケドニアも、九七年春のアルバニアの「ねずみ講」破綻による暴動を契機として、ギリシアとの関係が改善されつつあったため、この会議には出席した。その結果、参加国は八カ国となった。九八年六月には、トルコのイスタンブルで第五回バルカン外相会議が開かれ、コソヴォ紛争の早期解決を呼びかけた。九九年三月にはコソヴォ危機に対応するため、ブルガリア、ギリシア、マケドニア、ルーマニア、トルコの五カ国外相がブカレストで臨時外相会議を開いた。九九年一二月、ルーマニアのブカレストで第六回外相会議が、二〇〇〇年六月にはマケドニアのオフリドで第七回外相会議が開催されている。

こうしたバルカン外相会議を基礎にして、九七年一一月にはギリシアのクレタ島で、バルカン諸国にとっては懸案となっていたサミットが歴史上はじめて実現した。大統領が出席したのは、ユーゴスラヴィアのミロシェヴィチとマケドニアのグリゴロフ、首相が出席したのはアルバニアのナノ、ブルガリアのコストフ、ギリシアのシミティス、トルコのイルマズ、ルーマニアのチョルベアであった。ボスニア・ヘルツェゴヴィナでは、ムスリム勢力がボスニアはバルカンでないとの理由から不参加を表明し、一方セルビア人勢力が参加を表明するなど三勢力の合意が取りつけられず、外務次官マルバシッチが出席するにとどまった。スロヴェニアとクロアチアはバルカンの国ではないとの理由で、この会議の出席を辞退した。

EUの加盟国であるギリシア首相シミティスは開会演説で、「ヨーロッパ統合過程が大きく進展している。しかし、バルカン諸国には緊張と敵対関係がいまも存在するため、この過程から排除されている。こうした状況を自ら変えていかなくてはならない(15)」と述べた。このバルカン・サミットでは、外相会議での合意事項が確認されるにとどまった。九八年一〇月にはトルコのアンタルヤで第二回バルカン・サミットが開催された。二度のサミットは、政治面でも経済面でも具体的な成果を生み出すことはできなかったが、「バルカン自由貿易圏」を作り上げる目的で経済協力を推進すべきであるとの考えが再確認されたことは重要である。サミットをたんなる「外交ショー」と見なすべきではなく、地域アイデンティティーに基づくバルカン諸国が自立へ向けて歩み出す歴史的な第一歩と捉えるべきであろう。

もっとも、サミットにバルカン諸国の利害が見え隠れしたのも事実である。このサミットはギリシアとユーゴスラヴィアが主導した側面が強かった。国連復帰を果たせず、国際社会から取り残されていたユーゴスラヴィアにとって、このサミットは五年ぶりの国際会議であり、ミロシェヴィチが意気揚々と出席した様子がうかがえる。これに対して、会議の主導権を握れなかったルーマニアとブルガリアには積極性が乏しかったように思われる。バルカン諸国にはそれぞれの思惑があるにせよ、相互依存性が強く認識されつつあった。バルカン諸国が自らのイニシアティヴで協力関係を推進しようとする様子が窺え、バルカン諸国相互協力の可能性が強まったかにみえた。しかし、コソヴォ紛争が長期化し、九九年三月にＮＡＴＯ軍のユーゴ空爆が開始されるなかで、バルカン地域協力の動きは大きく後退してしまった。

三　南東欧安定協定とバルカン地域協力

①ＥＵの「地域アプローチ」

これまで概観してきたように、ボスニア和平後のバルカンの地域協力はＥＵとアメリカのイニシアティヴ、そしてバルカン諸国の自立的なイニシアティヴと二つの方向で模索されてきた。ＥＵとアメリカはそれぞれの思惑をもって、バルカン諸国との関係を進展させている。とくに、ヨーロッパ統合を進めるＥＵはこの地域の安定に多大な関心を示し、地域全体としてはロワイヨモン・プロセスを通じて関わりをもった。しかし、ＥＵは「西バルカン」として区分する「もう一つのヨーロッパ」を地域ごと受け入れることはしない。民主化と市場化・民営化の速度によって「西バルカン」諸国をランク付けし、ＥＵとそれぞれの国との個別交渉が進められてＥＵスタンダードを満たしたと判断されたのちに、各国はようやく加盟交渉のスタート・ラインに着くことができる。「西バルカン」諸国は加盟に向けて競合関係に立たされることになる。そのため、善隣友好関係の樹立を求められながら、バルカン諸国相互の関係が阻害されてしまい、地域協力は自立性を失い、ＥＵ依存を強める傾向にある。

ＥＵとバルカン諸国との個別の関係を詳しくみてみると、ユーゴ紛争に巻きこまれなかったルーマニアとブルガリアとは、一九九三年に加盟のための連合協定（ヨーロッパ協定）をすでに結んでおり、二〇〇〇年二月から加盟交渉が開始されているので、この二国はＥＵのいう「地域アプローチ」[16]の対象とはされていない。ＥＵはバルカンという用語を使わずに、南東欧を用いているが、ボスニア和平後、EUのバルカンに対する「地域アプローチ」はデイトン合意の実施を主たる目的にし、この地域の安定と善隣友好を目指している。そのため、ここでの「地域アプローチ」はアルバニア、ボスニア・ヘルツェゴヴィナ、クロアチア、マケドニア、ユーゴスラヴィアの五カ国からなる「西バルカン」に限定される。EUはさらに、これら五カ国をユーゴ紛争の当事国(ボスニア・ヘルツェゴヴィナ、クロアチア、ユーゴ)か否かで二分した。九七年四月にはこれらの国に適用される一般的な政治的・経済的条件を設定し、とくにボスニア・ヘルツェゴヴィナ、クロアチア、ユーゴの三国に対しては個別の条件を設けた上で、[17]国別に財政および技術支援を行った。

NATOによるユーゴ空爆が続けられていた一九九九年五月、EUは五カ国との関係を発展させてきた「地域アプローチ」を強化するため、「安定・連合プロセス」[18](SAP)を設けて、五カ国の加盟に向けての展望を初めて具体的に示した。EUは「西バルカン」諸国に対し一律にEUスタンダードの条件を課すのではなく、各国の国内改革の進展状況に関する報告書の提出を求めた。この報告書が承認されると、従来の連合協定とは異なる新たな種類の契約関係である「安定・連合協定」(SAAs)の交渉が個別に開始されることになる。[19]五カ国はまさに競合関係に立たされてしまうのである。現在、この「安定・連合プロセス」が南東欧安定協定の枠内で進められている。

②南東欧安定協定の成立

一九九九年六月三日、ユーゴのミロシェヴィチ大統領がG8の作成したコソヴォ和平案を受諾し、六月一〇日に安保理決議一二四四が採択され、マケドニアのクマノヴォでNATOとユーゴとの軍事・技術合意（クマノヴォ合意）が成立したのと同日、ドイツが主導しケルンで南東欧安定協定閣僚会議が開催され、二八カ国、一七の国際機関や地域イニシアティヴが参加して南東欧安定協定が成立した。七月三〇日には、復旧著しいボスニア・ヘルツェゴヴィナの首都サラエヴォで関係国首脳会議が開催され、この協定が正式に機能し始めた。

南東欧安定協定はEU加盟国、さきに述べたロワイヨモン・プロセスの参加九国（発足時はユーゴを排除）、G8のアメリカ、カナダ、日本、ロシアおよびノルウェーとスイスをパートナーとしており、民主主義、人権、市場原理に基づく欧米社会の基本的価値観をバルカンに根づかせ、EUとNATOによる欧州大西洋機構に引き入れようとするものである。コソヴォ危機を教訓として、軍事力によらずにこの地域の紛争抑止を図ることが目的であり、このためのバルカン諸国の努力を支援し、経済復興を援助する総合的なアプローチをとろうとしている。

南東欧安定協定はこの地域の協力関係を作り上げる枠組みにすぎず、新たな国際機関ではない。また、第二次大戦後、アメリカがヨーロッパ復興のために実施したマーシャル・プラン（一九四八―五二年）と比較されることが多いが、多数の国や多数の機関による協定という点で性格を違えている。具体的には、ドイツ人のホンバッハが特別コーディネーターに就任し、かれを議長とする「リージョナル・テーブル」が設置された。リージョナル・テーブルのもとに、七〇年代、八〇年代のCSCE（ヨーロッパ安全保障協力会議）の経験をふまえ、民主化と人権、経済復興と協力と発展、安全保障問題に関する三つの「ワーキング・テーブル」がおかれて、バルカンの協力体制を築くことが目指された。[20]

ボスニア和平後、EUとアメリカがそれぞれロワイヨモン・プロセスと南東欧協力イニシアティヴといった地域協力を続けてきたが、南東欧安定協定はこれら二つのイニシアティヴを包摂し、さらにバルカン地域協力をも取りこむ枠組みだということができる。南東欧安定協定の枠組みのもとで、二〇〇〇年三月末にブラッセルで開催された第一回南東欧支援国会議に見られるように、バルカン諸国の改革努力が認められ、バルカン諸国の経済復興や民主化や安全保障のプロジェクトに二五億ユーロの支援が決められた。たしかに、経済支援を切望するバルカン諸国にとって、こうした巨額の支援はなんとしても欲しいところであろう。しかし、南東欧安定協定の枠組みのなかで進められるEUとの個別の交渉によって、バルカン諸国の自助努力が強く拘束されると同時に、バルカン諸国が競合関係に陥ってしまうことにも注意しなければならない。

例えば、EUはルーマニアやブルガリアを除く「西バルカン」諸国に対して、「安定・連合プロセス」を積極的に進めている。ユーゴでミロシェヴィチ政権が崩壊し、コシュトニツァ新政権が南東欧安定協定への参加が認められた直後、二〇〇〇年一一月にクロアチアの首都ザグレブでEU加盟国および「西バルカン」五カ国とスロヴェニアの政府首脳が参集してサミットが開催された。ザグレブ・サミットの最終文書(21)では、二〇〇〇年がこの地域にとって歴史的な変化の年であり、この地域の和解と協力を進める道を開く画期をなしたとの認識が示された。最終文書の付属として、「西バルカン」諸国との個別の「安定・連合プロセス」の進展状況が記されている。それによると、マケドニアとは交渉が続けられていて、「安定・連合協定」の締結がまぢかである。クロアチアとは「安定・連合協定」の交渉が続けられている。アルバニアとは国内改革の報告書が二〇〇一年半ばまでに提出されることになっており、その後交渉が開始される。ユーゴとは、新政権とのあいだでタスク・フォースが作られ、「安定・連合協定」交渉に向けて事態が急速度で進んでいる。EUとの「安定・連合プロセス」が最も遅れているのがボスニア・ヘルツェゴヴィナであり、二〇〇一年半ばまでにEUが示す条件を満たすことが要請されている。しかし、ボスニアの政情はなお不安定であり、「安定・連合プロセス」が急速度で進む可能性は低い。二〇〇一年四月九日、EUはマケドニアと「安定・連合協定」を締結した。

③変質するバルカン地域協力

バルカン諸国はEUとの関係を進めるなかで区別化されているが、もう一方で、EUが主導する南東欧安定協定の枠組みで、地域協力を推進することも要請されている。そのため、具体的な成果は乏しかったにせよ、自立的な側面の強かったバルカン諸国の地域協力の性格が大きく変質しつつある。それは、サミットが再編成されてバルカン外相会議と呼称を変えたことに如実に示されている。ルーマニアが両会議の主催国になった時期(一九九八―二〇〇〇年)に、善隣友好関係を促進してこの地域を平和と安定と協力の地域に転換し、欧州大西洋機構への統合を目的として、南東欧協力プロセス(SEECP)という地域イニシアティヴが創設された。従来のバルカン外相会議とサミットは、SEECPのサミットと外相会議と位置付けられたのである。

一九九九年三月、NATOによるユーゴ空爆の可能性が強まると、ブルガリア、ギリシア、マケドニア、ルーマニア、トルコの外相がブカレストで臨時外相会議を開き、NATOへの協力を申し合わせた。この結果、SEECPは九九年四月のNATO首脳会議と六月の南東欧安定協定会議への出席を求められた。地域イニシアティヴとして、国際的に認知されたといえる。[22] 従来のバルカン外相会議やサミットとは明らかに国際的な評価が変化した。SEECPはヨーロッパ統合過程に深くコミットする姿勢が評価されたわけだが、その反面、地域協力としての自立性を薄めていくことにもなる。

二〇〇〇年二月、ブカレストで南東欧安定協定のホンバッハ特別コーディネーターを迎えて、SEECPの第三回サミットが開かれた。アルバニア、ブルガリア、ギリシア、マケドニア、ルーマニア、トルコの首脳が参加し、クロアチアとボスニア・ヘルツェゴヴィナはオブザーバーとして参加した。このサミットで、「南東欧の善隣友好関係、安定、安全保障および協力に関する憲章」[23]が調印されて、SEECPは経済や民主主義・人権といった側面だけでなく、政治・安全保障面の協力関係の強化を確認した。二〇〇一年二月末、マケドニアの首都スコピエで第四回サミット[24]が開催された。この会議で、第三回サミットでは排除されたユーゴとオブザーバーであったボスニア・ヘルツェゴヴィナが「南東欧の善隣友好、安定、安全保障および協力に関する憲章」に調印し、正式のメンバーとなった。この結果、クロアチアはオブザーバーの地位にとどまったものの、バルカンの八カ国すべてがSEECPに参加する好ましい事態が生み出された。

しかし、サミットにはパッテン欧州委員（外交担当）、ソラナEU共通外交・安全保障上級代表、そしてホンバッハ特別コーディネーターも参加しており、サミットがEUと緊密な関係をもって進められていることがわかる。サミットの前日、ホンバッハが出席して開かれた経済閣僚会議では懸案の「南東欧自由貿易圏」の創設が目標として掲げられたが、それは地域アイデンティティーに基づく自立型からEU依存型へと性格を変化させつつある。EU加盟に向けて、バルカン諸国はEUスタンダードの条件を課され競合関係におかれているため、国境を越えた地域アイデンティティーがますます薄れていく傾向にある。

こうした現状にあって、ドナウ川沿い三都市の市長によるユーロリージョンの試みは、国境を越えたバルカン地域アイデンティティーの保持のために希望を与えてくれる。二〇〇一年二月、ユーゴの首都ベオグラード、ブルガリアのヴィディン、ルーマニアのカラファトの三都市が「ドナウ二一世紀」と称するユーロリージョンの設立に動き出した。また、二〇〇一年五月には、ルーマニア、ユーゴ、ハンガリーによって分断されているバナト地方の都市の協力を進めるユーロリージョンの試みが始まった。ユーゴの北部ヴォイヴォディナのズレニャニンで開催された「バナト・フォーラム」の会議には、ルーマニアのアラドとデタの市長、ハンガリーのセゲドの市長も参加した。バルカンの地域協力を自立的なものにするためにも、多様な文化と価値をもつ「いくつものヨーロッパ」からなるつのヨーロッパを生み出すためにも、ユーロリージョンの試みは重要である。

(注)

(1)フランスを中心として活動しているチェコ人ジャーナリストのルプニクが、体制転換以前の「東欧」をこのように表現した。Jacques Rupnik, *The Other Europe*, London, 1988. わが国では、佐久間穆『もう一つのヨーロッパ』朝日新聞社、一九七九年がある。

(2)バルカン・イメージの変遷については、Maria Todorova, *Imagining the Balkans*, N.Y. and Oxford,

1997／柴宣弘編『バルカン史』山川出版社、二〇〇〇年、序章「バルカン史の前提」を参照。

(3)南東欧をバルカンより広い地域概念とする見方もあるが、ここでは両者を同義に捉えることにする。この地域にはアルバニア、ボスニア・ヘルツェゴヴィナ、ブルガリア、クロアチア、ギリシア、マケドニア、ルーマニア、トルコ、ユーゴスラヴィアの九カ国が含まれる。同上書を参照。

(4)例えば、欧州委員会は南東欧諸国との関係を概観した文書で、この五国を「西バルカン」と規定している。http://europa.eu.int/comm/external_relations/ を参照。

(5)コソヴォ紛争を教訓とし、軍事力によらずにバルカンの紛争抑止と安定を図ることを目的として、一九九九年六月にG8が中心となってケルンで成立した。南東欧安定協定については、今福孝男「南東欧安定協定の意義―バルカン半島に平和をもたらすために」『外交フォーラム』一九九九年一一月号、五二―五七ページを参照。南東欧安定協定の全文については、http://www.stabilitypact.org/ を参照。

(6)ユーゴ共産主義者同盟による一党体制が生み出された背景を歴史的に考察し、その正統性を否定した憲法学者コシュトニツァの著作として、Kosta Čavoški and Vojislav Koštunica, *Party Pluralism or Monism–Social Movements and the Political System in Yugoslavia 1944–1949*, Boulder,1983 がある。

(7)ベオグラードで発行されている日刊紙『ブリッツ』に、最近実施されたEUやNATOに対するセルビア市民の世論調査の結果が掲載されている。調査機関『メディウム』が二〇〇一年二月一九―二六日にかけて実施したこの調査によると、全体ではEU加盟賛成が六七・九％、反対が一七・八％。現在、野党であるミロシェヴィチを党首とする社会党支持者のみが反対四一％、賛成三五％である。NATO加盟については与野党支持者とも反対が多く、全体で五八・一％が反対となっている。「平和のためのパートナーシップ（PFP）」参加については、コシュトニツァ政権支持者には賛成者が多く、社会党支持者には反対者が多く、全体では賛成五四％、反対二一・二％である。*Blic*, 6. mart 2001.

(8)ヨーロッパ現代史を専攻するイギリスのマズーワーは、ユーゴ内戦でみられた凄惨な「民族浄化」の根源をバルカンのメンタリティーにではなく、社会を分裂させる内戦の性格そのものに求めている。Mark Mazower, *The Balkans: A Short History*, N.Y., 2000, p. 154.

(9)ロワイヨモン・プロセスのホームページは、http://www.royaumont.org/。

(10)南東欧協力イニシアティヴのホームページは、http://www.unece.org/。

(11)中欧イニシアティヴは一九七八年以来のユーロ・リージョンであるアルプス・アドリア協力を基礎として、一九八九年にイタリアの呼びかけで成立したイタリア、オーストリア、旧ユーゴ、ハンガリーの四カ国協力が拡大したもの。九二年から中欧イニシアティヴの名称が使われている。二〇〇〇年一一月、コシュトニツァ新政権のユーゴの参加が認められ、加盟国は一七カ国となった。

(12)黒海経済協力は一九九二年六月、トルコの主導により黒海沿岸のバルカンと旧ソ連一一カ国の首脳が参集して成立した。

(13)バルカン外相会議とバルカン・サミットについては、今井淳子「冷戦後のバルカンにおける地域協力」山極晃編『冷戦後の国際政治と地域協力』中央経済社、一九九九年、および柴宜弘編『バルカン史』の第九章を参照。

(14)ソフィア宣言の全文については、http://www.unece.org/ を参照。

(15)*Review of International Affairs*, No. 1062, 1997.

(16)欧州委員会の文書、"The Regional Approach, as defined in 1996", http://europa.eu.int/comm/external_relations/ を参照。

(17)欧州委員会の文書、"Application of Conditionality with A View to Developing a Coherent EU-Strategy for the Relations with the Countries in the Region", http://europa.eu.int/comm/external_

relations/ を参照。
(18)欧州委員会の文書、"Opening up new perspectives for South-Eastern Europe: The Stabilisation and Association Process", http://europa.eu.int/comm/external_relations/ を参照。
(19)ユーゴスラヴィア側から南東欧安定協定を検討した論文として、Radovan D. Vukadinovic, "Yugoslavia and Stability Pact for South Eastern Europe", *Review of International Affairs*, No. 1085-86, 1999, pp. 34-40.
(20)"The Stability Pact for South Eastern Europe: A New Conflict Prevention Instrument", http://www.stabilitypact.org/
(21)最終文書の全文については、http://europa.eu.int/comm/external_relations/ を参照。
(22)一九九九年一二月にブカレストで開かれたSEECP外相会議の共同声明、"Joint Statement of the Ministers of Foreign Affairs of the South-East European Cooperation Process", http://domino.kappa.ro/ を参照。
(23)この憲章の全文については、http://domino.kappa.ro/ を参照。
(24)このサミットの最終文書の全文については、http://www.mia.com/mk/ang/ を参照。

ヨーロッパ統合とバルト三国

——ヨーロッパ周縁地域の自立への模索——

志摩園子

はじめに

国内にその国の基幹民族の言語よりも、他国の言語を話せる人の割合が高いという数字が社会調査で示されることはどんな意味があるのだろう。そこから、その国の様々な問題が見えてくるのではないだろうか。ロシアと国境を接し、EUやNATOへの加盟を目指しているバルト海沿岸に位置するラトヴィアの人口調査で、国家言語のラトヴィア語を話せる住民の割合は八一・七％、ロシア語を話せる住民の割合は八四・四％である（七歳以上を対象に調査）と示されたが、そもそもこのような調査が実施されること自体、バルト三国のひとつであるラトヴィアが抱えてきた多くの問題を示しているといえよう。

バルト海東南岸地域には、一二世紀末のドイツ人の進出に始まり、周辺大国ポーランド、スウェーデン、ロシアに翻弄された歴史をもつエストニアおよびラトヴィアと、中世にはヨーロッパの大国としてポーランドとの連合国家を形成していたリトアニアの三国がある。一八世紀末にはこのほぼ全域が東の大国ロシア帝国に編入され、オストゼイスキー・グベルニ（バルト海諸県）、後により地理的呼称としてプリバルティスキー・グベルニ（沿バルト海諸県）と称せられた。一九一八年には、三国とも相次いで独立を宣言し、戦間期、国民国家を享受したが、一九三九年独ソ不可侵条約附属秘密議定書で、「ソ連の利益範囲」とされ[1]、一九四〇年にはソ連邦へ編入された。第二次世界大戦中は、当地域が一時的にドイツ軍の占領下におかれることもあったが、一九九一年に独立を回復するまで、ソ連邦の社会主義共和国を構成しており、一八世紀末からは三国の地域は歴史的体験を共有してきた。

バルト三国が独立を回復してから一〇年近くがたつが[2]、その間、三国は国家の存続と安定をかけて、一貫してヨーロッパの一員としての地歩を固める努力に終始してきた。それは、とりもなおさず、歴史的体験によって拭うことのできないロシアに対する脅威感からの脱却をはかるものであり、欧州連合やNATOへの加盟を何よりも優先する外交方針として明確に示されてきた。この前提には、EU、NATOへの加盟こそが国家安全保障（national security）を保証してくれるものであるという認識がある。冷戦の終結で、軍事的脅威は相対的に減少したとはいえ、軍事的、政治的、経済的脅威に対する国家安全保障は、環境や人権、文化をも包含するより総合的意味合いを有するようになり、その重要性は、これら小国にとってまさに、国家の存続そのものの成否を左右するものとなっている。

他方で、欧州連合やNATOへの加盟を達成するためにもみたさなければならない三国それぞれの課題がある。その一つは、ロシアとの関係の改善である。ロシアとの関係で主要な問題となるのは、エストニアの場合、ロシア語系住民の存在、ナルヴァ川東岸一帯の国境確定問題、ラトヴィアの場合、人口の約三分の一をしめるロシア語系住民の存在、ロシアとの国境確定問題、リトアニアの場合、ロシアの飛び地カリニングラードへの通過の問題がある。このような問題の解決は、バルト三国が、ヨーロッパ統合へ参加していくためには必須の条件であり、例えばEUによって加盟の条件として提示されることでもある。加えて、EU、さらにはNATOへの加盟を導くものとされ、西欧からの圧力となってバルト三国にかかってくる。だが、これが満たされ、西欧との距離がこれまで以上に近くなると、東のロシアは自国の安全保障が脅かされるとして、対バルト地域への脅威や圧力を増大させ、バルト三国は、さらに西欧への取り込みを要求し、今度はロシアが……というように悪循環を繰り返し、求めようとした地域の秩序や安定はむしろ遠のき、三国とロシアの関係が悪化し、むしろ地域の不安定化を招くことにもなる。

ところで、バルト三国の地政学的位置は、歴史的にも東西の狭間として極めて不安定な要因を孕んできており、それは換言するならば、ロシアにとって西への出口、ドイツにとって東の拠点としての位置でもあった。一九八〇年代後半のバルト三共和国の自立、分離・独立運動の過程で、西欧にとってロシアの対バルト政策は民主化の一つの「リトマス試験紙」(カール・ビルト)と見られてきたが、他方、ロシアにとってもそこは西欧の政策を探る窓でもあったといえよう。

冷戦の終結は、バルト三国の地政学的位置の意味を大きく変えた。ワルシャワ条約機構の解体に伴い、軍事的脅威が相対的に喪失する一方で、NATOの東方拡大が日程に上ってきたからである。一九九九年三月に、ポーランドがチェコ、ハンガリーとともに第一次拡大国としてNATOに正式加盟を果たすと、バルト三国は西のNATOと東のロシアの狭間に取り残された。このようなバルト三国の地政学的位置から、バルト三国の国家安全保障政策のシナリオとして一般に考えられてきたのは、第一に、西欧安全保障構造への統合、第二に、例えば、一九九七年末にエリツィン・ロシア大統領が提示した安全保障案のような、ロシアや旧ソ連諸国の安全保障構造への参加、第三に中立である。第二のロシアや旧ソ連諸国の安全保障構造への参加は、歴史的体験から受容できるものではなく、第三の中立は、三国の軍事力からも不可能なことは明らかである。残るのは第一の西欧安全保障構造への統合の選択肢だけであることは必然であった。

本稿では、前述のような位置づけにあるバルト三国の存続や安定へ向けての模索の中で生じてくる多様な問題を、ポーランドとリトアニアの間にあるロシアの飛び地カリニングラードを通じて掘り起こし、欧州の拡大がバルト地域にどのような意味をもつかを考察する。カリニングラードは、ポーランドのNATO加盟によって西側への最前線に位置しており、リトアニアのNATO加盟が実現すると、NATOに取り囲まれてしまうという事態が生じる。これは、カリニングラードの孤立化だけでなく、ロシアの孤立化をも意味する。これは、バルト三国の問題と合わせ鏡のように思われる。

ヨーロッパ連合への加盟交渉が進展している現在、まず第一にバルト三国の置かれた国際環境を整理し、次にバルト三国が主体的な役割を担いつつ国家の存続と安定をはかる新たな道としての地域協力の役割について考え、国民国家としての限界から生じる問題の解決への道をバルト三国地域ではどのように模索しているのかについて、以下検討してみたい。

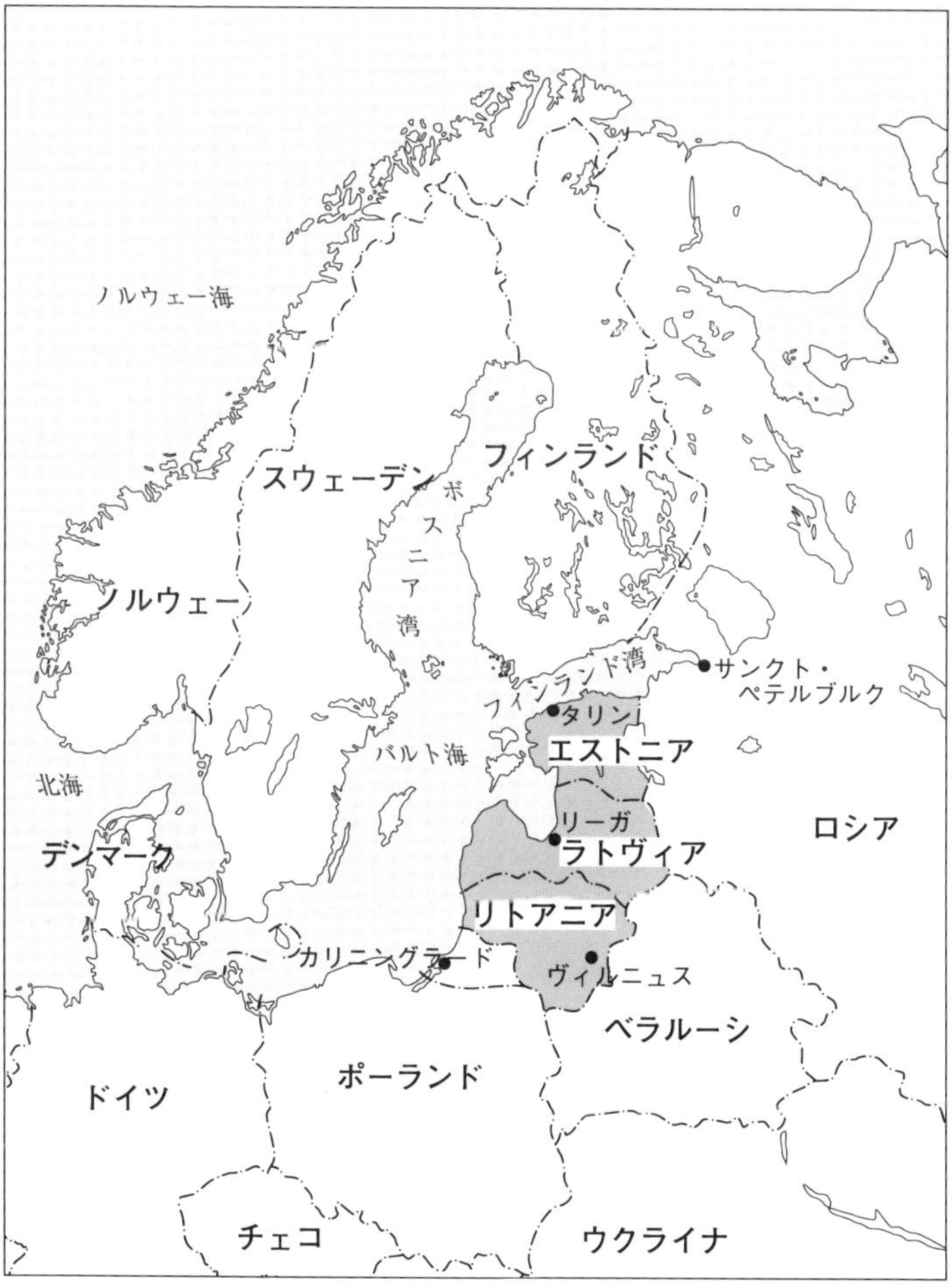
ノルウェー海
スウェーデン
フィンランド
ボスニア湾
ノルウェー
フィンランド湾
サンクト・ペテルブルク
タリン
エストニア
バルト海
北海
リーガ
ロシア
デンマーク
ラトヴィア
リトアニア
カリーニングラード
ヴィルニュス
ベラルーシ
ポーランド
ドイツ
チェコ
ウクライナ

バルト三国と周辺国

一　ヨーロッパ統合とバルト地域

ロシアとラトヴィアに国境を接し、フィンランド湾を挟んでフィンランドと、バルト海を挟んでスウェーデンと向きあい、バルト海東南岸の最も北に位置するエストニアは、四万五二一五平方キロメートルの国土と約一四四万六〇〇〇人の人口をもつ、三国の中では最も小さな国である。基幹民族の言語エストニア語は、フィンランド語と同じフィン・ウゴール語に属し、ルター派プロテスタントが主に信仰されてきた。エストニアと北に国境を接するラトヴィアは、他にロシア、ベラルーシ、リトアニアと国境を接し、スウェーデンとはバルト海を挟んでいて、六万四六〇〇平方キロメートルの国土と約二三九万人の人口をもっている。基幹民族の言語ラトヴィア語は、インド・ヨーロッパ語のバルト語派に属し、宗教は、主にルター派プロテスタントであるが、東部地域はポーランド・リトアニア国家に歴史的に属してきたため、カトリックが主流となっている。三国の内、最も南に位置するリトアニアは、ラトヴィア、ベラルーシ、ロシア（カリニングラード）、ポーランドと国境を接し、バルト海の対岸はスウェーデンである。国土は、六万五二〇〇平方キロメートル、人口は約三七〇万人である。リトアニアは、一二三六年にリトアニア大公国が成立した後、エストニア、ラトヴィアの地域に進出してきたリヴォニア騎士団に対抗するためにポーランドと連合、一五六九年のルブリン連合でそれが固定化された歴史をもっており、文化的にもポーランドとの関わりが深い。このため、カトリックが信仰されており、基幹民族の言語リトアニア語は、ラトヴィア語と同じバルト語派に属している。

二　バルト三国の安全保障――カリニングラードのゆくえ

バルト三国は、一九九一年に独立を回復したものの、旧ソ連軍はその後も駐留しており、一九九三年八月末にリトアニアからの撤退が完了、一九九四年八月末にエストニアのパルディスキ原潜基地、ラトヴィアのスクルンダ・レーダー基地の解体は残されたものの、両国からの撤退も完了した[3]。

一九九七年一一月に実施された世論調査によると、自国の将来に関わる相手はどこかという質問で、エストニア、ラトヴィア、リトアニア三国とも第一にEU（それぞれ48％、36％、27％）を、第二にロシア（それぞれ17％、24％、19％）をあげている[4]。この数字の背景として、バルト三国が独立回復以来、EU加盟を目指している点、ラトヴィア、エストニア内には、ソ連時代の退役軍人あるいは移民として当地にやってきた多くのロシア人の存在があること[5]（それぞれ総人口に対する割合は34％、30・3％：一九八九年）、両国ともロシアとの国境問題を抱えている点、また、リトアニアはロシアの飛び地カリニングラードと接しており、ロシア軍の国内通過という問題を抱えている点から、ロシアとの関係が三国の将来に重きをなしていることがあげられる。

ところで、一九九六年三月二三日に発行された、ロシア外交・安全政策委員会により組織された「ソ連は二〇〇五年に再生するか？」というテーマを掲げた会議の報告書（「カラガーノフ報告書」）で、バルト三国の新連邦への加盟の見通しについて、エストニア、リトアニアはほぼ完全に問題外、

ラトヴィアの不凍港、リァパーヤ市街

ラトヴィアは、「見込みはない、だが不可能ではない」とある。[6] このような報告の背景には、ロシア語系住民（ロシア人とその他のソ連からの移住者も含む）が、ラトヴィアで最も多く、また、それは、首都リーガでは基幹民族ラトヴィア人が約三六・五％で、その他がロシア人を多数とするロシア語系住民であること、東部にある第二の都市ダウガヴピルスでも、八七％がロシア語系住民（ロシア帝国時代のロシア語系移民も多い）であること、また、ラトヴィアにはリーガ、ヴェンツピルス、リァパーヤという不凍港があることから、ロシアにとって戦略的、経済的にも重要であるという認識があることを指摘できる。

他方で、ロシア軍撤退後の一九九五年、ラトヴィアの安全保障に対する脅威に関する社会学的調査では、ラトヴィア市民は、①犯罪・麻薬の密輸（53・4％）、②汚職（44・9％）、③環境破壊（40・

9％）、④テロ（38・7％）、⑤潜在的危険としてのロシア（29・3％）、⑥民族的アイデンティティの喪失（18・6％）、⑦難民・移民（10％）、⑧民族的少数者（3・8％）を挙げている。国籍を取得していない非ラトヴィア市民ではどうかというと、①犯罪・麻薬の密輸（18・4％）、②汚職（16・3％）、③環境破壊（14・6％）、④テロ（12・8％）、⑤民族的アイデンティティの喪失（4・2％）、⑥潜在的危険としてのロシア（1・7％）、⑦難民・移民（1・5％）、⑧民族的少数者（0・4％）となっている。(7)

ロシア軍がまだ駐留していた一九九四年春に実施されたラトヴィアの安全保障と独立に対する脅威に関する調査でさえ、ラトヴィア市民は、①弱い経済（21・2％）、②ロシア軍の存在（19・9％）、③実行されているロシアの対外政策（18・5％）、④未解決社会問題（15・4％）、⑤犯罪（9・1％）、⑥不明瞭な国家間関係（6・3％）、⑦放置武器の蔓延（5・0％）、⑧ラトヴィアに不忠誠な人々（2・2％）となっており、これに対して非ラトヴィア市民では、①弱い経済（26・3％）、②未解決社会問題（24・4％）、③不明瞭な国家間関係（17・5％）、④犯罪（10・6％）、⑤実行されているロシアの対外政策（8・8％）、⑥放置武器の蔓延（5・5％）、⑦ラトヴィアに不忠誠な人々（1・8％）、⑧ロシア軍の存在（1・4％）となっていた。(8) このような調査から、ロシアの軍事的脅威よりも、むしろ、経済、社会、文化的要因を含む総合的安全保障の必要性が増していることを読みとることができるだろう。

二〇〇一年一月三日の『ワシントン・タイムズ』紙によると、ロシアが核兵器を、二〇〇〇年夏以来ロシアの海軍基地のカリニングラードへ移動させていると米情報官が発言した（*The Washington*

Times, Jan. 3, 2001)。ロシア国防相はその報道を否定したものの、ロシア軍のバルト地域からの撤退以後に積み重ねてきたロシアとバルト三国間での多くの試みを動揺させるものであった。ラトヴィア国防省は、同報道に関していかなる公式情報もないとし、特に、米、ロシアからの声明には注意を払うが、核兵器の設置はNATOも含めた国際的論点であり、その可能性については国際世論とNATOが明らかにすると信じていると述べている。(9)

他方でロシアの飛び地であるカリニングラードは、ドイツ名ケーニッヒスベルク（*Konigsberg*）と呼ばれたドイツ人の町として発展してきたが、ポツダム平和会談の取り決めで、一九四六年にロシア社会主義共和国（RSFSR）に編入された地域である。バルト三国の独立によってバルト海沿岸の海岸線の約三分の二を失ったロシアは、現在わずかに二〇〇キロメートルを越える程度の海岸線を有しているにすぎない。特に、カリニングラード州は、食料、原料、エネルギー、石油等を完全に地域外に依存している。不凍港であるカリニングラードは、ソ連時代、海軍基地としてだけでなく、バルト海沿岸の主要商業港として、サンクト・ペテルブルク（旧レニングラード）と並ぶ港であり、一九八〇年代の統計では、バルト海の商業港の役割の約三〇%をサンクト・ペテルブルクが、残り七〇%をバルト海東南岸地域、すなわちクライペダ（現リトアニア）、リーガ、ヴェンツピルス（現ラトヴィア）、タリン（現エストニア）、そして、カリニングラードが担っていた。(10)

ところで、一九九九年三月に、ポーランドがチェコ、ハンガリーと共にNATOに正式に加盟を果たすと、バルト三国は西のNATOと東のロシアの狭間に取り残される形となった。これとともに、ロシアの飛び地カリニングラードは、NATOとの境界の最前線に位置することになった。仮にバルト三国、あるいはリトアニアがNATOに加盟すると、カリーニングラードもNATOに取り囲まれる形となる。バルト三国がNATOからとり残されるのか、カリーニングラードがロシアから孤立してしまうのか、NATOの拡大問題は最大の関心事となっているのである。

一九九八年春に実施されたバルト三国住民への世論調査での、国家の安全保障と安定を保証する最善の手段は何かを問う項目についてみると、リトアニアではNATO加盟が第一位を占め（26％）、二位にNATO、EU両方加盟（23％）と中立（23％）が並んでいる。ラトヴィアでは、一位は中立（29％）、二位はNATO、EU両方加盟（26％）、三位はNATO加盟（15％）である。エストニアでは、NATO、EU両方加盟が一位（30％）、二位に中立（29％）、三位にNATO加盟（16％）であった。[11] 実際に、三国が中立政策を遂行するだけの能力を持つ可能性が不確かな現在、欧州安全保障枠組み、或いはヨーロッパプラスアメリカの安全保障枠組みを求めるしか選択の余地を見出していないことは、この世論調査からも理解できる。

三国のNATO加盟願望に対して、一九九四年一月にNATO首脳会議は「平和のためのパートナーシップ協定（PFP）」を提案し、リトアニアは同年一月二七日、エストニアは同年二月三日、ラトヴィアは二月一四日、それぞれ調印した。

ポーランド、チェコ、ハンガリーの加盟招請が一九九七年七月のNATOのマドリッド首脳会議で正式に決定されたことで、第一次加盟の可能性が消えたバルト三国は、これ以後、EU加盟に向けてこれまで以上に積極的に取り組むようになった。これに先立つ同年五月二七日に、NATO東方拡大に反対を唱えるロシアとの間で、NATO・ロシア基本文書が調印され、その中で両者の協議、調整のために常設合同評議会（*PJC:NATO-Russia Permanent Joint Council*）の設置が決定された。NATOの第一次東方拡大対象国とならなかったバルト三国に対し、アメリカは新たな提案を示した。アメリカとバルト三国との「パートナーシップ憲章」である。一九九八年一月一六日には、アメリカとバルト三国は、アメリカ・バルト「パートナーシップ憲章」に調印した。この調印で、アメリカがバルト三国のNATO加盟を擁護することが示された。

この憲章に関して、三国個別に調印することも検討されたが、最終的にはアメリカプラス三国の形の調印となった。バルト三国それぞれが抱える問題や特徴が異なるにもかかわらず、一括調印となったことは、アメリカのバルト三国への関心が本質的に同一であることを示したことになる。バルト三国の位置付けは、ここに端的に示されているのではないだろうか。ソ連からの分離・独立運動やソ連軍の撤退交渉、EU、NATO加盟への動向をふり返ると、バルト三国が、三国の地域協力を土台にその外交政策を展開してきたことの背景が理解できよう。

三　下位地域協力の展開——カリニングラードとの共存

①バルト三国の地域協力

バルト三国で、実質的な地域協力の動きを見ることができるようになった発端は、環境問題である。ソ連時代の環境保護運動は、民族主義者というレッテルを貼られることによって充分な運動を展開することができずにいたが、一九八六年秋にラトヴィアのダウガヴァ川の水力発電所拡張工事の是非をめぐって週間新聞『文学と芸術』紙上で議論がなされ、翌一九八七年には計画中止という成果を達成したことは、この運動がもはや単なる環境保護運動ではないことを示した。エストニア、リトアニアでも、環境保護運動の展開は、自立運動への道を開いた。一九八八年夏のバルト海汚染に対する抗議活動は、スカンディナヴィア半島とバルト海東南岸地域で人間の鎖によって示された。自立・分離運動のイニシアティヴをとった人民戦線（リトアニアはサユディス）に始まる三国間の協力は、独立回復後も、ロシア軍の撤退要求、さらには、EU、NATO加盟への共同歩調として示されていった。分離運動ではソ連という共通の敵、その後はロシアという、三国の地域協力の動機付けであった共通の敵の存在が、ロシア軍の撤退によって失われた。

三国間の地域協力としては、独立回復前の一九九〇年に合意に達していたバルト三共和国会議を継承するバルト三国会議（Council of Baltic States）がある。この会議は大統領、首相、外相による定例会議を開催しており、議員間のコミュニケーションをはかるバルト三国議員会議（Baltic Assembly）は一九九二年一月から活動を開始、バルト三国閣僚会議（Baltic Council of Ministers）も一九九四年六月に設置するなど展開を見せた。この地域協力を母体として、一九九四年、三国はそれぞれEUと自由貿易協定に調印（九五年一月一日発効）、一九九四年にはNATOと「平和のためのパートナーシップ」（PFP）に調印（エストニア：二月三日、ラトヴィア：二月一四日、リトアニア：一月二七日）、一九九五年五月、欧州協定に調印（九八年二月一日発効）、一九九八年一月一六日にはアメリカと「パートナーシップ憲章」に調印した。

三国間の地域協力でもっとも具体的な成果をあげている分野は、軍事面であろう。一九九四年のN

リーガ市街

ＡＴＯとのＰＦＰ調印によって、バルト三国には共同の軍事活動の必要性が生じてきており、共通空域監視や調整制度（ＢＡＬＴＮＥＴ）、共同掃海艇小艦隊（ＢＡＬＴＲＯＮ）、バルト国防大学（ＢＡＬＴＤＥＦＣＯＬ）等の活動が求められるようになった。バルト三国は、ロシア軍撤退完了直後の一九九四年九月には、バルト平和維持大隊（ＢＡＬＴＢＡＴ）の創設を決定していたが、これはバルト三国の国防を目的として設置されたものではなかった。一九九六年一月の世論調査によると、三国間の軍事同盟の創設に関して、リトアニアで六九％、ラトヴィアで六七％、エストニアで六四％が支持している。[12]

バルト三国間の軍事協力のプロジェクトを支援するために、一九九七年には、バルト安全保障アシスタンス（ＢＡＬＴＳＥＡ）が、米、デンマーク、フィンランド、ポーランド、ドイツ、フランス、オランダ、ノルウェー、スウェーデン、ベルギー、アイスランド、スイス、カナダ、英の参加の下に設立された。二〇〇〇年には、この機関の管理下にあるバルト国防大学から将校が送り出されるようになり、三国間軍事協力の核となること、また輩出された将校がNATOとの橋渡しの役割を担うことが期待されている。新たに航空監視訓練センターや、共同空軍輸送部隊（BALTWING）プロジェクトの設置なども具体化に向かっている。

ここで注意したいのは、三国の地域協力が内的動機よりもむしろ外的動機に発したものである点である。バルト三国地域協力の発展の背景として、特に一九八〇年代末、この地域の民主化運動が北欧諸国から支援を得たことは重要である。バルト三国会議はそもそも北欧会議をモデルとし、北欧会議の存在はバルト三国にとっての先例であった。バルト三国地域協力は、それを土台として北欧五カ国との協力（「5＋3」協力）も発展させており、後述の環バルト海諸国評議会（CBSS）との連携においても重要な役割を果たしてきたといえよう。

②欧州統合と下位地域協力の多様化

バルト三国がEUへの加盟の延長線上にNATO加盟を見、同じレベルの、すなわち総合的安全保障の問題として積極的関心を寄せているのに対して、ロシアは、バルト三国のEU加盟とNATO加盟は全く別なレベルの問題として捉えている。バルト三国のNATO加盟問題は、ロシアにとってまさに軍事的安全保障問題であるというのが、ロシア側の変わらぬ認識であるからである。

一九九七年七月のNATOのマドリッド首脳会談で、バルト三国は第一次拡大に含まれないことが公式に明らかになると（一九九六年にアメリカのペリー国防長官が事実上明らかにしていたが）、三国の関心は、一九九五年にすでに正式申請をしていた（ラトヴィア：10月27日、エストニア：11月24日、リトアニア：12月8日）EU加盟にこれまで以上に向いた。EUの拡大に関しては、バルト三国は共通して加盟を希望してきたが、一九九七年一二月のルクセンブルク欧州審議会で、三国の内ではエストニアだけが第一次加盟交渉国に加えられ、一九九八年三月三一日から交渉は開始された。ラトヴィア、リトアニアは、一九九九年一二月一一日にようやく交渉開始にこぎつけた（ヘルシンキ欧州審議会）。

この背景には、エストニアが経済的発展で成果をあげる一方で、ラトヴィアではロシア語系住民の問題や国境確定問題が、リトアニアでは経済発展の遅れが障害となっていた点がある。これは、三国の地域協力を母体にEU加盟を進めてきた三国の足並みを乱すことになった。EUが要求する国内法の整備や司法制度の改善等、三一分野での基準の達成状況如何によって、第一次候補国が必ずしも早期正式加盟となるとは限らないのである。

ところでラトヴィアが三国間の地域協力に最も積極的であるといえよう。そもそも、先に言及したように基幹民族のラトヴィア人がかろうじて過半数を超える（一九八九年52％、二〇〇〇年57・6％）ラトヴィアでは、ロシア語系住民の存在（ロシア人は、一九八九年34％、二〇〇〇年29・6％）が総合的安全保障政策を拘束しているのが現実である。この住民の存在は、ロシア軍の撤退問題、ロシア語系住民への国籍付与問題、NATO加盟問題などで、ロシアの政治的圧力のための手段として用いられてきた。加えて、リトアニアは、ポーランドとの関係改善以降、バルトの国としてよりも中欧として扱われることを望む傾向にあり、またエストニアはフィンランドとの経済関係の強化を図っていくなか、ラトヴィアが三国の中で取り残されるという危惧をもっているのも確かである。ゴーブルの指摘によると、ロシア系住民が政府に対してどのように評価しているかについての世論調査（二〇〇〇年一月一〇日発表）では、政府に対して肯定的評価を与えているのが、エストニアでは六二％、ラトヴィアでは三九％、リトアニアでは四二％となっており、[13] もはや、ロシア語系住民の存在がロシアの政治的圧力の手段として利用される根拠は（モスクワの意向と認識は別としても）、事実上、希薄になりつつある。

ところで、バルト三国が関わる下位地域協力の中で、バルト海地域の様々な国と様々な問題を包括しているのは、環バルト海諸国評議会（Council of Baltic Sea States: CBSS）である。そもそもバルト海沿岸地域は、冷戦期には対立構造を抱えていたが、冷戦の終結によって、当地域が新たな可能性を探る場として関心を集めるようになった。一九九二年三月にドイツ（シュレスビッヒ・ホルシュタイン州）、デンマーク両国の招きでコペンハーゲンに外相が集まって行われた会議で、環バルト海諸国評議会（CBSS）は、ドイツ、デンマーク、フィンランド、エストニア、ラトヴィア、リトアニア、ポーランド、ロシア、スウェーデン、ノルウェー、EC委員会（現在は、EU委員会）代表を加盟国として発足した。一九九六年には、第一回の首脳会談が開催され、二〇〇〇年には第三回を迎えた。CBSS以外にも、北欧諸国を主導とするバルト海地域の協力はあるが、CBSSは、新しい安全保障概念に含まれるであろう経済、環境、文化、社会、人権等の調整に貢献している点、またロシアとドイツが含まれている点で、バルト三国にとって極めて重要である。CBSSはもともと、地域特に旧ソ連・東欧地域の政治・経済的発展のための共通の戦略を創り出すこと、並びに人道的支援とバルト海汚染問題の改善、教育・文化面での協力、運輸・通信網の整備等を目的として設立されたが、ＥＵの拡大に伴いその役割に変化が生じてきた。

ここで、指摘したいのはカリニングラードの問題である。ポーランドはロシアの飛び地カリニングラードでロシアと国境を接しているが、そのポーランドがＮＡＴＯ加盟国となったことによって、バルト三国地域は西欧とロシアの狭間におかれることとなったことは先にも述べたとおりである。こうして、バルト三国にとっては、これに強硬に反対しているロシアとの関係がこれまで以上に重要になると共に、より慎重な対応が求められる。カリニングラードは食料、原料、エネルギー、石油等を完全に域外に依存しているので、カリニングラードの孤立化は、国境を接するリトアニアにとっても、また、ロシアにとってもなんとしても避けたい事態である。リトアニアは独立回復後、カリニングラードとの良好な関係構築に力を注いできた。

リトアニアはカリニングラードの主要貿易相手国の一つで、二〇〇〇年一月一日現在、リトアニアにとってカリニングラードとの貿易は、ロシアとの全貿易の約一二％を占めるに至っている。リトアニアは、カリニングラードでのリトアニア―カリニングラードの共同事業では数の上では第三位で、二〇〇〇年になってからでも、全投資の七九・八％にあたる三九〇万ドルを投資し、三二の新企業を設立した。現在、リトアニアの電気がカリニングラードへ、ガスと石油はロシアからカリニングラードへ通す計画も進んでいる等、両地域間の経済関係は緊密に展開されている。またリトアニアは、ロシアとの閣僚レベルの会合をもつ他にも、リトアニア議員とカリニングラード・ドゥーマ議員の定例会議も実施しており、相互の信頼醸成に努めているといいえよう。

加えて、両地域の関係の緊密化にとって有益な役割を果たしているユーロリージョンもある。すでに一九九八年にリトアニア、デンマーク、ラトヴィア、ロシア、スウェーデンによって設置が合意されたユーロリージョン「バルティヤ（Baltija）」による産業、農業、輸送、コミュニケーション、環境保護、教育、観光の分野での共同協力プロジェクト活動にも、リトアニアのクライペダとカリニングラードが参加している。このほかのユーロリージョン「サウレ（Saule）」への参加や、カリニングラード、ベラルーシとの協力の下に「ネムナス川河口の管理」の環境保護プロジェクトも、米・スウェーデンの援助で計画されている⑭。

一九九八年九月、欧州大西洋パートナーシップ（EAPC）に関するヴィルニュス会議でリトアニアのサウダルガス（Algirdas Saudargas）外相は、その演説で、ロシアとの関係について、カリニングラード州の様々な組織からの援助要請に応えて五〇〇万リタス（約一二五万ドル）の人道援助を実施したことに言及し、EUプロジェクトの発展と、CBSSの枠内での地域の発展にカリニングラードを含むことを重要視していると述べている⑮。

カリニングラード州からの援助要請は、二〇〇〇年二月にリトアニア、ロシア両国外相によって、EUのノーザン・ディメンジョン・プログラムの枠内でのプロジェクトに関わる合同提案として合意、この合同提案はノーザン・ディメンジョン・アクションプランに加えるため欧州委員会に提出されるなど、具体的に動き始めている。EUのノーザン・ディメンジョン・イニシアティヴの目的は、EUに隣接するロシア北西部地域間のギャップを削減し、拡大EUとロシアの間の協力を増やすことにあり、CBSSとの連携の中で進行している。EUにとっても、その拡大に伴い、バルト海諸国の協力活動に対していかに支援するかは重要であり、バルト海地域イニシアティヴでは、ファーレ・プログラム（Phare）をはじめとする多様な資金援助が行われている。

課題と展望

バルト三国政府は独立回復以来、一貫してEU、NATO加盟を最優先に取り組み、欧州への回帰と国家の安全保障を果たそうとしてきた。この努力によって、経済的発展やロシアとの密着した貿易関係からの脱却、政治的発展、社会の安定、近隣諸国との関係の強化、環境問題の国境を越えた地域的協力等々の成果をあげてきた。このような政策は、もともと、第一次世界大戦後に成立した国民国家の喪失という歴史的体験を背景に、国家安全保障、言い換えると国民国家の存続と安定を目指して行われてきた。西欧の安全保障構造への参加はそのためであり、バルト三国の地政学的位置は、国家間だけでなく、国家の枠を越えた地域同士の協力を推進させてきた。これまで言及したようなバルト三国の地域協力、つまり北欧諸国との「5＋3」協力、CBSS、ユーロリージョン等は、国民国家の限界から生じる問題、例えば、ロシアとの困難な国家間関係を、地域間の協力と信頼によって解決する可能性を提供してきているといえよう。その意味において、欧州統合と下位地域協力は相互に補完的役割を果たしている。

環バルト海地域のように、かつての冷戦構造の負の遺産をとりわけ抱えている地域にとって、下位地域協力は新たな道となるかもしれない。欧州統合と下位地域協力を通じてバルト三国は、ロシア語系住民や国境確定のような内在する問題を地域内で解決できるという点で、他方、国民国家の存続と安定に向けての国内諸制度の整備や、政治的、経済的発展の水準を西欧諸国に近づけてきているという点で、特徴を見いだすことができる。

だが、EU、NATO加盟に今一つ具体的な見通しが立たない現在、カリニングラード州との関係構築や協力の推進が、バルト三国の安全保障にとって鍵となるであろう。また、これまで述べてきた様々な地域協力や、EU、NATO加盟への基準を満たす努力は、結果的に、国力の有機的な向上につながっているともいえよう。

歴史的に見ると、ロシアあるいはソ連という敵を共有してはじめて、バルト地域の協力は活力をもってきたが、二〇世紀末に動き始めた環バルト海地域の協力は、環境、経済、社会、あるいは人権、文化といった様々な分野で、国民国家単位ではもはや解決することのできない問題が同地域に山積していることをも示している。

最後に、バルト三国政府は、共通してEU、NATO加盟を目指してきたわけだが、その政策に対する国民の意識についての世論調査を紹介したい。EU加盟に関しての世論調査では、「明日、EU加盟についての国民投票があるとしたら、加盟に賛成するか」という問いに対して、一九九七年一一月の調査では、リトアニアで四〇%、ラトヴィアで四〇%、エストニアで三五%が賛成、反対はそれぞれ一三%、一三%、一四%で、未定が二六%、三二%、三七%であった。[16]これに対して、二〇〇〇年の調査では、賛成はリトアニア四七・三%（10月）で、ラトヴィア四五・三%（11月）であり、反対はそれぞれ二〇・九%、三四・二%、未定は二五%、二〇・五%である。[17]この調査の興味深い点は、全体としてはEU加盟を支持する割合が増加しているが、反対する割合も増加していることである。

そこで、反対の割合の高いラトヴィアに関して、ラトヴィア欧州統合広報局（EIB）の調査を紹介しよう。ラトヴィアでのEU加盟を支持する理由としては、①安全保障（44・6％）、②欧州への包括的統合を確実にする（44・5％）、③教育、学問の可能性が増加（41・7％）、④経済的発展（38・4％）、⑤他の選択肢なし（38・3％）の順位であり、反対の理由としては、①ラトヴィア農業への脅威（63・8％）、②ラトヴィアの商品市場への脅威（41・5％）、③地元生産者への脅威（36・8％）、④EUが加盟国にそれ自身の利益を押しつける（36・7％）、⑤ラトヴィアがEUのゴミ捨て場になる（34・7％）となっている。「ラトヴィアの将来として受け入れられるモデルは」という問いに対して、回答者の三八・一％が「EUに加盟」、七・五％が「CISのメンバー」と答えているが、他方、「諸連邦に参加しない」が三二・六％、無回答が二一・八％である。[18] EU加盟に向けて邁進している政府の政策と国民の認識との格差を見せているように思われる。

EUのイメージに関する調査では、一九九一年には「肯定的」と答えたのは、リトアニアで五一％、ラトヴィアで四五％、エストニアで三八％、「中立」はそれぞれ二一％、二九％、三五％、「否定的」は〇％、一％、一％であった。それが一九九七年になると、「肯定的」はそれぞれ三四％、三三％、三〇％、「中立」は三八％、四六％、五〇％、「否定的」は五％、六％、八％であった。三国とも肯定的イメージは一九九六年まで下降線を辿り続けたが、同年後半にNATOへの加盟が当面無理と判明したことから、翌一九九七年に上昇を見せている。[19]

NATO加盟に関する二〇〇〇年五月のエストニアでの世論調査では、加盟に賛成は五四％、反対が二一%、未定が二五%、非エストニア人だけでも加盟賛成が三三%になっており、二〇歳以下の非エストニア人では、五〇%を越えている。[20] 二〇〇〇年一二月のリトアニアでの調査（一五―二四歳、一〇二八人を対象）では、NATO加盟賛成は四八・九%、反対は二三・三%、未定は二八・八%である。[21] ラトヴィアでは、NATO加盟賛成は、住民の内五三・四%（民族的ラトヴィア人では六九・五%、ラトヴィア国籍を有する住民では六二・五%）、反対は住民の内三二・六%で、反対の理由として、NATOに関わる費用が恩恵を上まわり、国が独立を失うだろうと指摘している。[22]

先に言及したように、ロシアが三国の内で唯一その安全保障構造に取り込むことが不可能ではないと見ているラトヴィアで、NATO加盟への賛意が高く、加盟反対もラトヴィア住民が最も高い。これこそ、ラトヴィア社会の不安定さを如実に示しているのではないだろうか。そしてまた、これこそが、ラトヴィアがエストニア、リトアニアとの三国協力を推進することで、三国単位でのヨーロッパへの回帰を切望する理由でもあろう。だからこそ、EU、NATOへの道ではない、上位地域協力と下位地位協力という双方の取り組みによって、地域の特徴を活かし、自立できる新たな道を模索実現していくことが、二一世紀のバルト三国の課題となろう。

（注）

（1）当初は、エストニア、ラトヴィアを対象としていたが、九月二八日の追加議定書で、リトアニアもその対象とされた。

（2）バルト三国では、ソ連時代を占領時代と位置づけている。

(3)パルディスキ原潜基地は、九五年九月に解体終了、スクルンダ・レーダー基地は、九九年一〇月に解体完了が、OSCEの査察により確認されている。
(4)*Central and Eastern Eurobarometer*, 8, ANNEX FIGURE 1.
(5)戦間期独立時代もロシア人は、一九三九年に最も多いラトヴィアで一〇・六%いた。
(6)Aivars Stranga, "Baltic-Russian Relations: 1995-Beginning of 1997", in: *Small States in a Turbulent Environment: The Baltic Perspective*, Ed. by A. Lejiòd & T. Ozoliõa, LIIA, Riga, 1997, pp. 185-186; 他にもYaroslav Bilinsky, *Endgame in NATO's Enlargement : The Baltic States and Ukraine*, Westport, Conn., London, 1999, p. 11. 等。
(7)Rodin, M., & Strupiss, A., *Euroidentity and National Identity: Latvia's International Tendencies:* Report for Latvian Shipping Company. Riga: Latvian Shipping Company, 1995, pp. 2-5. cited in: Zaneta Ozolina, "Latvia", in: *Bordering Russia-Theory and Prospects for Europe's Baltic Rim*, Ed. by H. Mouritzen, p. 133.
(8)Tālavs Jundzis, *Latvijas drošība un aizsardzība*, Rīga, 1995, lp. 243.
(9)*Current Latvia*, January 1-8, 2001, Wk. 1/2001, 383.
(10)Alexander Sergounin, "The Russia Dimension," in: *Bordering Russia-Theory and Prospects for Europe's Baltic Rim*, Ed. by H. Mouritzen, Aldershot・Brookfield, 1998,p.19.
(11)*Public Opinion and Level of Awareness on Security Issues in the Baltic Countries*, NATO Office of Information and Press, Ministry for Foreign Affairs of the Republic of Lithuania and "Baltic Surveys"/Gallup. 98/03.
(12)*Lietuvos Rytas*, 96/02/9, cit. in: Grazina Miniotaite, "Lithuania", in: *Bordering Russia: theory and*

prospects for Europe's Baltic Rim, Aldershot & Brookfield, 1998, p. 176, note 13.

(13) Paul Goble, "Ethnic Identity, Political Loyalty," Jan. 11, 2001, in: *Estonian Review*, Vol. 11, No. 2, Jan. 8-14, 2001.

(14) Foreign Policy, Lithuania's Cooperation with Russia's Kaliningrad Region, Political Dept. & Information and Culture Dept. of MFA, Lithuania, 2000/10/06.

(15) Algirdas Saudargas, "Baltic security is European security," in: *NATO Review*, No. 4, Winter 1998, pp. 4-7. Webed., 4-5. このような援助は、リトアニアからのロシア軍撤退の際の、カリニングラードに援助した集合住宅建設にさかのぼれる。

(16) *Central and Eastern Eurobarometer*, 8, ANNEX FIGURE 32.

(17) *Newsfile Lithuania*. Oct. 30-Nov. 5, 2000, 636; *Current Latvia*, Dec. 4-11, 2000, 50/2000, 379.

(18) "Latvia's Integration into the European Union is more supported than entering into Commonwealth of Independent States or staying neutral,": EIB Information Year 2000, Riga, June 14, 2000.

(19) *Central and Eastern Eurobarometer*, 8, ANNEX FIGURE 10, 12, 13.

(20) "Estonian Public Opinion on NATO Accession, May 2000," Press Releases, No. 7-BI, July 12, 2000, Ministry of Foreign Affairs of the Republic of Estonia.

(21) Press Release, Information and Culture Department, MFA, Lithuania, Jan. 23. 2001.

(22) *Current Lativia*, Dec. 4-11, 2000, Wk. 50/2000, 379.

あとがき

現在、二〇〇二年からのユーロ一斉導入、二〇〇四年のEU構成国の拡大を控えて、ヨーロッパの統合の深化と拡大の動きはますます加速してきている。一方でそうした流れに抗するように、二〇〇〇年二月にオーストリアで右翼政党のハイダー自由党が政権に参加してEUの外交制裁を受け、さらに二〇〇一年六月にはイタリアでも右翼急進派のベルルスコーニと北部同盟が政権参加し、同じ月にアイルランドでは、国民投票でニース条約批准がならなかった。

近代の国民国家の枠に挑戦しグローバリゼーションのなかで地域のヨーロッパを創設しようとする壮大な実験に対して、国家・民族利益を主張し、移民の流入や生活水準の悪化を危惧する動きも存在する。加盟を申請している中・東欧の諸国においても、本文に見られるように、加盟を目指す政府・エリートと、その生活への影響を危惧する民衆との間のズレが見られる。

これまで、冷戦期におけるヨーロッパの西と東の分断の結果、日本でも、一般に西欧と東欧はまったく別々に扱われてきた。冷戦の終焉以降、東西の「ヨーロッパ」の統一と多様性の見直しが進んでいる現状に鑑み、日本でもEUの統合と拡大の問題を、西と東の各地域・各民族の側から扱う必要があるのではないか。そうした観点から、本研究は、一九九九年春に西欧と東欧の研究者双方に声をかけて始められた。

「ヨーロッパ統合のゆくえ」と題するその研究会には、本書に書いていただけなかった多くの方々にも加わっていただき、それぞれの専門研究を報告していただき、意見交換を行い、議論し、発展させる作業を一年間にわたって行ってきた。そこに参加し協力してくださった方々のお名前を掲げ、感謝を申し上げたい。市田知子氏（農業総合研究所）、坂井一成氏（東京工業大学、当時）、佐久間孝正氏（東京女子大学）、澤野由起子氏（国立教育研究所）、鈴木規子氏（慶應大学大学院、当時）、滝本順子氏（慶應大学大学院）、中島茂雄氏（東京都庁職員）、中野裕二氏（駒澤大学）、山脇直司氏（東京大学）などである。これらの方々の研究から多くをご教授いただいた。

以上の一年間の研究報告を踏まえ、二〇〇〇年四月に、立教大学で研究総括としての公開ワークショップ「ヨーロッパ統合のゆくえ――その深化と拡大において問われているもの」を開催し、研究成果を互いに確認しあった。このワークショップの報告者が、基本的に今回の著書の論文執筆者となった。書いていただく予定であったにもかかわらず仕事の関係から無理になった方もあるが、本書は、以上の二年間の研究活動を踏まえた一つのささやかな共同の成果である。

本書の出版に関しては、人文書院の落合祥堯さんに大変お世話になった。既に右記の研究会において、東西ヨーロッパの研究者が集った研究会のときから極めて高い関心を持って参加していただき、全体の構想と執筆内容についても、貴重なご教示を多くいただくこととなった。心より感謝申し上げたい。

また、巻末の資料や年表については、宮島喬『ヨーロッパ社会の試練』（東京大学出版会）、ロスチャイルド（羽場・水谷訳）『現代東欧史』（共同通信社）巻末の年表などを参考にしつつ、慶應大学大学院博士課程の東野敦子氏に作成・協力していただいた。付3の「ヨーロッパマイノリティ」の表は原聖氏にお世話になった。記して厚くお礼を申し上げたい。

本書が、二一世紀における新しいヨーロッパ統合のゆくえを展望し、社会・地域・民族を理解する上での一助となれば、編者・著者として、心からの喜びである。

編者（宮島喬・羽場久浘子）

二〇〇一年七月

ヨーロッパ統合と西欧関連年表

年　月	EC／EU、加盟国、その他の欧州国際機構の出来事
1946.3	チャーチル、「鉄のカーテン」演説。9月にチューリヒ大学での演説で「ヨーロッパ合衆国」を提唱
1947.3	トルーマン・ドクトリン発表
6	マーシャル・プラン発表
1948.3	ブリュッセル条約調印
4	欧州経済協力機構（OEEC）設立
5	ハーグ欧州会議
8	欧州審議会発足
1949.1	ブリュッセル条約加盟5カ国とイタリア、アイルランド、デンマーク、ノルウェー、スウェーデンが欧州審議会憲章に調印（同8月欧州審議会発足）
4	北大西洋条約調印、NATO設立
5	西ドイツ（ドイツ連邦共和国）成立
1950.5	シューマン・プラン発表（欧州石炭鉄鋼共同体設立構想）
5	フランスのプレヴァン首相、欧州軍設置と欧州防衛共同体（EDC）を提唱
1951.4	欧州石炭鉄鋼共同体（ECSC）を設立するパリ条約調印
1952.5	欧州防衛共同体（EDC）条約調印
7	ECSC条約発効
1954.8	フランス国民議会、EDC条約拒否（EDC構想の頓挫）
1955.5	西ドイツ、NATOとWEUに加盟
1955.6	ECSC総会でメッシナ決議採択、他分野における統合の推進を決議
1957.3	欧州経済共同体（EEC）と欧州原子力共同体（EAEC）を設立するローマ条約調印
1958.1	**ローマ条約発効**
1959.11	欧州自由貿易連合協定（EFTA）調印
1961.8	英国、デンマーク、アイルランド、EECに加盟申請
1962.4	共通農業政策（CAP）の原則確立
5	ノルウェー、EEC加盟申請

ヨーロッパ統合と中・東欧関連年表

年　月	出来事
1944-45.5	ソ連軍による中・東欧の解放と占領
1945.2	ヤルタ会談で、米英ソ３大国、戦後処理に関する基本合意
11	ハンガリーで総選挙、小農業者党が第１党
12	ポーランド党大会。ゴムウカが「社会主義へのポーランドの道」を提唱
1947.2	パリ講和会議
3	トルーマン・ドクトリン発表
6	マーシャル・プラン発表（チェコ、ポーランド、ハンガリー、マーシャル・プランの大会に不参加）
9	ポーランドのシュクラルスカ・ポレンバにて、コミンフォルム結成大会
	ユーゴ、仏・伊の人民民主主義を批判
1948.6	コミンフォルム、ユーゴスラヴィア除名を発表
1949.1	経済相互連絡会議（コメコン）発足
10	東ドイツ（ドイツ民主共和国）成立
1950.6	朝鮮戦争勃発
	ユーゴスラヴィアで自主管理社会主義の模索
1953.3	スターリン死去
7	ハンガリー首相にナジ・イムレ
1955.5	東欧の諸改革。ワルシャワ条約機構成立
1956.2	ソ連共産党第20回党大会、フルシチョフのスターリン批判
4	コミンフォルム解散
6	ポーランド、ポズナン暴動
10	ハンガリーでナジ・イムレ復権、ブダペシュトでの蜂起、ナジ首相
10	ポーランド、ゴムウカ復権、ポーランド「10月の春」
11	ソ連軍ハンガリーに介入、カーダール政権樹立、ナジ逮捕（58.6　ナジ処刑）
1960.4	中ソ対立の公然化
1962.6	コメコン首脳会議、国際分業の基本原則を採択

1963.1	フランスのドゴール大統領、英国の加盟申請を拒否
7	EECとアフリカ18カ国との連合協定（ヤウンデ協定）署名
9	EEC・トルコ連合協定（アンカラ協定）
1965.4	機関合併条約（EEC・ECSC・EURATOM単一の理事会と単一の委員会）調印
4	フランスによるEC意思決定へのボイコット開始
1966.1	「ルクセンブルクの妥協」（重要案件については、理事会での全会一致を目指すという原則の確立）
1967.5	英国、EEC加盟申請
7	機関合併条約の発効とECの誕生
1968.7	関税同盟完成
1969.12	ハーグ首脳会議（70年代の欧州統合の目標を「完成」、「拡大」、「深化」、「政治協力」と定める）
1970.1	共通通商政策始動
1970	このころから西ドイツのブラント政権による「東方政策」活発化
7	ルクセンブルク条約によりECの独自財源の確保（農産物に対する可変課徴金、関税および付加価値税の一部）
10	ウェルナー報告
1971.8	米、ドルと金の交換停止（ニクソンショック）
1972.1	英国、アイルランド、デンマーク、ノルウェー、EC加盟条約調印
4	欧州為替変動幅の縮小開始
9	ノルウェー国民投票、EC加盟条約の批准を拒否
12	パリ首脳会議
1973.1	**英国、デンマーク、アイルランドEC加盟（第一次拡大）**
3	EC共同フロート（域内固定・対外変動制）開始（スネーク）
1974.12	第1回欧州理事会開催
1975.2	第1次ロメ協定締結
3	経済通貨統合に関するマルジョラン報告公表
3	欧州地域開発基金の創設
4	ポルトガルでクーデター、カエターノ独裁体制終焉（リスボンの春）
11	スペインで国家元首フランコが死去
1978.12	欧州通貨制度（EMS）設立
1979.3	EMS発足、ECU導入
6	欧州議会第1回直接選挙

1963.3	ルーマニア党中央委員会、コメコン統合計画反対を決議
4	スロヴァキアでドプチェクが共産党スロヴァキア支部の第一書記に就任
1964.10	ソ連でフルシチョフ第一書記解任、後任にブレジネフが就任
1965.3	ルーマニアでチャウシェスク就任
1968.1	チェコスロヴァキア共産党第一書記にドプチェクが就任。「チェコスロヴァキアの春」の始まり
6	チェコスロヴァキアで検閲廃止、知識人ら「二千語宣言」発表
8	ワルシャワ条約機構軍、チェコスロヴァキアに侵攻
9	アルバニア、ワルシャワ条約機構から脱退
11	「ブレジネフ・ドクトリン」発表
11	ユーゴスラヴィアのコソヴォ自治州でアルバニア人の暴動
1969.4	チェコスロヴァキアでドプチェク第一書記解任、後任にフサークが就任
8	ニクソン米大統領、ルーマニア訪問
1970.12	西ドイツがポーランドのオーデル・ナイセ線を承認
1972.9-12	ポーランド、ブルガリア、ハンガリー、西ドイツと正式に国交樹立。チェコスロヴァキア、西ドイツとの国交を正常化
1974.2	ユーゴスラヴィアで新憲法制定。各共和国、自治州の権限を大幅拡大
5	ユーゴスラヴィアでチトーが終身大統領に就任
8	全欧安全保障協力会議（CSCE）、ヘルシンキで最終文書調印
1977.1	チェコスロヴァキアでハヴェルら反対派知識人が「憲章77」を採択
1978.10	ポーランドのクラクフ大司教ヴォイティワ、ローマ教皇ヨハネ・パウロ２世に選出
1980.5	ユーゴスラヴィアのチトー大統領が死去
7	ポーランドでの食肉の値上げ、全土で労働者のスト
9	ポーランド独立自治労働組合「連帯」発足

10	第2次ロメ協定締結
1981.1	**ギリシアEC加盟（第二次拡大）**
10	EPC「ロンドン宣言」採択
10	欧州議会、「アルフェ報告」（「地域言語・文化と民族マイノリティの権利の憲章」）を採択
1983.1	共通漁業政策始動
6	シュトットガルト欧州理事会、「厳粛なる宣言」を採択
1984.2	欧州議会、欧州連合条約草案採択
6	フォンテヌブロー欧州理事会、英国の対EC予算赤字問題解決。EC制度見直しのための委員会（ドゥーグ委員会）設置
1985.1	ドロール欧州委員長が就任
6	『域内市場白書』（コーフィールド報告）採択
6	ミラノ欧州理事会、EEC条約改正のための政府間会議設置を決定
9	政府間会議招集
1986.1	**スペイン、ポルトガルEC加盟（EC第三次拡大）**
2	単一欧州議定書調印（翌年7月発効）
1987.4	トルコ、ECに加盟申請
	欧州地域議会創設
1988.3	「チェッキーニ報告」公表
1989.6	EC通貨同盟に関するドロール報告公表
7	「リングア計画」（EC域内の諸言語の教育を振興・保障）推進決定
	オーストリアEC加盟申請
11	**ベルリンの壁崩壊**
1990.6	難民に関するダブリン条約採択
6	フランス、ドイツ、ベネルクス、シェンゲン補足条約署名
6	ダブリン欧州理事会、EC条約改正のための政府間会議開催決定
7	経済通貨同盟（EMU）第1段階、資本の域内自由移動開始
7	キプロスEC加盟申請
7	NATO首脳会議、ロンドン宣言採択
7	マルタ加盟申請
10	ドイツ統一
11	全欧安全保障協力会議（CSCE）パリ首脳会議、欧州通常戦力（CFE）条約調印、パリ憲章採択

1981.3	ユーゴスラヴィアのコソヴォ自治州でアルバニア人の暴動。非常事態令
12	ポーランドに戒厳令（—1983.7）
1982.1	ハンガリー、小工業・サービス業に私営中小企業を認める法令施行
1983.1	ソ連・東欧首脳会議、NATOとの武力不行使条約の締結提案
1984.12	ベルリンにて、ワルシャワ条約機構外相会議、核軍縮と宇宙の非軍事化をNATO諸国に訴えるコミュニケ採択
1985.3	ソ連でゴルバチョフ大統領が新書記長に就任
1987.4	チェコスロヴァキアと東ドイツ、中欧非核回廊設置を西ドイツに提案
6	ハンガリー、ECと貿易・経済協力協定へ向けた協議を開始
1988.5	ハンガリーでカーダール書記長が死去、グロースが首相就任
6	EC・コメコン相互承認、共同宣言を採択
9	EC・ハンガリー通商経済協力協定調印
12	EC・チェコスロヴァキア通商経済協力協定調印
1989.2	ポーランドで政府と「連帯」の円卓会議（同年4月まで）
6	ポーランドで議会の部分的な自由選挙、「連帯」が圧勝
6	ハンガリーで、1956年革命指導者ナジ・イムレの再埋葬式
7	アルシュ・サミット、ポーランド・ハンガリー経済再建支援（PHARE）計画設立で合意
9	EC・ポーランド通商経済協力協定調印。「連帯」マゾヴィエツキ政府
11	**ベルリンの壁崩壊**
11	チェコスロヴァキアのプラハでデモ、「ビロード革命」始まる
12	ルーマニアで救国戦線が政権掌握、チャウシェスク大統領夫妻を逮捕、処刑
12	EC・ソ連通商協定調印
1990.3	リトアニア独立回復宣言
3-4	ハンガリーで総選挙、民主フォーラム連立政権成立
5	EC・チェコスロヴァキア経済通商協定調印
5	欧州復興開発銀行（EBRD）設立協定調印
5	ルーマニア総選挙で救国戦線が圧勝、イリエスクが大統領に
6	チェコスロヴァキアで総選挙、市民フォーラム（チェコ）が圧勝、スロヴァキアでメチアルが首相に就任

11	米・EC共同宣言（「新大西洋宣言」）調印
12	運輸・電気通信・エネルギー分野のインフラ整備に関する欧州横断ネットワーク（TENs）計画策定
12	政府間会議招集
1991.7	スウェーデンEC加盟申請
12	マーストリヒト欧州理事会、条約改正案で合意
1992.2	マーストリヒト条約調印
3	フィンランドEC加盟申請
5	EFTAとECとの間で欧州経済地域（EEA）条約締結
5	スイスEC加盟申請
6	デンマーク国民投票でマーストリヒト条約批准拒否
11	ノルウェーEC加盟申請
1993.1	域内市場完成
2	オーストリア、スウェーデン、フィンランドEC加盟交渉開始
4	ノルウェーEC加盟交渉開始
5	デンマーク、再度の国民投票実施、マーストリヒト条約を批准
6	コペンハーゲン欧州理事会、欧州協定締結諸国のEU加盟基準（「コペンハーゲン基準」）について合意
10	チェコ共和国、スロバキア共和国とそれぞれ欧州協定締結
11	**マーストリヒト条約発効、ヨーロッパ連合（EU）の誕生**
1994.1	EMU第2段階開始、欧州通貨機関（EMI）設立
1	EEA発効
3	マーストリヒト条約で定めた地域委員会の発足（委員、189名）
11	ノルウェー、EU加盟に関する国民投票で、これを否決。1972年に次ぎ、2度目の否決。

7	ソ連のゴルバチョフ書記長、ブレジネフ・ドクトリンを否定、「欧州共通の家」を強調
10	ドイツ統一
12	ポーランドでワレサ（連帯）が大統領に
12	チェコスロヴァキア連邦議会、ハヴェルを大統領に選出
1991.2	**ハンガリー、ポーランド、チェコスロヴァキアがヴィシェグラード三国協力を結成**
6	ユーゴスラヴィアのスロヴェニアとクロアチアが独立を宣言
6	コメコン、解散
7	ワルシャワ条約機構（WTO）解体
8	ソ連で「8月クーデター」未遂
8	エストニア・ラトヴィア、独立回復宣言
9	ユーゴスラヴィアで内戦激化
9	ソ連、バルト三国の独立承認
11	NATO首脳会議、同盟の新戦略概念（「ローマ宣言」）採択
11	マケドニア独立
12	**EUがハンガリー、ポーランド、チェコスロヴァキアとの間で連合協定（欧州協定）調印**
12	北大西洋協力理事会（NACC）、ブリュッセルで開催
12	CIS設立条約調印、ソ連の解体
1992.1	ECがクロアチア、スロヴェニア両共和国の独立を承認
3	ボスニア・ヘルツェヴィナが独立を宣言、内戦へ。4月ECが独立を承認
12	セルビアでミロシェヴィチ大統領再選
1993.1	チェコスロヴァキア解体、チェコとスロヴァキア共和国が成立
2	ルーマニア、3月ブルガリアが欧州協定調印
1994.1	NATOブリュッセル首脳会議、東方拡大を再確認。平和のためのパートナーシップ（PfP）協定提案
2	EUとハンガリー、ポーランドとの間で欧州協定発効
3	ハンガリー、4月ポーランド、EU加盟申請
5	ハンガリーで総選挙、社会党が議席の過半数を得て圧勝
6	EUとウクライナの間でパートナーシップ協力協定調印
6	EUとロシアの間でパートナーシップ協力協定調印
12	CSCEブダペシュト首脳会議、全欧安全保障協力機構（OSCE）へと改組

1995.1	**オーストリア、スウェーデン、フィンランド EU 加盟**
1	サンテールを委員長とする欧州委員会の発足
3	シェンゲン協定の実施
11	EU と地中海諸国との間で、第一回閣僚級会議（バルセロナ会議）
12	米・EC 行動計画・大西洋アジェンダ調印
12	共通通貨の名称「エキュ」から「ユーロ」へ変更（マドリッド欧州理事会）
1996.3	アムステルダム条約策定のための政府間会議招集
3	イギリスで狂牛病問題発生、他の EU 諸国はイギリスからの牛肉・牛製品の輸入を一時禁止
1997.5	欧州大西洋パートナーシップ理事会（EAPC）開催
6	アムステルダム欧州理事会、安定成長協定調印、条約改正基本合意
10	アムステルダム条約調印
11	ルクセンブルク雇用サミット
1998.5	ブリュッセル特別欧州理事会、通貨統合参加国（11カ国）を決定。また欧州中央銀行（ECB）総裁にドイセンベルクを決定
6	欧州中央銀行（ECB）設立
12	ウィーン欧州理事会、共通欧州安全保障・防衛政策について協議

12	エッセン欧州理事会、欧州委員会が提案した中・東欧諸国のための「加盟前戦略」に合意
1995.1	EU・バルト三国自由貿易協定発効
2	EU とルーマニア、ブルガリア、チェコ、スロヴァキアの各国、6月バルト三国との間で欧州協定調印
6	ルーマニア、スロヴァキア、10月ラトヴィア、11月エストニア、EU 加盟申請
11	ポーランド大統領選挙、旧共産党改革派クファシニェフスキ勝利
11	ボスニア紛争に関するデイトン和平合意成立
	ハンガリーとスロヴァキア、善隣友好条約調印
12	リトアニア、ブルガリア、EU 加盟申請
1996.1	チェコ、6月スロヴェニア、EU 加盟申請
6	EU・スロヴェニア欧州協定調印
11	ルーマニアで民主会議のコンスタンチネスクが新大統領に就任
12	ハンガリー、ルーマニアとの友好善隣条約を批准
1997.1	アルバニアでネズミ講の破綻による政情不安
5	NATO・ロシア基本文書調印
6	クロアチア大統領、トゥジマンが就任
6	アルバニア総選挙、社会党が勝利
7.8	NATO マドリード首脳会議、ポーランド、ハンガリー、チェコの招請決定
7.15	新ユーゴスラヴィアで、ミロシェヴィッチが大統領に
7.16	**欧州委員会、「アジェンダ2000」を発表、欧州協定締結諸国の EU 加盟交渉開始のための準備状況評価を示す**
9-11	ポーランド総選挙、連帯選挙行動（AWS）が第1党に。ブゼク連立政権成立
12	**ルクセンブルク欧州理事会、ハンガリー、ポーランド、チェコ、エストニア、スロヴェニア、キプロス（「ルクセンブルク・グループ」）との間で加盟交渉開始を決定**
1998.2	EU とバルト三国との間で欧州協定発効
2	コソヴォでアルバニア人とセルビア人が衝突
3	EU と「ルクセンブルク・グループ」との間で加盟交渉開始 同時に欧州協議会（ロンドン会議）、EU とすべての加盟申請国（トルコを除く）との間で初会合
5	ハンガリーで総選挙、社会党が敗北し、青年民主連合・市民党が逆転勝利へ

1999.1	EU11カ国、通貨「ユーロ」を導入。イギリス、アイルランド、デンマーク、スウェーデンは不参加
3	欧州委員会委員の不祥事によりサンテール委員会、総辞職を発表
3	NATOによるコソボ空爆開始
3	ベルリン欧州理事会「アジェンダ2000」による新たなEU財政枠組みで合意
5	**アムステルダム条約発効**
6	ケルン欧州理事会、2000年末までにEUがWEUを包含することで合意。また、CFSP上級代表にソラナ元NATO事務総長を選出、機構改革のための政府間会議招集で正式に合意
9	プロディ委員会発足
10	EUの改革に向けてのデハーネ報告。多数決の基本ルール化、その適用範囲の拡大等を提案
2000.2	政府間会議（IGC）召集
2	オーストリアで国民党と自由党（党首イェルク・ハイダー）の連立政権成立。右翼政党自由党の政権参加に対し、EU14カ国がオーストリアとの政治接触の中止等の制裁に踏み切る（同年9月まで）
4	第1回アフリカ・欧州首脳会議
9	デンマーク、「ユーロ」の導入に関する国民投票で否決
12	ニース欧州理事会、条約改正で合意。EU意思決定方法の改善等で合意。「EU基本権憲章」を採択
2001.2	ニース条約調印
5	ドイツの社会民主党（与党）、EUの将来像として「欧州連邦」構想を打ち出し、フランスの首脳これに警戒感を表明
5	EU、新たに加盟する中・東欧諸国からの労働者の自由移動を、加盟時から最長7年間制限することで合意
6	イタリアでベルルスコーニを首班とする連立政権成立。東欧からの移民排斥を叫ぶボッシ書記長の北部同盟がこれに参加。他のEU諸国はイタリアを制裁せず
7	地球温暖化問題に関する京都議定書の批准を推進するEUと、同議定書への参加を拒否するアメリカ・ブッシュ政権との対立鮮明に

6	チェコで下院選挙、社会民主党が第1党となる。ゼマン内閣
9-10	スロヴァキアで議会選挙、メチアル率いる与党敗北、ズリンダ民主連立内閣成立
1999.2	EU・スロヴェニア欧州協定発効
3	**ハンガリー、チェコ、ポーランド、NATO加盟**
3	NATOによるコソヴォ空爆開始
4	NATO創立50周年特別首脳会議、NATO新規加盟対象予定8カ国を発表
10	欧州委員会の「拡大に関する年次報告」、ラトヴィア、リトアニア、マルタ、スロヴァキア、ルーマニア、ブルガリアとも加盟交渉を開始するよう勧告
12	**ヘルシンキ欧州理事会、ラトヴィア、リトアニア、マルタ、ルーマニア、ブルガリア(「ヘルシンキ・グループ」)を加盟交渉に参加させることを決定**
2000.2	「ヘルシンキ・グループ」を加えた拡大交渉開始
10	ユーゴスラヴィア大統領選挙、ミロシェヴィッチ敗北、コシュトニッツァ大統領就任。ユーゴスラヴィア連邦議会選挙で民主派が勝利
11	ルーマニア大統領選挙、社会党党首のイリエスクが勝利
2001.1	セルヴィア民主連合政府樹立。ハンガリー人マイノリティ党首カサ、副首相として入閣
1-2	マケドニアでのアルバニア人武装勢力の攻撃激化、3月マケドニア政府の反撃
4-5	ハンガリーの在外ハンガリー系住民の地位に関する法案を巡ってハンガリーとルーマニアの対立
6	EU加盟交渉進展、2004-5年、先進グループ加盟のメドが立ち始める
7	ブルガリア、元国王シメオン二世を首相とする内閣成立
7-8	2002年プラハNATO首脳会議にむけ加盟交渉進展
8	NATO、マケドニア介入を決定

付1・EU 加盟国の人口、GDP、一人当たり GDP

	人口(千人) (2000年)	GDP(市場価格、百万ユーロ) (1999年)	一人当たり GDP(ドル) (1999年)
EU 15カ国	376,455	7,974,019	21,131
ユーロ11カ国	292,167	6,116,441	21,200
ベルギー	10,236	233,159	23,446
デンマーク*	5,330	163,514	25,026
ドイツ	82,164	1,982,381	22,712
ギリシア*	10,546	117,401	14,198
スペイン	39,442	559,352	17,319
フランス	59,296	1,344,417	20,861
アイルランド	3,777	87,677	24,133
イタリア	57,680	1,099,105	21,158
ルクセンブルク	436	18,141	38,773
オランダ	15,864	369,530	23,838
オーストリア	8,103	195,397	23,484
ポルトガル	9,998	105,579	16,065
フィンランド	5,171	121,703	21,442
スウェーデン*	8,861	223,910	21,620
イギリス*	59,623	1,352,753	21,598
アイスランド	279		
ノルウェー	4,479	143,534	26,552
アメリカ	274,035	8,725,236	32,867
カナダ	30,900	595,512	24,769
日本	126,299	4,081,409	22,874

(*印は不参加国)

付1の出典：http://www.europa.eu.int/comm/eurostat/Public/datashop/print-product/EN?catalogue=Eurostat&product=100indic-EU&mode=download; pp. 3, 23, 24, 51, 52

付2・EU加盟申請国の人口、GDP、一人当たりGDP

	人口(千人)(1999年)	GDP(10億エキュ)(1999年)	一人当たりGDP(ドル)*(1996年)
キプロス	667	8.5	11,989
チェコ	10,283	49.3	9,479
エストニア	1,442	4.8	4,431
ハンガリー	10,068	45.2	6,410
ポ ランド	38,654	146.0	5,400
スロヴェニア	1,986	18.7	11,113
ブルガリア	8,211	11.6	4,190
ラトヴィア	2,432	5.9	3,484
リトアニア	3,700	10.0	4,237
マルタ	388	3.4	
ルーマニア	22,458	31.9	4,591
スロヴァキア	5,395	18.5	7,970
トルコ	64,330	173.0	6,103

付2の出典：http://www.europa.eu.int/comm/eurostat/Public/datashop/print-product/EN?catalogue=Eurostat&product=100indic-EU&mode=download; pp. 3, 23, 24, 51, 52

＊一人当りGDPの出典：① *Россия и основные институты ςезопасности в Европе; вступая в XXI век*（ロシアとコ ロッパの主要な安全保障機関（21世紀初頭））Москва、2000, ctp52.

② RSC Policy Paper No 98/2, Florence: European University Institute, March 1998.

付3・ヨーロッパの地域的（言語的）マイノリティとエスニック・マイノリティ

国	マイノリティ	人口概数（万人）	国人口に占める割合(%)
フィンランド（スオミ）	オーランド諸島（スウェーデン語）	2.5	0.5
	スウェーデン人	27	5.2
	サーミ人	0.7	0.1
	ロシア人	1	0.2
スウェーデン	フィンランド（スオミ）人	30	3.4
	旧ユーゴ出身者	4	0.5
	イラン人	3.5	0.4
	サーミ人	1.7	0.1
ノルウェー	サーミ人	4	1
	フィンランド（スオミ）人	1	0.2
エストニア	ロシア人	46	29
	ウクライナ人	5	3.1
ラトヴィア	ロシア人	84	33
	ベラルーシ人	10	4
デンマーク	フェロー諸島	5	1
	北シュレスウィヒ地方(ドイツ語)	25(2.3)	5
	グリーンランド（カラーリト〔イヌイト〕語）	5.8(4.6)	1
オランダ（ネーデルランド）	フリースラント地方（フリジア語）	60(40)	4
	トルコ人	15	1
	アラブ人	10	1
ベルギー	ドイツ語地域	7	0.7
	フランス語地域（ワロン語）	330(100)	32(10)
	マグレブ(モロッコなど)出身者	12	1.2
	トルコ人	6	0.6
イギリス（連合王国）	スコットランド地方（ゲール〔アルバ〕語）	550(7)	9(0.1)
	ウェールズ地方(カムリー語)	280(50)	5(1)
	マン島（マン語）	7(0.05)	0.1(0)
	コーンウォール地方(ケルノウ語)	50(0.05)	0.1(0)
	チャンネル諸島（ジェリ語ほか）	15(1)	0.2(0)
	アイルランド（エイレ）人	60	1
	カリブ海出身者	50	0.9
	南アジア（インド、パキスタンなど）出身者	150	2.7
アイルランド（エイレ）	アイルランド・ゲール（エイレ語）	7	2

国	マイノリティ	人口概数（万人）	国人口に占める割合(%)
フランス	コルシカ島（コルス語）	25(15)	0.4(0.3)
	アルザス地方（アルザス〔エルザス〕語）	170(90)	3(1.6)
	マグレブ（アルジェリアほか）出身者	170	3
	ブルターニュ地方(ブレイス語)	350(20)	6(0.3)
	オクシタニー地方（オクシタン語）	1300(100)	22(1.7)
	バスク地方（バスク〔エウシカディ〕語）	26(4)	0.5(0)
	イタリア人	100	1.7
スペイン（エスパーニャ）	カタルーニャ地方（カタルーニャ語）	590(350)	15
	バレンシア地方（バレンシア〔カタルーニャ〕語）	370(150)	9
	バレアレス諸島（カタルーニャ語）	70(50)	2
	ガリシア地方（ガリシア語）	280(170)	7
	バスク地方（バスク〔エウシカディ〕語）	210(80)	5
ポルトガル	ロマ人	0.5	0
イタリア	ボルツァーノ(南チロル)地方	45(15)	1
	ヴァッレ・ダオスタ地方（フランコ・プロバンス語）	12(7)	0.2
	フリウリ地方（フリウリ語）	130(70)	2
	シシリア地方（シシリア語）	460(420)	8
	サルデーニャ島（サルデーニャ語）	160(130)	3
	スロヴェニア人	10	0.2
	アルバニア人	10	0.2
ギリシア（エラス）	ロマ人	35	3
	アルバニア人	30	3
	トルコ人	21	2
	アルーマニア（ヴラック）人	20	2
	マケドニア人	9	1
キプロス島	トルコ人	10	13
トルコ	クルド人	390	6
	アラブ人	60	1
マケドニア	アルバニア人	49	23
	トルコ人	8	4
	ロマ人	5	2.3
ブルガリア	トルコ人	75	9.0

国	マイノリティ	人口概数（万人）	国人口に占める割合（%）
ユーゴスラビア（セルビア・モンテネグロ）	マケドニア人	20	2.5
	ロマ人	8	1.0
	アルバニア人	150	14
	ハンガリー人	40	4
ボスニア・ヘルツェゴヴィナ	セルビア人	110	31
	クロアチア人	60	17
	ロマ人	30	8
アルバニア	ロマ人	10	2.8
	ギリシア人	6	1.7
	マケドニア人	3	0.9
	アルマニア人	2	0.6
	モンテネグロ人	2	0.6
クロアチア	セルビア人	55	12
	ムスリム人	4	0.9
スロヴェニア	クロアチア人	6	3
	セルビア人	4	2
	ムスリム人	2	1
スイス	フランス語	130	20
	イタリア語	52	8
	ロマンシュ語	4	0.6
	スラブ諸語	13	2
	スペイン語	12	2
ルクセンブルク	フランス語	2	4
	ドイツ語	1	2
ドイツ	ポーランド人	24	0.3
	シュレスウィヒ・ホルシュタイン地方（デンマーク語）	5	0.1
	フリジア語	1	0.01
	ラウジッツ地方（ソルブ語）	50(10)	0.6(0.1)
	ロマ（シンティ）人	7	0.1
	トルコ人	140	1.8
	イタリア人	45	0.6
	ギリシア人	25	0.3
	旧ユーゴ（ボスニア、クロアチアなど）出身者	30	0.4
チェコスロヴァキア	スロヴァキア人	30	3
	ハンガリー（マジャール）人	52	10
	ロマ人	8	1.5
	チェコ人	5	1

国	マイノリティ	人口概数（万人）	国人口に占める割合(%)
オーストリア	ハンガリー人	1.5	0.2
	クロアチア人	4.5	0.6
	スロヴェニア人	3.5	0.5
	チェコ人	1.8	0.2
ハンガリー（マジャール）	ロマ人	60	6
	ドイツ人	22	2
	スロヴァキア人	11	1
	クロアチア人	8	1
	ルーマニア人	8	1
	アルメニア人	3	0.3
ルーマニア	ハンガリー（マジャール）人	160	7
	ドイツ人	50	2
	ロマ人	20	1
モルドバ	ロシア人	80	18
	ウクライナ人	40	9
	ガガウス人	15	3
リトアニア	ロシア人	34	9
	ポーランド人	26	7
ベラルーシ	ロシア人	130	13
	ウクライナ人	10	1
	ポーランド人	3	0.3
ポーランド	ドイツ人	32	1
	ウクライナ人	25	0.6
	ベラルーシ人	22	0.6
	ルテニア人	6	0.2
	ロマ人	5	0.2
ヨーロッパ・ロシア＊	タタール人	430	2.8
	ウクライナ人	140	0.9
	チュバシ人	130	0.8
ウクライナ	ロシア人	1100	22
	ルーマニア人	28	0.5

＊ロシア全体では120をこえる民族が存在する。

（出典）① *The Politics of the New Europe, Atlantic to Urals*, Ian Budge, Kenneth Newton et. al., Longman London and New York, 1997. pp. 304-305.

（出典）①ラヴァル大学（カナダ）の言語問題に関するHP： http://www.ciral.ulaval.ca/alx/amlxmonde/europe/をもとに，Baker, Colin ; Jones, Sylvia Prys, *Encyclopedia of Bilingualism and Bilingual Education*, Clevedon, Multilingual Matters, 1998. により補正。

著者紹介（執筆順）

宮島　喬（みやじま　たかし）
一九四〇年生まれ。東京大学大学院社会学研究科博士課程中退。立教大学社会学部教授。著書：『先進社会のジレンマ』（共著、有斐閣）、『ひとつのヨーロッパ　いくつものヨーロッパ』（東京大学出版会）、『文化的再生産の社会学』（藤原書店）、『ヨーロッパ社会の試練』（東京大学出版会）、『現代ヨーロッパ社会論―統合のなかの変容と葛藤』（編著、人文書院）など。

羽場久浘子（はば　くみこ）
一九五二年生まれ。津田塾大学大学院国際関係学研究科博士課程修了（学術博士）。法政大学社会学部教授。著訳書：『拡大するヨーロッパ―中欧の模索』（岩波書店）、『グローバリゼーションと欧州拡大』（御茶の水書房）、『統合ヨーロッパの民族問題』（講談社現代新書）、『ハンガリー革命史研究』（勁草書房）、ロスチャイルド『現代東欧史―多様性への回帰』（共訳、共同通信社）など。

若林　広（わかばやし　ひろむ）
一九五一年生まれ。上智大学大学院外国語学研究科博士課程修了。東海大学教養学部国際学科教授。著書：『現代ヨーロッパ社会論』（共著、人文書院）、『二十一世紀を知るためのKey Word 一〇〇』（共著、東海大学出版会）、『新しいヨーロッパ像をもとめて』（共著、同文館）など。

若松邦弘（わかまつ　くにひろ）
一九六六年生まれ。ウォーリック大学大学院博士課程修了（政治学博士）。東京外国語大学外国語学部助教授。著書論文：『ＥＵ諸国』（共著、自由国民社）、「イギリスにおける人種関係政策の展開と現状」（『国際政治』一一〇号）など。

稲葉奈々子（いなば　ななこ）
一九六八年生まれ。東京大学大学院地域総合研究科博士課程中退。茨城大学人文学部助教授。著書論文：『現代ヨーロッパ社会論』（共著、人文書院）、「フランスの地方自治体における外国人と市政参加」『年報社会学論集』（関東社会学会）一三号、「社会運動と社会的カテゴリーの形成：九〇年代フランスにおける『持たざる者たち』と『不法占拠』」『現代思想』二〇〇〇年六月など。

原　聖（はら　きよし）

一九五三年生まれ。一橋大学大学院社会学研究科博士課程満期退学。女子美術大学芸術学部教授。著書：『周縁的文化の変貌』（三元社）、『現代ヨーロッパ社会論』（共著、人文書院）、『言語帝国主義とは何か』（共著、藤原書店）など。

小森田秋夫（こもりだ　あきお）

一九四六年生まれ。東京大学大学院法学政治学研究科博士課程修了。東京大学社会科学研究所教授。著書：『市場経済化の法社会学』（編著、有信堂）、『世界の社会福祉②ロシア・ポーランド』（共著、旬報社）、『ソビエト裁判紀行』（ナウカ）など。

柴　宜弘（しば　のぶひろ）

一九四六年生まれ。早稲田大学大学院文学研究科（西洋史学専攻）博士課程修了。東京大学大学院総合文化研究科教授。著書：『ユーゴスラヴィア現代史』（岩波新書）、『バルカンの民族主義』（山川出版社）、『バルカン史』（編著、山川出版社）、『世界大戦と現代文化の開幕（世界の歴史26）』（共著、中央公論社）、『連邦解体の比較研究―ソ連・ユーゴ・チェコ』（共著、多賀出版）など。

志摩園子（しま　そのこ）

一九五五年生まれ。津田塾大学大学院国際関係学研究科博士課程修了。東京成徳大学助教授。著書：『環バルト海：地域協力のゆくえ』（共著、岩波書店）、『下位地域協力と転換期国際関係』（共著、有信堂）など。

ヨーロッパ統合のゆくえ
民族・地域・国家

二〇〇一年九月三〇日　初版第一刷発行
二〇〇三年二月　一日　初版第二刷発行
編　者　宮島　喬
　　　　羽場久泥子

著　者　宮島　喬／羽場久泥子／若林　広
　　　　若松邦弘／稲葉奈々子／原　聖
　　　　小森田秋夫／柴　宜弘／志摩園子
発行者　渡辺睦久
発行所　人文書院
（612-8447）京都市伏見区竹田西内畑町九
電話　〇七五（六〇三）一三四四　振替　〇一〇〇〇・八・一一〇三
印刷　創栄図書印刷株式会社
製本　坂井製本所

ISBN4-409-23035-2 C3036

現代ヨーロッパ社会論
統合のなかの変容と葛藤
宮島喬 編
四六上三一二頁 価格二六〇〇円

ヨーロッパ統合と文化・民族問題
西川長夫 宮島喬 編
四六並二八八頁 価格二二〇〇円

多文化主義・多言語主義の現在
カナダ・オーストラリア・そして日本
西川長夫 渡辺公三 G・マコーマック 編
四六並三〇八頁 価格二二〇〇円

ラテンアメリカからの問いかけ
ラス・カサス、植民地支配からグローバリゼーションまで
西川長夫 原毅彦 編
四六並三六八頁 価格二四〇〇円

フランスの解体？
もうひとつの国民国家論
西川長夫 著
四六上三〇八頁 価格二四〇〇円

ニグロ、ダンス、抵抗
17～18世紀カリブ海奴隷制史
G・アンチオープ 石塚道子 訳
A5並三二〇頁 価格二七〇〇円

フランス植民地主義の歴史
奴隷制廃止から植民地帝国の崩壊まで
平野千果子
四六上三六〇頁 価格二八〇〇円

（2003年１月現在、税抜価格）